KB071460

無罪論

무죄론

박광배 · 김상준 · 안정호 공저

학지사

저자 서문

1

필자는 갓 대학생이 되었을 때 「형사소송법」을 건성으로 공부한 바 있다. 건성으로 공부하였다는 것은 외우기와 직관과 삼단논법으로 공부하였다는 뜻이다. 외우기는 짧은 시간에 많은 경험칙을 쌓는 방법이고, 좋은 법은 당연히 직관적으로 이해될 것이라 생각했으며, 삼단논법은 철옹성 논리이므로 그렇게 공부하면 되는 줄 알았다. 그런데 그때 건성으로 공부한 탓에 멍청하게도 잘해 보자는 슬로건인 줄만 알았던 실체진실주의가 기실 대한민국 「형사소송법」의 최고의 목표이며, 가장 중요한 지도이념이라는 것을 최근에야 깨닫게 되었다.

그렇게 큰 무게와 선명한 위치를 어째서 예전에는 꿈에도 몰랐던 것일까? 최고 지도이념이 뭔지 모른 채, 「형사소송법」을 공부하는 것이 어떻게 가능한 것인가? 모름지기 최고 지도이념이라면, 그것을 모른 채 「형사소송법」을 단 한 줄도 이해할 수 없는 것이 아닌가? 마치 미국에서 「형사소송법」을 조금이라도 공부한 학생이 미국 「형사소송법」의 최고 지도이념이 적법절차(due process)임을 모르는 것과 마찬가지로 상상할 수 없는 일 아닌가? 오랫동안 형사소송을 직접 지휘해 온 김상준 변호사님과 안정호 변호사님의 인자하고 진솔한 가르침을 아주 조금, 그러나 두 분의 경험, 지식, 생각, 판단, 실천에 항상 경외를 느끼며 이해한 후에야 실체진실주의가 대한민국 「형사소송법」의 최고 지도이념이라는 것을 비로소 깨닫게 되었을 때, 너무 놀랐다. 어떻게 그런 판타지가 한 국가의 법을 지도하는 최고의 목표, 지도이념이 될 수 있는가?

그래서 옛날에 건성으로 공부한 「형사소송법」 교과서의 먼지를 털어 내고, 이제는 많이 불편해진 눈으로 그것을 듬성듬성 다시 공부하였다. 이번에는 직관과 외우기와 삼단논법을 버리고, 그간에 필자가 우연히, 그러나 많은 시간과 노력을 주고 구입한 사실발견 장비인 심리학을 사용해서, 「형사소송법」을 다시 공부하였다. 그 공부에는 심리학이 잘하는 가설검증, 의심의 방법도 포함되었다. 공부가 아직 말할 수 없이 미진하지만, 다시 공부한 「형사소송법」에서 합리적 의심의 여지없이 발견되는 것이 있었다. 그것을 발견하고 또 한 번 너무 놀랐다. 그것은 유죄추정의 원칙이었다.

이 책은 유죄추정의 원칙이 대한민국의 형사소송 절차를 비틀고 있다는 의심 보고서다. 그 개연적 의심은 모든 의심이 그렇듯이 틀릴 수 있다. 필자가 「형사소송법」을 다시 공부할 때 주로 사용한 장비가 만들어 낸 실체 없는 이미지일 수도 있다. 심리학은 그럴듯한 이미지를 잘 만들어 내는 것도 사실이다. 그래서 앞으로도 그 의심이 틀리는지, 맞는지 조금씩 따져 볼 생각이다. 그러나 필자가 그 개연적 의심을 가지게 된 증거들, 이 책에 설명된 증거들로는 그 '따지기'를 할 수 없다. 순환논리가 되기 때문이다. 새로운 독립적인 보강증거들을 찾아야 한다. 그 보강증거들을 조금씩 찾아볼 생각이다.

그런데 필자는 조만간 은퇴를 해야 할 정도로 어느덧 나이도 들어 그 따지기를 완성할 수 없다. 그래서 일단 그 개연적 의심을 사람들 사이에 던지기로 하였다. 많은 사람이 따지기에 동참하기를 원해서다. 그래서 많은 보강증거, 반대증거들을 가능한 한 빨리 찾아서 그 의심이 하루라도 빨리 입증되거나, 파기되기를 원한다. 필자뿐만 아니라 「형사소송법」도 시간이 촉박하기 때문이다. 죄 지은 자를 반드시 처벌한다고 이를 악물면서, 동시에 10명의 죄인을 놓쳐도 좋다고 하는 「형사소송법」이 만약 사람이라면, 허접한 심리학의 눈으로 보기에도 분열증상이 심상치 않아 보이기 때문이다.

박광배

2

서울중앙지법에서 형사 항소부 배석판사를 시작으로 법관 생활을 시작한 지 4년 6개월 만인 1999년 여름 미국 버지니아 주립대학교 로스쿨로 유학을 가게 되었다. 그 사이에 민사재판을 1년 한 것 외에는 형사재판만 3년 6개월을 하였다. 군법무관 3년 동안 군검찰관과 군판사로서 형사재판을 했던 것까지 합친다면 필자의 초창기 법조생활은 형사재판이 거의 전부였다. 그래서 이제 형사재판은 할 만큼 했으니, 뭐 특별히 더 배울 것이 있겠나 하는 생각도 없지 않았던 것 같다.

1년 동안 LL.M. 과정을 거치면서 들은 과목 중 「형사증거법」 수업 시간에 우리 학생들은 담당교수님으로부터 질문을 하나 받았다. 합리적 의심을 넘는 유죄심증의 정도를 백분율로 표시한다면 얼마나 되는가에 대하여 퍼센트별로 손을 들어 보라는 것이었다.

낯선 질문에 어떻게 답을 할까 머뭇거리는 사이에 퍼센트는 올라가고 있었다. 90% 아래 부분에서는 손을 드는 학생이 별로 없었던 것 같고, 90%가 넘으면서 학생들이 손을 들기 시작했다. 필자는 분위기를 보다가 더 늦출 수 없어 90 몇 퍼센트에서 손을 들었고, 대부분의 학생이 95% 근처에서 손을 들었던 것으로 기억한다.

그 자리에 로스쿨 학생이 200여 명이 있었지만, 필자만큼 형사재판을 해 본 사람은 없었을 것이다. 오랜 시간 실체진실주의의 이념하에 열심히 공부하였고, 형사판결을 선고하는 날이면 그 스트레스로 곧잘 배탈이 날 정도로 열심히 재판을 해 왔다. 형사재판을 담당했을 당시에도 그랬고, 지금 생각해 보아도 필자가 담당한 사건의 사실인정에 문제될 만한 오류가 있었을 것 같지는 않다.

그런데 왜 필자는 답을 바로 하지 못하고 허둥지둥했을까? 굳이 변명을 하자면, 영어 실력이 부족하여 질문의 취지를 바로 이해하지 못했기 때문일 수도 있고, 이런 문제를 숫자로 환산하여 분석하는 방법에 대하여 낯설었을 수 있다.

하지만 이제 돌이켜 보면, 합리적 의심을 넘는 유죄심증은 과연 어느 정도 확신을 요구하는지, 피고인의 유죄에 대하여 얼마만큼의 확신을 가지고 유죄판결을 하고 있는지에 대하여 구체적·객관적으로 고민할 기회를 갖지 못했기 때문이 아니었을까 싶다. 과연 나는 어느 정도의 확신을 가지고 형사재판을 해 온 것일까?

그 질문을 계기로 형사재판, 특히 합리적 의심과 관련된 수많은 사회과학적 연구가 이루어지고 있음을 알게 되었고, 그러한 연구의 성과물 등을 통하여 그간 해 온 재판에 대하여 다시 한번 돌아볼 수 있었다. 결국 그 확신의 기준은 누가 손에 쥐어 줄 수 없는 것이라서 오랜 경험과 고민 끝에 스스로 정립할 수밖에 없는 것이 아닐까?

1년의 유학생활을 마치고 재판에 복귀한 후 잘못된 유죄판결들의 근거로 지목되어 미국에서 큰 논란이 된 목격증인이 한 증언의 신빙성에 대한 글을 쓰게 되었고, 그것을 계기로 법심리학회 활동을 하는 과정에서 공동저자인 박광배 교수님과 김상준 부장판사님을 만나 형사재판과 관련된 사회과학적 연구들에 관련하여 큰 가르침을 받게 되었다.

언젠가부터 무죄판단에 관련된 사회과학적 성과를 정리하고 싶었고, 우리의 형사재판에서 '합리적 의심을 초과하는 증명'의 기준이 재판과정에서 충실히 구현되는 데 조금이나마 보탬이 되고 싶었다. 하지만 마음속으로만 꿈꾸다가 법관직을 사직하고 몇 년이 지나서야 비로소 박광배 교수님 덕분에 출판에까지 이르게 되었다. 이 책은 박광배 교수님의 탁월한 식견과 통찰력으로 이루어진 것이고, 이에 대하여 진심으로 감사드린다.

이 책에서 언급되는 내용들의 대부분은 이미 우리의 현실 재판에 반영되어 충실히 실현되고 있다. 다만, 그 과정이 체계적으로 정리되지 않아 외부적으로 충분히 드러나지 않았을 뿐이다. 어려운 여건 속에서도 실체진실을 발견하기 위하여, 그리고 억울한 피고인을 만들지 않기 위하여 이 순간에도 밤을 새워 가며 기록과 씨름하면서 삶 자체를 재판과정에 헌신하고 있는 모든 판사님에게 이 자리를 빌려 경의를 표한다. 그리고 학구적인 남편이 되기를 바라는 처 김소영의 꾸준한 독려에도 감사드린다.

안정호

차 례

/ 무 / 죄 / 론 /

Chapter **01**

진 실

*

대한민국 「형사소송법」의 궁극적 목적 혹은 소위 최고 지도이념을 '실체적 진실발견주의(實體的 眞實發見主義; Prinzip der materiellen Wahrheit; Principle of material truth)',[1] 혹은 간단히 실체진실주의라고 부른다(헌법재판소 1996. 12. 26. 선고 94헌바1). 실체진실주의는 객관적 진실을 발견하여 사안의 진상을 명백히 하자는 것으로, 지극히 직관적이고 자명한 두 가지의 의지로 구성된 구체적 실천이념이다. (1) 죄지은 자를 반드시 처벌하고, (2) 무고한 사람을 절대로 처벌하지 않는다. 실체진실주의의 핵심은 '처벌한다' 는 범죄통제(crime control) 의지와 '처벌하지 않는다'는 적법절차(due process) 의지를 모두 적극적으로 실현한다는 것이다.[2]

지도이념

사후적으로는(즉, 사실이 알려진 이후에는) 실체진실주의의 두 가지 실천의지들은 두말할 필요도 없이 지당한 것들이다. 죄가 있으면 당연히 그리고 반드시 처벌해야 하고, 죄 없는 사람이 국가에 의해 처벌받아서는 절대 안 된다. 실체진실주의를 '回見편파(hindsight bias)'[3]에 익숙해진 사고방식으로, 즉 직관적으로 이해하면 그 이념에는 의심과 논쟁의 여지가 없다.

그러나 실체진실주의는 죄 있는 사람과 죄 없는 사람을 각각 어떻

게 할까를 논하는 지침이 아니다. 형사소송 절차를 거친 결과의 '집
행'을 위한 이념이 아니다. 실체진실주의는 형사소송의 절차를 시
작부터 '지도'하는 이념이다. 형사소송을 통해 진실에 이르는 길을
안내하는 내비게이션 원칙이다. 그래서 "죄 지은 자를 반드시 처벌
하고, 죄 없는 사람을 절대로 처벌하지 않는다."는「형사소송법」의
실체진실주의는 의심 없이 받아들이기만 하면 되는 이념이 아니다.
아직 모르는 객관적 진실을 발견하기 위해 유죄와 무죄를 동시에 전
제 혹은 예정하는(presume) 예사롭지 않은 의지다. 오른쪽 길과 왼
쪽 길을 동시에 가리키는 내비게이션이다. 그 의지를 실현할 수 있
다면, 사실발견에 인생을 건 과학자들도 반드시 새로이 배워서 과학
의 진로를 바꿔야 하는 놀라운 의지다.

　형사소송에서 실체진실주의를 실현하는 유일한 방법은 객관적
진실을 발견하는 것이다. 객관적 진실을 발견하면 당연히 범죄통제
와 적법절차가 자동적으로 동시에 그리고 완벽하게 실현된다. 그래
서 실체진실주의는 객관적 진실을 발견하려는 법의 의지다.

실 체

　'객관적(objective)'이라는 형용사는 세 가지 의미를 가진다. 하나
는 추상적 혹은 형이상학적(metaphysical) 의미이고, 다른 하나는 물
리적 혹은 존재론적(ontological) 의미이며, 나머지 하나는 사회적 혹
은 인식론적(epistemological) 의미다(Berkeley, 1734).[4] 플라톤(Plato)
의 이데아(idea), 혹은 수학적 사실(예, $2+4=6$)과 같이, 인간의 존재

와 독립적으로 존재하는 것은 객관적이다(형이상학). 보거나 듣거나 만지는 등의 직접 경험이 가능한 것은 객관적이다(존재론). 또한 다른 사람이 함께 인식하는 것은 객관적이다(인식론).

대한민국 「형사소송법」이 발견하려는 실체진실은 이데아와 같이 물리성을 초월하는 형이상학적 진실, 혹은 인간의 감각/지각으로부터 독립적인 절대 진리는 아닐 것이다(김혜경, 2014).[5] 실체진실이라는 용어는 몸을 뜻하는 '체(material, materiellen)'를 포함하는 것으로 미루어 짐작할 때, 아마도 존재론적 의미의 객관적 사실을 지칭하는 것으로 보인다. 혹은 법은 사회적 정당성을 가져야 하므로 대한민국 「형사소송법」이 발견하려는 실체진실은 인식론적 의미의 객관적 사실일 가능성도 있다.

더 이상 직접 경험하는 것이 불가능한 과거사실의 존재는 객관적일 수 없다(예, Beck, 1989).[6] 우주를 생성했다는 빅뱅은 존재론적으로 객관적 진실이 아니다. 수학적 추론이므로 형이상학적으로 객관적 진실이고, 모든 사람이 같은 추론을 한다면 인식론적으로 객관적 사실이다. 또한 모든 생명체에서 쉼 없이 진행되고 있을 진화 현상도 경험적으로 객관화될(증명될) 수 없다. 과거의 생명체를 직접, 혹은 실험에 의해서도 경험할 수 없기 때문에 진화는 존재론적으로 객관적 사실이 아니다. 과거 사실이 존재론적으로 객관적 진실일 수 없으므로 대한민국 「형사소송법」을 지도하는 최고이념인 실체진실주의가 증명될 수 있는 객관적 진실을 형사소송에서 발견한다는 이념은 아닐 것이다.

실체진실주의가 발견하려는 진실이 형이상학적, 존재론적으로 객관적 사실이 아니라면, 그 이념은 사람들이 동의하는 사회적 진실을 발견하겠다는 의지일 것이다. 일부 국가들의 민/형사 재판에서는 과거 사건에 대한 책임 여부를 배심원들의 합의에 의해 판단한다. 과거에 발생한 사건을 판단자가 경험하여 사실을 발견하는 것이 불가능하기 때문에 사회적으로 인식되는 사실을 발견하기 위해서다. 즉, 마음들이 하나로 통일되는 사회적 진실을 발견한다는 의지다. 그러나 사람들의 동의에 기반을 둔 진실은 그 동의가 유지된다는 조건, 즉 사람들의 마음이 변하지 않는다는 조건에서만 실체진실이다. 사람들의 마음이 변하면 인식론적 객관성은 일순간 기화되어 사라진다.

특정 사실에 대한 사람들의 동의 혹은 마음의 통일은 시간의 변화와 함께 항상 변한다. 돈을 '차용'했어도 시간이 지나면 누군가의 마음에서는 그것이 '증여'로 변하고, 다른 누군가의 마음에서는 '사기'로 변한다. 사실은 그대로이지만 마음만 변하는 것일까, 사실이 변하므로 당연히 마음이 함께 변하는 것일까?

물리학의 특수상대성이론이 옳다면, 시간은 사실과 마음을 모두 변화시킨다. 첫째, 시간은 모든 사람에게 주관적으로(다른 속도로) 흐른다. 믿거나 말거나, 움직이는 사람의 시간은 움직이지 않는 사람의 시간보다 더 천천히 흐른다. 시간의 주관적 흐름은 의식의 흐름이다. 의식이 사람마다 다르게 흐르면, 그 사람들의 마음이 서로 달라진다. 둘째, 시공은 서로 별개가 아니기 때문에(즉, 시간이 공간의 한 차원이기 때문에)[7] 시간은 흐르면서 모든 물리적 사실을 바꾸고 변화시킨다. 놀랍게도, 시간의 속도가 느려지면 물체의 길이가 짧아지고 질량이 증가한다. 따라서 사람들이 일순간 동의한 사실도 시간이 흐르면서 모든 사람에게 다르게 바뀌고 변화된다.

그래서 인식론적인 사실(다른 사람이 동의하는 객관적 사실)은 시간이 멈춘 혹은 박제된 가상현실에서만 존재할 수 있다. 시간이 개입되면 사회적으로 객관적 사실이란 존재하지 않는다. (1) 과거에 발생한 사실은 현재에는 모든 사람이 동의할 수 있는 사실이 더 이상 아니다. 먼 과거의 사실일수록 더욱 그렇다. (2) 시간은 멈추지 않으므로 '현재'는 경험될 수 없다. 지금 이 순간을 감지하는 순간 그것은 과거가 되고, 그것의 미래는 현재가 된다(예, 불확정성).[8] 즉, 현재는 존재론적인 사실이 아니다. 현재란 다만 먼 과거와 먼 미래에 비하여 가까운 과거와 가까운 미래를 두루뭉수리 아울러 의미하는 편의적이고 상대적인 관념에 불과하다. 그런데 얼마나 가까운 과거와 얼마나 가까운 미래가 현재에 속하는지 답하거나 정할 수 있는 사람도 없다. 그래서 현재는 인식론적인 사실도 아니다. 현재가 객관적 사실이 아니므로 어떠한 객관적 사실도 현재에 존재할 수 없다. (3) 아직 발생하지 않은 미래의 사실은 현재 모든 사람이 동의할 수 있는 사실이 당연히 아니다. 먼 미래의 사실일수록 더욱 그렇다.

결론적으로 시간의 흐름 속에서 단속 없이 변해 가는 현실계에서는 대한민국 「형사소송법」의 최고 지도이념인 실체진실주의가 발견하려는 객관적 진실은 어떤 의미로도 존재하지 않는다. 형사소송에서 발견되어야 할 사실은 중력이나 수소의 분자구조 같은, 시간이 흘러도 변하지 않는 불변의 절대사실이 절대 아니다. 범죄구성요건, 형사책임, 책임조각사유 등의 인공적이고 작위적인 액자틀(frame) 안에서만 조건적으로 조망되는 사실이다. 영화촬영을 위한 세트같은 그 인공적인 틀이 바뀌면 함께 바뀌어야 하고, 그 틀을 벗어나면 더 이상 존재하지 않는 상대적 사실이다. 물이 절반 찬 혹은 절반 빈 컵과 같이, 누군가가 발견을 시도하는 순간부터 그 발견시도자의 의도와 욕구에 따라 의미, 성질, 내용이 변하기 시작하는 사람, 행동, 마음, 의식, 의지, 인식, 기억, 평가, 추론과 같은 주관적 사실이다 (예, Coffey, 1993; Kadish, 1987; Weinreb, 1986; Jones, 2003).[9] 그래서 인간과 더불어 끊임없이 변이를 일으키며 살아 있는, 그리고 살아가는 사실이다. 그 조건적이고 상대적이며 주관적인 사실들에 실체진실은 없다.

형사소송에서 실체진실을 발견한다는 이념은 실체와 내용이 없는 수사에 불과하고, 장엄한 의지의 표현 혹은 슬로건일 뿐이다. '세상에서 최고'와 같은 터무니없는 과장광고에는 사람들이 현혹되지 않으므로 사회가 허용하는 것과 마찬가지로, 실체진실주의가 다만 슬로건이라는 것을 모든 사람이 정확히 알기만 한다면, 그것이 표현하는 의지가 장엄하므로 한번 웃어 주고 관심을 거두어도 좋을 것이다. 그런데 누군가가 실체진실주의를 「형사소송법」의 실체적 진실이라고 믿는다면, 그래서 형사소송에서 유죄추정과 무죄추정이 공존하는 그 의지를 실현하려고 애쓴다면 어떤 결과가 초래될까?

인식론적인 진실(사회적 진실)은 시간이 멈춘 가상현실에서만 존재하므로 그러한 진실을 발견하려는 의지가 어떤 의지인지, 그 의지는 왜 실패할 수밖에 없는지, 실패하면 어떤 결과가 초래되는지 등을 이해하기 위해서는 시간을 멈추게 하거나 조작한 가상현실을 만들고, 그 속에서 그 의지의 내용과 효과를 따져볼 수밖에 없다. 즉, 실험을 해 보아야 한다. 그 실험을 위한 행동과학 이론이 있다. 합리적 오판에 관한 이론이다.

미주

1) 일본의 「형사소송법」도 제1조에서 「형사소송법」의 목적을 "사안의 진상
을 규명하고"라고 명문화하여 실체적 진실주의를 표방한다(일본 「형사소
송법」 제1조. "이 법률은 형사사건에 관하여 공공복지의 유지와 개인의
기본적 인권의 보장을 완수하면서 사안의 진상을 규명하고 형벌법령을 적
정하고도 신속하게 적용·실현하는 것을 목적으로 한다.").

2) 「형사소송법」 교과서에서는 "… 한다."는 표현 때문에 범죄통제 의지를
적극적 실체진실주의, "… 하지 않는다."는 표현 때문에 적법절차 의지를
소극적 실체진실주의로 구분하기도 한다. 그 용어구분은 실체진실주의의
두 가지 내용을 지칭할 뿐, 각기 다른 종류의 실체진실주의가 있는 것은
아니다. 그런데 '소극적'이라는 한국어 형용사는 무엇인가를 하지 않는
것보다, 성의 혹은 진심 없이 하는 것을 표현할 때 더 많이 사용된다. 무고
한 사람을 절대 처벌하지 않는다는 적법절차 의지는 마지못해 실체진실을
발견하자는 소극적 의지가 결코 아니다. 따라서 이 책에서는 적극적·소
극적 용어 구분을 사용하지 않는다.

3) 회견편파(hindsight bias)는 후견편파, 사후해석편향, 사후과잉확신편향
등 여러 가지 용어로 번안된다. 그 개념은 특정의 결과, 사실, 사건, 사고
의 발생을 미리 예견하거나 기대하지 못하는 경우에도 그것이 발생한 후
에는 그 전에 미리 예견, 기대할 수 있었다고 느끼는 현상을 의미한다. 한국
사람들이 "그럴 줄 알았어!"라고 말하는 현상에 관여하는 편파다(Harley,
E. M., Carlsen, K. A., & Loftus, G. R., 2004. The "saw-it-all-along" effect:
Demonstrations of visual hindsight bias. *Journal of Experimental
Psychology: Learning, Memory, and Cognition, 30,* 960-968). 이 책에서
여러 번 언급되지만, 이 편파는 사법판단, 특히 책임판단에도 관여하는 편
파다. 이 심리적 편향이 심리학에서 연구되기 시작한 것은 1970년대이지만,

현상 자체가 알려진 것은 매우 오래전이다(Fischhoff, B., 2003. Hindsight ≠ foresight: The effect of outcome knowledge on judgment under uncertainty. *Quality & Safety in Health Care, 12*, 304-312.). 회견편파가 생기는 이유는 두 가지 휴리스틱(heuristic)이 인간의 판단에 개입하기 때문이다(Tversky, A., & Kahneman, D., 1973. Availability: A heuristic for judging frequency and probability. *Cognitive Psychology, 5*, 207-232.). 하나는 가용성 휴리스틱(availability heuristic)이고, 다른 하나는 대표성 휴리스틱(representativeness heuristic)이다. 가용성 휴리스틱은 마음에 가장 쉽게, 빨리 떠오르는 예에 의존해서 현상과 개념 등을 직관적으로 이해하고 판단하는 경향을 의미하고, 대표성 휴리스틱은 외형적인 유사성에 의존해서 특정 대상이 특정 범주에 속할 귀납확률을 높게 추정하는 경향을 의미한다.

4) Berkeley, G. (1734). *A Treatise Concerning the Principles of Human Knowledge.* Dublin: Jacob Tonson.

5) 김혜경(2014). '실체적 진실발견'은 「형사소송법」의 목적인가?: 「형사소송법」의 제, 개정 흐름을 중심으로. 형사법연구, 26, 2, 161-192.

6) Beck(1989)은 형사소송의 이 문제를 '해석학 문제(Hermaneutics problem)'라고 지칭했다. Beck, A. (1989). Legal language and legal institutions, a response to Jerzy Wróbrewski. *International Journal for the Semiotics of Law, 2*, 1, 17-28.

7) 인간의 인식에서 시공이 별개가 아니라는 것은 시간은 공간에 대해 상대적으로, 공간은 시간에 대해 상대적으로 존재한다는 의미다. 시간과 공간이 함께 동시에 생겨났다면, 하나가 존재하지 않으면 다른 것도 존재할 수 없을 것이다. 인간의 인식에서 시공이 별개가 아니라는 것을 쉽게 이해할 수 있는 한 가지 방법은 아마도 축지법(縮地法)이라는 가상의 개념을 상상해 보는 것이다. 축지법은 공간상의 두 점(A와 B) 사이를 줄여서 한 점에서 다른 점으로 빠르게 이동한다는 추상적 개념이다. 만약 가능하다면, 축지법은 곧 시간에 주름(wrinkle in time)을 만드는 축시법(縮時法)이다.

8) Heigenberg, W. (1958). *Physics & Philosophy: The Revolution in Modern Science.* World Perspectives No. 15. New York: Harper and Brothers.

9) Coffey, M. (1993). Note, The genetic defense: Excuse or explanation? *William & Mary Law Review, 35,* 353–399; Kadish, S. H. (1987). Excusing crime. *California Law Review, 75,* 257–289; Weinreb, L. L. (1986). Desert, punishment, and criminal responsibility. *Law & Contemporary Problems, 49,* 47–80; Jones, M. (2003). Overcoming the myth of free will in criminal law: The true impact of generic revolution. *Duke Law Journal, 52,* 1031–1053.

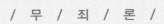

Chapter **02**

합리적 오판

*

　'오판'은 사실에 부합하지 않는 판단을 말한다. 객관적 사실은 판단이 오판인가 아닌가를 가늠하는 절대기준이다. 미래에 사기꾼으로 경험될 사람을 친구로 판단하여 사귀는 것은 존재론적 오판이다. 모든 사람이 신이 존재한다고 믿는 사회에서 신이 없다고 판단하는 것은 (그 반대 경우도) 인식론적 오판이다.

　존재론적·인식론적 오판은 공히 대가를 수반한다. 그래서 가까운 미래에 경험될 가능성이 높거나, 특정 사실에 많은 사람이 동의할 가능성이 있을 때에는 그 사실에 대한 판단을 할 때 조심성 혹은 신중함(cautiousness)이 커진다. 반면 사실의 경험 가능성이 낮아지거나 사람들의 의견이 분산될 수밖에 없는 경우에는 객관성이 약해지고 오판의 심각성이 줄어들며 지불해야 하는 대가도 줄어든다. 기호, 취향과 같이 객관성이 낮은 사실을 판단할 때에는 판단 조심성이 감소한다. 오판이 사실, 대가 그리고 조심성과 다이내믹하게 상호작용하는 세상을 시간이 붕괴된(collapsed)[1] 가상현실에서 일목요연하게 표상한 이론이 신호탐지이론(signal detection theory)[2]이다.

　오판에 수반되는 부정적인 대가에 따라서 사람, 동물, 혹은 인공지능 기계의 판단 조심성이 변하는 양상을 보여 주는 신호탐지이론은 두 가지 본질적 명제에 기초한다. 본질적 명제란 그것이 없으면 이론이 성립하지 않는 필수적 전제다.

　신호탐지이론의 첫 번째 명제는 사실이 존재하면 그것의 '신호(signal)'가 발생한다는 것이다. 두 번째 명제는 판단자가 신호탐지기를 가지고 있다는 것이다. 신호탐지기는 판단자의 시각, 청각 등의 오감일 수도 있고, 인공적인 장비일 수도 있다. 두 가지 전제를 묶어서 하나로 요약하면 사람, 동물, 인공지능이 신호를 포착하여 직접 경험되지 않는 사실의 존재를 탐지한다는 것이다.

낚시찌의 움직임(신호)을 보고 물고기가 미끼를 물었는지(사실) 탐지하는 낚시꾼, 음파신호를 포착해서 지하에 매장된 광맥을 찾는 지질학자, 완두콩 나무에 열리는 콩의 색깔 비율을 계산하여 눈에 보이지 않는 유전자를 발견한 Gregor Mendel, 그리고 증거를 조사해서 피고인의 유무죄를 판단하는 판사와 마찬가지로 판단주체가 사실을 직접 경험하여 그 존부를 인지하는 것이 아니고, 사실의 존재가 발생시키는 신호를 포착한 후 포착된 신호를 (1) '해석'해서, (2) '판단' 한다는 전제다. 이 전제가 타당하지 않은 경우, 예를 들어 판사가 직접 피고인의 범행을 실시간으로 관람하고 유죄 혹은 무죄를 인지하는 것과 같이, 사실을 경험해서 인지하는 경우에는 '판단'이 필요하지도 않고 판단에 대한 이론이 성립하지도 않는다. 신호탐지이론은 "객관적 사실은 직접 경험되지 않는다."는 본질적 명제 때문에 몇 가지 모수적(母數的, parametric) 혹은 상황적 가정을 가진다.

잡음과 신호: 민감성

첫 번째 가정은 사실이 부재할 때에도 신호가 발생할 수 있다는 것이다. 특정 사실이 항상 같은 신호를 강력하게 발생시키고, 그 사실이 부재할 때에는 신호가 전혀 발생되지 않는다면 오판은 생기지 않는다. 그런데 사실과 신호의 인과관계가 완벽하지 않을 때에는 사실에 의해 항상 강력한 신호가 발생되지도 않고, 항상 동일한 신호가 발생되지도 않으며, 여러 가지 다른 원인에 의해 동일한 신호가 발생할 수도 있다. 즉, 사실과 신호의 인과관계가 완벽하지 않을 때에는 신호의 '민감성(sensitivity)' 문제가 발생한다.

물고기가 미끼를 물었어도 낚시찌의 움직임이 포착되지 않는 경우도 있고, 무고한 피고인에 대한 강력한 유죄증거(허위자백, 목격자의 오인 등)가 포착될 수도 있다. 무고한 피고인의 유죄증거와 같이, 사실이 부재하는 데에도 발생하는 신호를 소음 혹은 '잡음(noise)' 이라고 부른다. 모든 물리적 요소가 시간의 흐름 속에서 끊임없이 변하고, 이동하고, 상호작용하고, 발생·소멸하는 세상에서 잡음은 불가피하게 항상 존재하고, 모든 신호는 항상 다소간의 잡음 속에 섞여서 포착된다.

어떤 잡음은 신호처럼 보이기도 하고, 어떤 신호는 잡음처럼 보이기도 한다. 잡음을 신호로 오인하거나, 신호를 잡음으로 오인하면 사실을 오판하게 된다. 따라서 판단자에게 가장 중요한 것은 잡음과 신호를 변별하는 것이다. 판단자는 그것을 어떻게 변별할까? 이 물음에 대한 답이 이론의 두 번째 가정이다.

탐지: 단일기준

두 번째 가정은 신호와 잡음이 동일한 신경경로(neural pathway)를 통해서 판단자에게 양(量)적으로 감지된다는 것이다. 물고기가 입질(잡음)을 반복하다 드디어 미끼를 삼키는 것(신호)을 한 개의 낚시찌가 움직이는 것을 보고 탐지하는 것과 같다. 판단자는 진짜 신호와 신호처럼 보이는 잡음을 한 개의 동일한 차원에서 '정도(degree)' 혹은 '강도(strength)'의 감각에 의존하여 양적으로 구별한다. 따라서 판단자는 크거나, 많거나, 강한 신호는 진짜 신호로 평가하고, 작거나 적거나 약한 신호는 잡음으로 평가한다.

이 가정은 신호탐지이론이 '판단'이라는 행위를 정확하고 구체적으로 정의하는 매우 중요한 가정이다. 동일한 신경경로를 통해서 감각되는 신호와 잡음을 서로 구별하는 것은 '사실이 무엇인가(What)?'를 판단하는 것이 아니다. 다시 말해서, 신호와 잡음의 구별은 존재하는 사실에 대해 여러 개의 차원에서 이루어지는 질적인 분류(classification)가 아니다. 안개 낀 숲 속에서 조우한 동물이 늑대인지, 여우인지를 구별하는 것과 다르다는 말이다. 동일한 신경경로에서 신호와 잡음을 구별하는 것은 '특정 사실이 존재하는가(Whether or not)?'를 판단하는 것이다. 안개 낀 숲에서 늑대를 특정해서 탐지(detection)하는 것(즉, '늑대인가 아닌가?')과 같다. 그 동물이 늑대의 특징(신호)을 강하게 혹은 많이 보일 때에는 늑대로 평가하고, 늑대의 특징이 약하거나 적을 때에는 늑대가 아니라고 평가하는 것과 같다. 늑대가 아닌 경우에는 그 동물의 정체가 무엇인가는 판단자가 모르고, 알 필요도 없다. 영국, 미국 등지의 형사소송에서 피고인이 유죄가 아닌 경우(not guilty), 무죄인지, 뭔지는 따지지 않는 것과 마찬가지다.

잡음과 신호가 동일한 신경경로에서 구별되고, 그 구별에 기한 판단이 '강도' 차원에서 양적으로 이루어지는 탐지라는 가정은 판단이 한 개의 기준(standard) 혹은 역치(threshold)에 의해 이루어진다는 가정으로 집약된다. 즉, 판단자가 인지된 신호의 강도를 단일의 판단기준에 적용하여 사실의 존재 여부를 판단한다는 가정이다.

손해와 이익: 합리성

세 번째 가정은 판단주체가 합리적(rational)이라는 것이다. '합리적'이란 이익 혹은 효용을 추구하고, 손해 혹은 비용을 회피한다는 뜻이다.

추구 혹은 회피는 동기(motivation)의 발현이다. 즉, 합리적 존재는 또한 능동적 존재다. 사실판단에는 두 가지 중요한 동기가 개입한다. 하나는 사실이 아닌 것을 사실로 오판하지 않으려는 동기다. 이것을 '오경보(false alarm)' 회피동기라고 부른다. 또 하나는 사실을 사실이 아닌 것으로 오판하지 않으려는 동기다. 이것을 '누락(miss)' 회피동기라고 부른다. 합리성 가정은 오판이 손해 혹은 비용을 초래할 것으로 기대되면 오판을 회피하려는 동기가 생기고, 그 회피동기는 오판이 초래할 것으로 기대되는 손해 혹은 비용(기대비용)에 비례하여 커지거나 작아진다는 가정이다.

합리성의 정의가 너무 뻔해서 심심하게 느껴진다면, 그 이유는 모든 진화하는 생명체가 그것을 공유하기 때문이다. 진화하는 생명체는 뇌가 없더라도, 뇌가 없을수록 대부분 합리적이다. 뱀 덕분에 인간도 합리적이다. 모든 것이 이미 완벽하여 진화하지 않는 낙원에서 쫓겨나면서 아담과 이브는 척박하고 험한 세상에서 살고 번식하기 위하여 이익(선)과 손해(악)를 계산할 줄 아는 뱀의 지략을 가지고 나왔다. 최초의 인간이 최초로 먹은 것은 합리성이다.

합리성 가정이 당연해 보이는 것은 착각이다. 그 가정은 기실 전혀 당연하지 않다. 최초의 인간이 합리성을 먹게 한 장본인이 왜 하필 뱀일까? 이론이 가정하는 판단자의 합리성은 에덴에서 뱀이 준 합리성이므로, 없어도 좋은 것이 하나도 없는 뱀의 몸을 닮은 합리성이다. 계산적이고, 냉철하며, 비장하고, 철저한 합리성이다. 놀랍게도 신호탐지이론의 합리성 가정은 오판도 합리적이라는 가정이다. 즉, 합리적 오판 가정이다.

승용차를 피하면 덤프트럭에 치이는 경우와 같이, 만약 한 종류의 오판을 회피하면 다른 종류의 오판을 범하게 되는 딜레마 상황이라면, 합리적 존재는 어떻게 행동할까? 합리적 존재는 기대되는 비용이 더 적은 오판을 범한다. 더 정확히, 그러나 조금 복잡하게 표현하면, 손해가 더 적을 것으로 기대되는 오판의 회피를 포기한다. 덤프트럭을 피하기 위해 승용차를 피하지 않기로 순식간에 결단하는 것과 같다. 덤프트럭에 치이는 것보다는 승용차에 치이는 것이 합리적이듯이, 손해가 상대적으로 적을 것으로 기대되는 오판을 범하는 것이 합리적이다.

합리성이 이렇듯 비장하기 때문에 신호탐지이론이 인간의 판단을 잘 표상하는 이론인가의 여부는 인간이 실제로 계산된 오판을 할 정도로 합리적인가에 달려 있다. 만약 그렇다면 그것이야말로 간단하고 민첩한 뱀이 낙원에서 전수해 준 인간의 합리성을, 한때 장엄했지만 복잡하고 우유부단하여 결국 멸종한 공룡의 합리성과 구분짓는 핵심일 것이다.

이 론

　이와 같은 전제와 가정에 기초하여 신호탐지이론은 판단자가 아직 등장하지 않은 오판의 가상현실을 [그림 2-1]과 같이 설정한다.

　[그림 2-1]은 아직 배우가 등장하지 않은 빈 무대다. 종축(이차원 산봉우리 곡선의 높이)은 상대빈도(비율, 확률, 혹은 밀도)[3]를 표시하고, 횡축은 신호 혹은 잡음의 강한 정도(strength)를 표시한다. 그림 오른편에 위치한 산봉우리의 실선(─) 곡선은 사실이 존재할 때 발생하는 모든 신호의 강도분포(strength distribution)다. 사실이 존재할 때, 중간 정도의 강도를 가진 신호가 상대적으로 가장 빈번히 나타나고, 강도가 매우 낮거나 높은 신호는 상대적으로 희귀하게 나타나는 양상을 표현하는 곡선이다. 그림 왼편의 점선(---) 곡선은 사실이

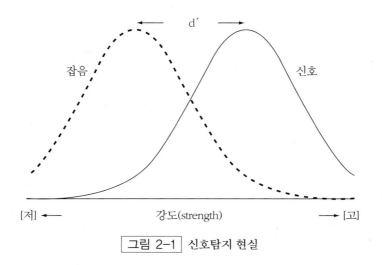

그림 2-1 신호탐지 현실

부재할 때 발생하는 모든 잡음의 강도분포다. 사실이 부재할 때, 신호분포와 마찬가지로 중간 정도의 강도를 가진 잡음이 상대적으로 가장 빈번히 나타나는 것을 보여 준다. 전체적으로 잡음은 신호에 비해서 강도가 다소간 약하기 마련이다. 그래서 잡음분포는 신호분포보다 더 왼편에 위치한다. 그러나 일부 잡음이 일부 신호보다 더 강하기 때문에 두 개의 분포가 서로 중첩된다. 그 중첩 부분이 잡음과 신호가 혼동될 수 있는 오판의 영역이다.

잡음분포와 신호분포의 봉우리 정상 간 거리를 '민감성(sensitivity)'이라고 부르고 d′(디-프라임)으로 표기한다. d′은 가장 빈번히 나타나는 신호와 가장 빈번히 나타나는 잡음의 강도 차이다.[4] d′이 클수록 잡음과 신호가 혼동되는 중첩 부분은 작아지고, 그것이 작을수록 중첩 부분은 커진다. 민감성은 신호 자체의 속성과 신호탐지기의 성능에 의해서 커지거나 작아질 수 있다.[5] 해가 뜨면(사실) 창이 밝아지므로(신호) 해를 직접 보지 않더라도 해가 떴다고 정확히 판단할 수 있다. 비가 오는 날도 마찬가지다. 사실이 존재할 때, 부재할 때에 비해서 항상 현저하게 강한 신호가 발생하는 경우에는 d′이 커진다. 또한 신호탐지기가 예민하면 d′이 커진다. 눈이 유난히 큰 부엉이는 해가 없는 밤에도 실수 없이 사냥을 한다.

[그림 2-1]은 사실판단자에게 주어진 가상현실이다. '주어진'이란 판단자가 통제할 수 없다는 뜻이고, 사실판단자는 [그림 2-1]의 현실 속에 던져진 존재라는 뜻이다. 자신의 의지와 상관없이 모든 것이 이미 설정된 가상현실 속에 던져진 판단자는 그 현실 속에서 무작위(랜덤)로 나타나는 신호 혹은 잡음의 강도를 역시 주어진 신호탐지기로 포착하고, 그때마다 매번 신호가 의미하는 사실이 '존재한다'

혹은 '존재하지 않는다'는 가부판단을 한다.

판 단

비록 낯선 가상현실 속에 던져진 존재이지만, 판단자는 무작위로 나타나는 자극에 대해 수동적으로 반응만 하는 좀비와 같은 존재는 아니다. 가상현실 속에 던져지는 순간부터 판단자는 자신의 합리성을 이용하여 주어진 가상현실을 자신이 만족할 수 있는(기분이 좋아지는) 형국으로 변모시킨다. 그래서 처음에는 모든 판단자에게 동일하게 주어진 [그림 2-1]의 가상현실이 판단자마다 모두 다른 형태로 변모해 간다.

판단자가 가상현실을 합리적으로 변모시킬 수 있는 것은 자기만의 도구를 하나 가지고 있기 때문에 가능하다. 모든 것이 가상적인 허구의 현실 속에서 그 도구는 유일하게 판단자의 실존을 증명하는 증거다. 그 도구는 판단자의 '판단기준(decision standard)'이다.

신호 혹은 잡음은 신호탐지기에 양적인 '강도'로 포착되므로 단정적인 가부판단을 해야 하는 판단자는 판단기준이 필요하다. 즉, 사실이 존재한다는 판단을 하기 위한 역치(threshold)가 [그림 2-1]의 횡축(강도) 어딘가에 있어야 한다. 횡축 어딘가에 있는 그 판단기준을 β(베타)로 표기한다. 만약 포착된 신호 혹은 잡음의 강도가 β보다 크면, 판단자는 그것을 신호로 인지하고 사실이 존재한다는 판단을 한다. 그러나 만약 포착된 신호 혹은 잡음의 강도가 β보다 작으면 판단자는 그것을 잡음으로 인지하고 사실이 존재하지 않는다는 판단을 한다.

오 판

 판단기준이 판단자의 실존을 증명하는 증거인 이유는 무엇일까? 그 이유는 그것이 판단자의 동기에 의해 정해지기 때문이다. 오경보 오판을 회피하려는 동기와 누락 오판을 회피하려는 동기가 비슷하여 특별히 두드러진 동기가 없다면, 그래서 판단자가 중립적이라면 합리적인 판단자는 판단기준을 [그림 2-2]와 같이 위치시킨다.

 [그림 2-2]에서 판단자의 판단기준(β)은 잡음분포와 신호분포 사이의 중간점에 위치해 있다. 그 중립적 기준을 사용해서 사실판단을 하면 잡음을 신호로 오인해서 범하는 오경보 오판과 신호를 잡음으로 오인해서 범하는 누락 오판이 거의 비슷하게 발생할 것이다. 즉, [그림 2-2]에서 오경보 오판 확률(▤)과 누락 오판 확률(▥)의 크

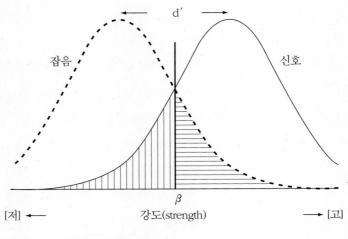

그림 2-2   중립적인 판단자의 판단기준(β)

기가 서로 유사할 것이다. 판단자의 회피동기가 중립적일 때, 그러한 오판확률의 분포는 공평하게 균형을 이루게 되므로 합리적이다.

반면, 판단자의 회피동기가 중립적이 아닐 때에는 판단기준이 왼쪽 혹은 오른쪽으로 편향된다. 판단기준이 왼쪽으로 이동할수록 오경보 오판 확률은 증가하고, 누락 오판 확률은 감소한다. 반대로 판단기준이 오른쪽으로 이동할수록 오경보 오판 확률은 감소하고, 누락 오판 확률은 증가한다. [그림 2-3]은 오경보 오판을 회피하려는 동기가 누락 오판을 회피하려는 동기보다 클 때 오른쪽으로 이동한 판단기준을 보여 준다.

[그림 2-3]의 β를 판단기준으로 사용하는 판단자는 잡음 혹은 신호가 매우 강할 때에만 그것을 신호로 인지하고, 사실이 존재한다는 판단을 하는 사람이다(즉, 판단자는 그것이 잡음인지 신호인지 분간할 수는 없지만, 어쨌든 신호의 강도가 강할 경우에는 사실이 존재한다고 판

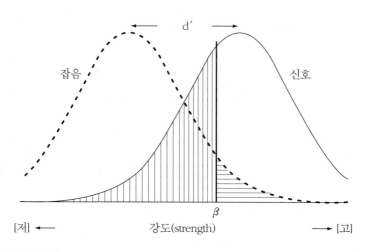

그림 2-3 오경보 회피 동기가 누락 회피 동기보다 큰 판단자의 판단기준(β)

단을 하는 것이다). 판단기준을 [그림 2-3]의 β에 위치시키면 오경보 오판(▭)을 범할 확률은 현저히 감소하고, 누락 오판(▥)을 범할 확률은 현저히 커진다. 다시 말해서, 그 판단자는 두 종류의 오판에 대해 공평하지 않아서 잡음(점선 곡선)을 신호로 오인하는 경우는 매우 드문 반면, 신호(실선 곡선)는 매우 자주 잡음으로 오인하는 방식으로 판단을 한다.

[그림 2-3]의 판단자는 왜 그와 같이 편향된 판단기준을 사용하여 불공평한 판단을 하는 것일까? 합리성을 상실한 것일까? 아니면 뇌물이라도 받은 것일까? 물론 뇌물을 받으면 편향된 판단자가 될 수 있다. 그러나 뇌물을 받으면 반대급부를 주어야 하는, 하기 싫은 임무가 생긴다. 즉, 뇌물을 받은 경우에 기대되는 손해 혹은 비용은 자유의 상실이다. 자유의 상실보다 더 큰 손해는 죽음 이외에 없다. 징역보다 심각한 처벌은 사형뿐인 것과 같다. 따라서 뇌물을 받는 것은 기대비용이 기대이익보다 커지기 때문에 합리적인 행위가 아니다. 이익을 추구하고 비용을 회피하는 많은 합리적 동물들 중에서 스스로 자유를 포기하고 뇌물을 받는 동물은 없다. 하물며 우리의 합리적인 판단자가 뇌물을 받을 리 없다.

주어진 가상현실 속에 던져진 판단자는 판단기준을 자신의 선택과 의지로 통제하지만, 그외에 판단자가 바꾸거나 조작할 수 있는 것은 아무것도 없다. 그래서 판단기준은 판단자의 실존 그 자체다. 그런데 가상현실은 판단자의 유일한 실존마저 쉽게 허용하지 않는다. 세상을 사는 모든 사람의 현실이 그렇듯이, 가상현실도 판단자가 뜻대로 살아가기에 녹녹한 세상은 아니다. 가상현실은 판단자의 실존을 제약하는 심각한 딜레마를 숨기고 있다. 그 딜레마는 판단자가 판단기준을 어떻게 사용하든 두 종류의 오판을 모두 회피할 수 없다는 것이다. 돌진해 오는 자동차를 피하면 다른 자동차에 치이게 되는 상황과 마찬가지로, 하나의 오판을 회피하려면 다른 오판을 범해야 한다. 판단기준을 관대하게(낮게) 정하면 누락 오판(▯▯▯)은 적어지지만, 오경보 오판(▤▤▤)은 많아진다. 반면에 판단기준을 엄격하게(높게) 정하면 누락 오판은 많아지고, 오경보 오판은 줄어든다.

그러한 딜레마 속에서 판단자가 취할 수 있는 입장은 둘 중의 하나다. 첫 번째 입장은 어차피 오판을 피할 수 없으므로 유일한 실존(판단기준)을 포기하고 좀비가 되어 무작위로 혹은 아무렇게나 판단하는 것이다. 기준 없는 그러한 무작위 판단을 일관되게 반복하면, [그림 2-2]와 같이 중립적인 기준을 사용한 것과 유사한 효과가 가상현실에서 나타날 것이다. 중립이란 일견 그리 나쁜 것도 아니므로 판단자가 오판들의 상대적 가치를 판단하는 실존을 포기할 수 있다면, 그리고 희로애락의 번뇌에서 해탈한 도인처럼 그 합리성의 포기를 계속 유지할 수 있다면 그렇게 해도 된다. 그러나 실존을 상실한 좀비와 번뇌에서 해탈한 도인은 완전히 다르다. 좀비는 합리성이 없는데도 불구하고, 중립을 계속 유지할 수 없다. 합리성을 포기한 좀비는 마약이나 뇌물의 유혹과 같은 비합리적인 욕망에 시시각각 매우 취약해지기 때문이다. 비합리적인 욕망이 발현하면 그것은 좀비뿐만 아니라, 가상현실 자체를 순식간에 꺼버리는 치명적인 재앙이다.

딜레마 속에서 합리적인 판단자가 좀비가 되는 대신 취할 수 있는 두 번째 입장은 비장해지는 것이다. 즉, 오판들이 초래하는 비용을 계산하고, 회피할 오판과 회피하지 않을 오판을 선택하는 것이다.

합리적인 판단자는 비용이 더 적게 초래되는 오판을 회피하지 않기로 선택한다. 그 선택은 판단기준 β를 왼쪽 혹은 오른쪽으로 이동시키는 것이다. 누락 오판이 오경보 오판보다 비싼 대가를 치러야 하는 경우에는 누락 오판을 줄이기 위하여 판단기준을 왼쪽으로 이동시킨다. 반대의 경우에는 판단기준을 오른쪽으로 이동시킨다.

　판단기준이 중간 지점에서 왼쪽 혹은 오른쪽으로 이동하는 거리는 오판들이 초래하는 비용의 차이와 비례한다. 한 종류의 오판이 다른 종류의 오판에 비해서 현저하게 큰 비용을 초래하는 경우에는 비싼 대가를 치러야 하는 오판을 회피하려는 동기가 강해지고, 따라서 그 오판이 적게 생기는 방향으로 최대한 멀리 기준을 옮긴다.

　'최대한 멀리'란 얼마만큼의 거리일까? 그 거리는 인생이 모두 그러하듯, 여러 차례의 오판을 통해서 점진적으로 수렴된다. 예를 들어, 오판은 불가피하고 손해 없는 오판은 없으므로 판단자가 오판을 하는 경우에 900원 정도의 손해를 감수할 능력과 용의가 있다고 가정하자. 그런데 오경보 오판이 한 번 발생하면 10,000원의 손해가 생기고, 누락 오판이 한 번 발생하면 1,000원의 손해가 생긴다고 가정하자. 어떤 시점에 판단자가 오경보 오판을 범하였다. 그 오판에 의해 10,000원의 큰 손해를 경험한 판단자는 같은 오판을 또 범하지 않도록 판단기준을 오른쪽으로 크게 이동시킨다. 즉, 사실이 존재한다는 판단에 대해 매우 신중해져서 신호가 확실하게 강하거나, 크거나, 많을 때에만 그 판단을 한다. 그런데 오른쪽으로 크게 이동된 판단기준을 사용한 그 다음 판단에서 판단자는 누락 오판을 범하였다. 아마도 처음의 오경보 오판에 의해 판단기준을 너무 과하게 오른쪽으로 옮긴 탓일지도 모른다. 그래서 누락 오판에 의해 1,000원의 손해를 경험한 판단자는 판단기준을 다시 약간 왼쪽으로 환원시킨다. 이와 같은 시행착오에 의해 판단기준은 한 종류의 오판이 초래하는 기대비용이 다른 종류의 오판이 초래하는 기대비용과 균형을 이루는 점에 빠르게 수렴한다(Feller, 1968; Rachael, 2015).[6]

판단자가 미리 의식/의도한 것이 아니지만, 오판에 의한 손해를 최소화하려는 판단자의 합리성이 시행착오와 상호작용하여 저절로 수렴하는 그 균형점은 절묘하게도 오경보 오판을 범할 확률(▤)이 .09이고, 누락 오판을 범할 확률(▢▢)이 .9가 되는 지점이다. 그래서 오경보 오판의 기대비용(10,000×.09)과 누락 오판의 기대비용(1,000×.9)이 공히 900원으로 균형을 이루는 점이다.[7] 즉, 오판을 범하면 그것이 오경보이든, 누락이든 공히 900원의 손해가 발생할 것으로 기대되는 점이다. 따라서 그 점은 또한 그 판단자가 주어진 판단환경에서 살아 있는 한 범하는 모든 오경보 오판에 의해 초래되는 총 누적비용과 모든 누락 오판에 의해 초래되는 총 누적비용이 수평과 대칭을 이루는 정확한 무게중심이다.

그 균형점에 수렴된 판단기준에 대해 합리적인 판단자는 흡족해한다. 균형은 아름다워서 기분이 좋아지기 때문이다. 즉, 일견 편향된 것으로 보이는 그 판단기준은 합리적인 판단자를 만족시키는 기준이다. 그래서 모든 오판이 또한 만족스러운 오판이다.

오판 가능성에서 결코 벗어나지 못하는 판단자는 당연히 불완전한 존재다. 불완전한 판단자가 합리적일 수 있는 이유는, 수시로 오판하는 존재가 실존적 존재인 이유는 바로 오판 가능성을 부정하지 않기 때문이다. 오판이 생기지 않는다면 손해 또한 생기지 않으므로 합리성은 필요 없다. 불완전하므로 합리적일 수 있다는 것이 바로 진화의 핵심이다. 척박한 환경에서 합리성 없이 진화는 불가능하다. 따라서 모든 진화하는 생명체는 합리적이다. 낙원에서 척박한 환경으로 나올 때, 인간도 뱀의 합리성을 먹고 나왔다. 그것을 먹었기 때문에 그것은 생각이나 지식이 아닌 몸이 되었다. 그래서 인간은 진화하였다. 거대하고 복잡한 몸을 가진 공룡의 우유부단한 합리성과는 달리, 쓸데없는 것이 하나도 없이 매끈한 몸을 가진 뱀이 준 합리성은 적은 손해를 감수하고 더 큰 손해를 회피하는 비장한 합리성이기 때문이다.

편향된 판단기준은 필연적으로 한 종류의 오판을 많이 발생시킨다. 그러나 편향된 판단기준에 의해 많아진 오판은 합리적이다. 왜냐하면 그 오판을 범함으로써 더 비싼 대가를 치러야 하는 오판이 회피되기 때문이다. 따라서 합리적인 판단자가 많이 범하는 오판은 주관적으로 합리적이다.

편향된 판단기준에 의해 많아지는 오판은 객관적으로도 합리적이다. 그 이유는 그 오판을 아무리 많이 범하더라도 그것에 의해 초래되는 총 비용[8] 혹은 총 손해는 판단자가 기를 쓰고 회피하는 오판이 초래하는 총 손해보다 더 크거나 더 작지 않기 때문이다. 균형을 의미하는 등호(=)는 아름다운 것이어서 수학자들과 물리학자들은 그것을 엄청 좋아한다. 그래서 합리적인 판단자가 많이 범하는 오판은 형이상학적으로, 그리고 수학적으로 합리적이다.

믿기지 않더라도, 이익을 추구하고 비용을 회피하려는 동기를 가진 판단자의 오판은 주관적으로나 객관적으로 공히 아름다운 합리적 오판이다. 개개의 판단은 오판이지만 그 오판들 전체는 합리적이

다. 바로 그 이유 때문에 오판하는 개인은 진화하지 않더라도, 합리
적 오판들에 의해 세상의 객관적 진실들을 발견해 온 인류는 성공적
으로 진화하였다.

📚 미 주

1) 시간이 붕괴된다는 것은 시간 차를 두고 발생한 사건들을 마치 동시에 발생한 사건들처럼 취급한다는 뜻이다.

2) 신호탐지이론은 같은 해에 각기 다른 학자들이 발표한 두 개의 논문에 의해 처음 알려졌다. Peterson, W. W., Birdsall, T. G., & Fox, W. C. (1954). The theory of signal detectability. *Proceedings of the IRE Professional Group on Information Theory, 4*, 171-212; Tanner Jr., W. P., & Swets, J. A. (1954). A decision-making theory of visual detection. *Psychological Review, 61*, 401-409.

3) 상대빈도(relative frequency)는 특정 범주에 속하는 사건의 빈도를 모든 범주의 빈도 총합으로 나눈 것을 말한다. 예를 들어, 법학전문대학원 출신자 70명 중에 변호사 시험에 합격한 사람이 63명이라면 합격자의 상대빈도는 .9이고, 불합격자의 상대빈도는 .1이다. 상대빈도의 분모가 유한할 때, 그 상대빈도를 비율(proportion)이라고 부른다. 상대빈도의 분모가 무한(∞)하거나 불확정일 때, 그것을 확률(probability)이라고 부른다. 또한 범주의 수가 무한할 때 확률을 밀도(density)라고 부른다. 즉, 밀도는 범주의 수가 무한하고, 모든 범주의 빈도 총합이 무한할 때, 특정 범주에 속하는 사건의 상대빈도다. 비율이든, 확률이든, 밀도이든 모든 상대빈도는 그것을 모든 범주에 걸쳐 합하면 언제나 1이다. 그래서 [그림 2-1]의 두 개의 이차원 산봉우리들은 각각 그 체적, 즉 곡선 밑의 총면적이 1이다.

4) 이 차이를 표준화하면 d′이 수치로 산출된다. 즉, $d' = (\mu_s - \mu_n)/\sigma_n$ 다 (μ_s = 신호들의 강도 평균; μ_n = 잡음들의 강도 평균; σ_n = 잡음들의 강도 표준편차).

5) 따라서 신호 자체의 속성을 상수에 고정시키면 d′은 신호탐지기의 성능을 나타내는 지표가 된다. 즉, 모든 판단자에게 동일한 신호와 잡음이 나타나

도록 통제하면, d′은 판단자의 민감성 혹은 신호탐지 성능이다.

6) Feller, W. (1968). *An Introduction to Probability Theory and Its Application, Volume 1*(3rd ed.), pp. 243-261. New York: John Wiley & Sons; Rachael, B. (2015). Normative theories of rational choice: Expected utility. In E. N. Zalta(Ed.) The Stanford Encyclopedia of Philosophy(Winter). New York: Association for Computing Machinery Publications. 판단자가 합리적 존재일 때 나타나는 이 현상은 '많은 시도의 법칙(law of large numbers)'으로 불리는 확률적 원리에 기인한다. '많은 시도의 법칙'이란 이론적인 기대(expectation)가 현실에서 실현되는 방식에 개입하는 확률법칙 중 하나다. 특정 시도에 의해 나타나는 실제 결과는 이론적으로(확률적으로) 기대되는 결과와 다르지만, 그 시도를 여러 번 반복할수록, 결과들의 가중합 혹은 평균치는 기대치에 근접하는 현상을 일컫는다. 예를 들어, 공정한 동전을 6번 던지면, 앞면이 0번, 1번, 2번, 3번, 4번, 5번, 6번 나올 확률은 각각 0.0156, 0.0938, 0.2344, 0.3125, 0.2344, 0.0938, 0.0156이다. 따라서 공정한 동전을 6번 던지면(시도), 앞면이 나오는 횟수(결과)는 $0.0156(0)+0.0938(1)+0.2344(2)+0.3125(3)+0.2344(4)+0.0938(5)+0.0156(6)=3$일 것으로 기대된다. 즉, 공정한 동전을 6번 던지면, 앞면이 3번 나올 것으로 기대된다. 그러나 실제로 동전 6번 던지기를 하면 앞면이 반드시 3번 나오는 것은 아니다. '많은 시도의 법칙'은 동전 6번 던지기를 해서 앞면이 나온 횟수를 기록하고, 또 6번 던지기를 해서 기록하는 것을 여러 번 반복한 후, 앞면이 실제로 나온 횟수들의 평균을 계산하면 기대치 3번에 근접하는 것을 말한다.

7) 기대비용(EC)은 비용의 크기(C)에 그 비용이 발생할 확률(p)을 곱해 준 것이다. 즉, $EC=pC$다.

8) 총비용 = 갯수 × 단가.

Chapter **03**

원초아

*

오판에 의해 초래되는 비용/손해는 판단자의 가치관에 따라 달라진다. 높은 가치를 가진 사실의 판단에서 오판이 발생하면 큰 손해가 초래된다. 따라서 오판에 의해 초래되는 손해가 판단자 자신에게 발생하는가, 혹은 타인에게 발생하는가에 따라서 그 오판의 회피 동기가 크게 달라진다. 오판에 의한 손해가 자신에게 발생할 때에는 더 강한 회피동기가 생긴다. 누구에게나 타인보다 자신이 더 높은 가치를 가지기 때문이다.

오류관리

'오류관리이론(error management theory)'은 인간이 오판에 의한 손해를 최소화하는 합리성을 통해 진화해 왔다는 이론이다(Haselton, 2007; Haselton & Buss, 2003).[1] 일반적으로 생명체가 자연과 환경에 적응해 갈 때 발생하는 비용/손해는 오경보 오판을 많이 범하더라도 누락 오판을 가능한 한 많이 회피할 때 가장 최소화된다. 누락 오판은 자연에서 생존 혹은 번식을 위협하는 경우가 많기 때문이다.

독사를 독 없는 뱀으로 오판(누락)하는 것은 치명적인 손해를 초래할 수 있다. 그래서 누락의 회피는 흔히 생사를 좌우하는 가치를 가진다. 반면에 오경보가 초래하는 손해는 생존을 위협할 정도의 치명성을 가지는 경우가 상대적으로 드물다. 독 없는 뱀을 독사로 오판(오경보)하여 돌로 쳐서 죽이면 뱀에게 미안한 느낌이 생기지만 자기 목숨이 경각에 달리지는 않는다. 따라서 오경보 오판을 많이 범하더라도 누락 오판을 최대한 회피하는 합리성을 가진 인간은 더 잘 생존하여 진화하였다. 그렇게 진화한 인간은 독이 있든 없든 모든 뱀을 본능적으로 싫어하고, 죄가 있든 없든 모든 형사피고인을 본능적으로 경계한다. 그래서 사람들은 무죄로 추정되는 피고인이 '미결수'로 불리며 철창 안에 갇혀 있어도 이상하게 생각하지 않는다. 무죄로 추정되는 미결수가 유무죄 판단을 받기 위해 위험한 자의 상징인 수의(죄수복)를 입고, 포승에 결박된 채 법정에 앉아 있는 것도 당연한 것이다.[2]

　누락 오판의 회피는 생존가치 뿐만 아니라 번식가치 또한 가진다. 남자를 향한 여자의 윙크는 남자에게 호감이 있다는 신호일 수도 있고, 눈에 잡티가 들어갔기 때문일 수도 있다. 여자의 윙크가 신호일 때 남자가 그것을 잡음으로 오인하여 지나쳐 버리는 누락을 범하면, 그 남자는 유전자를 퍼뜨릴 수 있는 귀한 번식 기회를 상실한다. 반면에 여자의 윙크가 잡음일 때 그것을 신호로 오인하여 소위 '작업'에 들어가는 오경보 오판을 범하면 여자에게 면박을 당하는 손해가 생길 뿐이다. 따라서 오경보를 많이 범하고, 누락을 회피하는 합리성을 가진 인간은 유전자를 더 잘 퍼뜨려서 번식했고, 그래서 진화하였다. 오경보를 범하도록 너무 과하게 진화하여 "시도 없이, 성공 없다"는 모토를 가지게 된 남자들은 심지어 여자가 'no'라고 말하는 것도 'yes'로 해석해서 작업을 한다. 오경보가 본능이 되어 버린 탓이다.

무죄오판의 회피

진화는 본능 공장이다. 본능은 의도/의식하지 않아도 저절로 이루어지는 행동을 말한다. 뱀의 지략으로 손익을 계산해야 하는 합리성도 생존과 번식에 유리하면 진화과정을 거쳐 본능이 된다. 진화한 본능은 무의식적[3]으로 인간의 모든 사실판단에 관여한다. 유무죄 판단도 예외가 아닐 것이다. 누락을 회피하려는 동기가 인류의 생존과 번식에 도움이 되어 왔다면, 위험한 범죄자를 간과하는 무죄오판을 회피하려는 동기 또한 현재 인간의 본능이 되어 있을 것이다.

무죄오판을 회피하는 인간의 본능을 오랜 동안 수많은 형사소송을 지휘하며 직접 사실판단을 해 온 김상준 변호사(2014, 미출판 원고)[4]는 "어쩌면 인간은 유죄편향적 성향을 마음속에 이미 탑재한 채 태어난 것은 아닌가 하는 생각을 해 보게 된다."고 표현하였다. 그 표현은 너무 조심스럽고 완곡한 표현이다. 왜냐하면 인간이 자신에게 위험을 초래할 수 있는 누락을 회피하려는 강한 동기를 탑재하고 태어난다는 신호가 여러 곳에서 다양하게 포착되었기 때문이다.

김상준 변호사(2014, 미출판 원고)는 최소한 13개의 경험적·논리적 신호들을 포착하였다. 논리적 신호들 중에는 사람은 점점 멀어지는 소리보다 점점 다가오는 소리에 대해 소리의 근원이 자신과 가까운 정도를 과장해서 지각하는 청각 접근 편향(auditory looming bias)을 가진다는 음향심리학 연구(Neuhoff, 2001)[5]도 있고, 알레르기나 재채기와 같은 면역반응은 촉발요인이 실제로 존재하지 않아도 작동하는 과민성(hypersensitivity)을 가진다는 의학 연구(Nesse, 2005)[6]

도 있고, 사람이 질병에 걸렸는지를 따질 때 사람들은 많은 정보를 요구하지 않는 반면, 회복을 확인하기 위해서는 더 많은 정보를 요구하기 때문에 질병에 걸렸던 사람에 대한 편견이 강하고 오래 지속된다는 사회심리학 연구(Park, Faulkner, & Schaller, 2003)[7]도 있다. 또한 협력하기보다 배신하면 더 큰 이익이 생기는 경우에도 배신이 발각될 가능성을 간과(누락)했다가 잘못되어 발각되면 치명적 손해를 입기 때문에 사람들은 배신보다 협력을 선택하는 사회교환 휴리스틱(social exchange heuristic)에 의해 경제활동을 한다는 행동경제학 연구(Yamagishi, Terai, Kiyonari, Mifune, & Kanazawa, 2007)[8]도 있다.

무엇보다 다른 사람의 공격성향을 놓치는 누락을 범하면 값비싼 대가를 치르게 되기 때문에 사람들은 행복한 얼굴이나 중립적인 얼굴보다 화난 얼굴에 더 긴 시간 주의집중을 하는 경향이 있고, 중립적이거나 바람직한 성격특성을 묘사하는 단어에 비하여 바람직하지 못한 성격특성을 묘사하는 단어에 더 주의집중을 하며, 그런 단어 때문에 할 일을 제대로 못하는 현상을 보인다는 사회심리학 연구들(Fox, Russo, & Dutton, 2002; Prato & John, 1991)[9]은 인간이 자신에게 위험을 초래할 수 있는 누락 오판을 회피하려는 동기를 탑재하고 태어나거나, 최소한 무의식 속에 그러한 동기를 항상 가지고 있다는 것을 암시한다.

유무죄 판단 상황에서는 누락 회피의 본능은 곧 위험한 범죄자를 간과하는 무죄오판을 회피하려는 동기로 발현한다. Glaser, Martin 그리고 Kahn(2015)[10]은 미국 사람들의 유무죄 판단이 기소죄명과 피고인 인종에 따라 달라지는지 여부를 확인하기 위한 실험을 하였다. 증거를 비롯한 다른 모든 사실관계가 동일한데도 불구하고, 사람들

은 사형이 가능한 죄명으로 기소된 피고인이 흑인이면 백인일 때보
다 유죄 판단을 더 많이 하지만(80% vs. 55%), 같은 범죄에 대해서 사
형이 불가한 죄명으로 기소된 경우에는 피고인 인종에 따라 유죄 판
단이 달라지지 않았다(68% vs. 67%). 심각한(사형이 가능한) 죄명으로
기소된 피고인은 사람들에게 위험하게 인지되고, 그 위험성 인지가
피고인이 흑인일 때 더 선명해지기 때문이다. 다시 말해서 무죄오판
이 초래하는 위험이 크게 인식될수록 사람들은 위험에 대한 과민성
을 가지게 되어 그 위험을 회피하고자 유죄판단을 더 쉽게 한다.

위험인자로부터 몸을 보호하기 위하여 혐오감, 공포심 등의 각종
면역반응들이 진화되어 왔듯이, 무죄오판의 회피동기는 자동적이
고 무의식적으로 발현하는 체화된 면역반응 혹은 본능이다.

📚 미 주

1) Haselton, M. G. (2007). Error management theory. In R. F. Baumeister, & K. D. Vohs(Eds.), *Encyclopedia of Social Psychology (Vol. 1)*, 311–312. Thousand Oaks, CA: Sage; Haselton, M. G., & Buss, D. M.(2003). Biases in social judgment: Design flaws or design features? In J. P. Forgas, K. D. Wiliams, W. Von Hippel(Eds.), *Social Judgments: Implicit and Explicit Proceses*. Cambridge, UK: Cambridge University Press.

2) 범인의 신원이 쟁점인 재판에서 법정에 피고인이 죄수복을 입고 수갑에 채워진 채, 피고인석에 앉아 있는 것은 목격증인을 비롯한 증인들의 법정 내 증언과 범인지목(in-court identification)에 대해서 강력한 유도성 (leading)과 암시성(suggestiveness)을 가지는 것으로 알려져 있다(Sobel, N. R., 1981. *Eyewitness Identification: Legal and Practical Problems*, 2nd ed. New York: Clark Boardman Company). 미국의 일부 실제 형사 재판에서 피고인 측 변호인들이 법정모독죄로 처벌받을 것을 불사하고 진짜 피고인이 아닌 다른 변호사를 피고인석에 앉아 있게 하였는데, 범죄 발생 당시 범인을 목격한 검사 측 증인이 법정에서 증언하면서 피고인석에 앉아 있는 사람을 자신이 본 범인으로 지목하였다. 지목 후, 변호인들은 지목된 사람이 피고인이 아니라는 것을 고지하였고, 판사는 변호인들에게 법정모독죄를 적용하여 유죄를 선고하였다. Illinois v. Simac, 161 Ill. 2d. 297, 1994; United States v. Sabater, 830F.2d 7(2d Cir.), 1987; People v. Gow, 382 N.E.2d 673, App. Ct., 1978.

3) 이 책에서 "무의식"은 의식되지 않는 정보처리를 통칭한다.

4) 김상준(2014, 미출판 원고). 진화심리학적 관점에서 본 유죄편향성 시론.

5) Neuhoff, J. G. (2001). An adaptive bias in the perception of looming auditory motion. *Ecological Psychology, 13*, 2, 87.

6) Nesse, R. M. (2005). Natural selection and the regulation of defenses: A signal detection analysis of the smoke detector problem. *Evolution and Human Behavior, 26,* 8.

7) Park, J. H., Faulkner, J., & Schaller, M. (2003). Evolved disease-avoidance processes and contemporary anti-social behavior: Prejudicial attitudes and avoidance of people with disabilities. *Journal of Nonverbal Behavior, 27,* 65.

8) Yamagishi, T., Terai, S., Kiyonari, T., Mifune, N., & Kanazawa, S. (2007). The social exchange heuristic: Managing errors in social exchange. *Rationality and Society, 19,* 3, 259.

9) Fox, E., Russo, R., & Dutton, K. (2002). Attention bias for threat: Evidence for delayed disengagement from emotional faces. *Cognition and Emotion, 16,* 355-379; Prato, F., & John, O. P. (1991). Automatic vigilance: The attention-grabbing power of negative social information. *Journal of Personality and Social Psychology, 61,* 380.

10) Glaser, J., Martin, K. D., & Kahn, K. B. (2015). Possibility of death sentence has divergent effect on verdicts for Black and White defendants. *Law and Human Behavior, 39,* 6, 539-546.

/ 무 / 죄 / 론 /

Chapter 04

초자아

*

  현실에서 객관적 진실은 어떤 의미로도 존재하지 않고, 실체진실주의는 단지 슬로건 혹은 판타지라는 것을 깨달은 보통법 전통의 당사자주의 제도는 실체진실을 포기하고 적법절차를 선택하였고, 유죄추정을 포기하고 무죄추정을 선택하였다. 그 포기와 선택을 법정에서 구현하기 위한 사실판단 기준이 '합리적 의심이 없는 정도의 증명(Proof Beyond Reasonable Doubt: PBRD)'이다(Victor v. Nebraska, 1994, "The beyond a reasonable doubt standard is a requirement of due process."). PBRD 기준은 검사의(유죄) 주장이 증거에 의하여 합리적 의심의 여지가 없는 정도로 입증되었을 때(만) 유죄를 판단한다는 기준이다. 보통법 당사자주의 환경에서 PBRD 기준은 무죄추정(presumption of innocence) 원칙과 적법절차(due process) 원칙을 매일의 형사소송에서 현실적, 실무적으로 구현하는 사실판단자의 실존이다.

  미국의 대법원에 의하면(Coffin v. States, 1895; *In re* Winship, 1970), 무죄추정 원칙과 PBRD 기준은 보통법 전통의 당사자주의 「형사소송법」의 최고 지도이념이다("bedrock axiomatic and elementary principle"). 그래서 그 기준이 구체적으로 무엇인가, 어떻게 정의하고, 이해하고, 설명해야 하는가에 대해서 많은 규범적·실증적 논의와 논쟁이 이루어졌다(부록 참고). 그 논의와 논쟁은 앞으로도 계속될 것이다. 그러나 그 모든 복잡하고 난해한 논의와 논쟁에도 불구하고, PBRD 기준의 가장 근원적인 핵심은 간결하고 명료하다. 유죄오판이 무죄오판보다 훨씬 나쁘다는 가치관이다.

오판 비용

보통법 전통의 당사자주의 제도가 실체진실의 발견을 포기하고, 유죄추정을 포기한 이유는 인간이 낙원을 나올 때 뱀이 전수해 준 합리성으로 오판의 비용을 계산한 결과, 유죄오판이 무죄오판보다 훨씬 나쁘다는 결론에 도달했기 때문이다. 그 계산은 거의 천 년 전부터 반복되어 온 것이므로 단위비용의 인플레이션/디플레이션 등을 감안하면 현재에도 아마 맞을 것이다. 12세기를 살았던 유대교 랍비 Moses Maimonides는 유죄오판이 무죄오판보다 1,000배 더 비싼 것으로 계산하였다. 그 계산은 아마도 종교적인 비용 단위를 사용한 탓에 다소 과장되었을 것이다. 더 세속적인 단위를 사용한 경우는 15세기 영국에서 John Fortescue가 유죄오판이 무죄오판보다 스무배 더 비싸다고 계산하였고, 17세기 미국에서 Increase Mather가 유죄오판이 열 배 더 비싸다고 계산하였으며, 18세기 영국에서 William Blackstone 판사도 열 배 더 비싸다고 계산하였다(Alexander, 1997).[1] 이들이 수백 년에 걸쳐서 일관되게 유죄오판이 무죄오판보다 더 비싸다고 계산한 근거는 무엇일까?

유죄오판(오경보)이 무죄오판(누락)보다 훨씬 나쁘다는 가치관은 얼핏 규범적인 가치관으로 보이고, 누락이 오경보보다 흔히 더 심각한 손해를 초래하는 자연의 이치와 상반되는 것으로 보인다. 그러나 자연의 이치와 상반되는 규범이 수백 년 동안 반복적으로 일관되게 재확인되기는 어렵다. 독사를 독 없는 뱀으로 오판(누락)하면 판단자가 죽을 수 있지만, 독 없는 뱀을 독사로 오판(오경보)하여 죽이면 미안한 마음 이외에 판단자에게 생기는 큰 손해가 없다. 이것이 자연의 이치다. 그런데 판단주체가 개인이 아닌 사회이고, 판단의 객체가 뱀이 아니라 사람일 때에는 비용 계산이 조금 다르다.

독사와 마찬가지로, 독을 지닌 피고인을 무죄로 오판하면 사회가 그 독의 위험에 노출되는 손해가 초래된다. 소위 '범죄통제(crime control)'의 실패다. 범죄통제의 실패는 독이 없는 피고인을 유죄로 오판해도 똑같이 발생한다. 독을 지닌 진범이 사회에서 기어다니기 때문이다. 유죄오판이 발생하면 범죄통제의 실패와 더불어 무고한 개인이 억울하게 처벌되는 손해가 또한 초래된다. 소위 '적법절차(due process)'의 실패다. 여기까지만 계산해도 유죄오판은 무죄오판보다 대략 두 배 이상 더 비싼 오판이다.

그런데 유죄오판을 범하면 건전한 사회가 감당할 수 없는 또 다른 엄중한 손해가 초래된다. 오판은 에러(error)다. 범하고 싶어 범하는 에러는 없다. 그런데 에러 중에서도 유죄오판 에러를 범한 사회는 이후에 다른 죄없는 개인을 유죄로 오판할 수 있기 때문에, 모든 죄없는 개인들이 결국 언젠가는 유죄로 오판되어 속수무책으로 억울하게 처벌될 수 있는 개연성을 높인다. 잘못이 전혀 없는 사람을 오판하여 처벌한 사회가 나쁜 짓을 한 적이 전혀 없는 나도 처벌하지 말라는 법이 없다. 에러이기 때문에, 사회의 모든 선량한 '나'가 언제, 어떻게, 왜, 억울한 처벌을 받게 될지 예측할 수도 없다. 예측이 불가능한 억울한 처벌의 공포는, 예측이 가능한 정당한 처벌의 공포보다 말할 수 없이 더 큰 통제불가능한 공포다. 만인이 법 앞에 평등

하므로, 신분고하를 막론하고 누구나 오판의 잠재적 희생자가 되는 것은 여러번의 유죄오판이 필요하지 않다. 사회가 단 한 번의 유죄오판을 범하면, 단 한 번, 억울한 사람을 처벌하여 저잣거리에 진열하고 처벌의 제지효과(deterrence)를 외치는 것은, 모든 죄 없는 개인들을 억울한 처벌의 공포에 빠뜨리는 프로파간다(propaganda)다. 소위 만인의 '인권(human rights)'과 '시민권리(civil rights)'가 일거에 붕괴되는 위험이다. 독을 지닌 피고인을 제거해야 하는 사회는 유죄오판에 의해 스스로 '독'을 지닌 위험이 된다. 유죄오판을 하여 스스로 독이 된 사회는 도망가거나 숨지도 않기 때문에, 무죄오판에 의해 독을 지닌 채 도망간 前피고인의 위험과는 비교가 안 되게 크고 강한 위험이다.

사회가 보호/육성해야 할 선량한 개인들을 그 사회가 오히려 해할 수 있는 위험은 바로 그 때문에 또한 사회의 성립을 흔드는 위험이 된다. 국가가 유죄오판에 의해 죄없는 사람을 처벌하는 것은, 무죄오판에 의해 도망간 前피고인이 범할지도 모르는 재범 한 건을 국가가 미리, 공권력을 이용해서, 선량한 사람을 상대로, 대신 범해주는 것과 같다. 그런 국가는 아무도 원하지 않는다. 무죄오판은 사회가 착해서 그렇다고 이해하고 용서할 수 있지만, 단 한 번의 유죄오판은 누구도 용서하지 않는다. 선량하고 죄 없는 사람을 사회가 때리는 것을 한 번이라도 본 다섯 살짜리도 기억하기만 한다면 죽을 때까지 그 사회를 '나쁜 놈'으로 각인하고 피한다. 그래서 유죄오판은 개인과 사회를 모두 위험에 빠뜨리는 독이다. 사회가 유죄오판을 범하도록 허용해서는 절대 안 된다.

옳은 법은 사회의 질서와 정의, 그리고 개인들의 자유와 행복을 위해 존재한다. 따라서 옳은 실정법이 정상적으로 작동하면 당연히 사회는 질서정연하고 정의로워야 하고, 사람들은 자유롭고 행복해야 한다. 무고한 사람이 처벌받는 경우가 발생하는 것은 둘 중의 하나 혹은 둘 다 때문이다. 첫째는 실정법이 비뚤어졌거나 옳지 않을 때 그런 일이 생긴다. 둘째는 옳은 실정법이 비뚤게 적용될 때 그런 일이 생긴다. 그래서 유죄오판이 발생하면 이유를 불문하고 적정한 법의 적정한 절차가 실패했다는 것을 의미한다. 적법절차가 실패하면 사회를 구성하는 모든 개인의 자유, 행복, 안전을 보장하는 것이 없어지고, 사회의 근본이 붕괴되는 것이 유죄오판의 최대 비용이다. 그래서 유죄오판이 무죄오판보다 비교 불가한 정도로 훨씬 나쁘다는 가치관은 사회규범적인 가치관이면서, 동시에 사회적 동물(zoon politikon)들의 생존과 번식을 위해 유익한 가치를 가지는 자연의 이치다.

· 기준 위치

　유죄오판이 무죄오판보다 열 배 혹은 스무 배 더 비쌀 때, 신호탐지이론의 가상현실([그림 2-3])에서는 사실판단자의 판단기준이 어디에 놓이게 될까? 판단기준의 위치를 가늠하기 위해서는 두 가지 사실관계를 먼저 확인할 필요가 있다. 첫째는 국가가 오판의 발생을 완벽히 통제할 수 없다는 사실이고, 둘째는 국가가 합리적이라는 사실이다. 오판의 발생을 완벽히 통제할 수 없는 국가가 합리적이라면, 국가의 판단기준은 모든 무죄오판과 모든 유죄오판에 의해 지불

표 4-1 오판의 상대적 비용과 유죄오판 확률에 따라 허용되는 무죄오판 확률

무죄오판 대비 유죄오판 비용	유죄오판 확률			
	.01	.02	.03	.05
20배	.20	.40	.60	1.0
10배	.10	.20	.30	.50
5배	.05	.10	.15	.25
2배	.02	.04	.06	.10

주) 무죄오판 확률들은 판단기준(β)이 무죄오판과 유죄오판의 총비용들이 균형을 이루는 지점에 위치한다는 가정, 즉 합리적 국가 가정에 기초하여 계산되었다.

하는 총비용이 서로 균형을 이루는 점(같아지는 점)에 수렴한다. 〈표 4-1〉은 초등학교 수준의 산수에 의존하여 유죄오판 확률과 오판들의 상대적 비용에 따른 판단기준의 위치를 가늠한 것이다.

　〈표 4-1〉은 무죄오판의 비용에 비해서 유죄오판의 비용이 클수록 합리적 국가는 더 많은 무죄오판을 허용하는 판단기준을 사용한다는 것을 보여 준다. 예를 들어, 유죄오판 확률이 .01(즉, 1%)일 때, 유죄오판 비용이 무죄오판 비용보다 10배 더 비싸면 판단기준은 죄지은 사람들 중 10%(1%×10=10%)를 무죄오판하는 지점이다. 즉, 이 경우 무죄오판을 유죄오판보다 10배 더 많이 범할 때 두 종류의 오판이 초래하는 총비용이 동일해지므로 유죄오판 확률이 .01(1%)일 경우 무죄오판은 .1(10%)까지 허용해도 된다는 것이다. 만일 그 비용이 20배 더 비싸면 판단기준은 죄 지은 사람들 중 20%를 무죄오판하는 지점에 위치한다. 유죄오판 확률이 .05(5%)일 때, 유죄오판이 무죄오판보다 20배 더 비싸면 합리적 국가는 모든 죄 지은 사람에게 무죄오판을 하는 판단기준을 사용한다(5%×20=100%).

〈표 4-1〉은 또한 유죄오판 확률이 커질수록 합리적 국가는 그보다 훨씬 더 많은 무죄오판을 허용하는 판단기준을 사용한다는 것을 보여 준다. 예를 들어, 유죄오판 비용이 무죄오판 비용보다 10배 더 비쌀 때, 유죄오판 확률이 .01이라면 판단기준은 죄 지은 사람들 중 10%를 무죄오판하는 지점이고, 유죄오판 확률이 .05라면 50%를 무죄오판하는 지점이다.

비록 공부를 잘하는 초등학생도 암산할 수 있는 숫자들이지만, 〈표 4-1〉은 합리적 국가의 판단기준에 관한 매우 중요한 비밀을 간직한 난수표다. 해독하기 어렵지 않은 그 비밀은 합리적 국가의 판단기준이 두 가지 동기요소에 의해 정해진다는 것이다. 하나는 국가가 평가하는 오판들의 상대적 비용이다. 이 상대적 비용은 국가가 추구하는 가치의 내용(실체진실, 범죄통제, 적법절차, 시민권리 등)을 반영한다. 또 다른 동기요소는 국가가 기꺼이 감당 혹은 허용하는 오판의 선택이다. 유죄오판 혹은 무죄오판 중 하나에 대하여 국가가 기꺼이 허용하려는 규모를 정하면 그에 따라 판단기준이 설정되고, 나머지 오판의 규모가 정해진다. 국가가 선택하는 허용오판의 규모는 국가가 추구하는 가치의 진정성을 반영한다.

'합리적 의심이 없는 정도의 증명(PBRD)' 기준도 그 두 가지 동기요소에 의해 정해진 사실판단 기준이다. 적법절차의 실패와 시민권리의 붕괴를 초래하는 유죄오판이 무죄오판보다 훨씬 나쁘다는 가치관과, 그래서 유죄오판을 절대 범하지 않으려는 진정성으로 견고하게 굳혀진 토대 위에 박힌 깃발이다. 개개의 형사재판에서 PBRD 기준에 의해 판단되는 사실은 실체진실이 아니다. 개개의 재판에서 판단되는 사실이 실체진실이 아니기 때문에 그것은 전체 재판에서 합리적인 국가의 가치와 진정성을 구현할 수 있는 기준이다. 개개의 형사재판에서 PBRD 기준은 불공정한 기준이다. 즉, 무죄오판을 범할 가능성이 매우 높은 극도로 편향된 기준이다. 개개의 재판에서 극도로 편향되고 불공정하기 때문에 그것은 전체 재판에서 아름다운 균형과 객관성을 발견하는 기준이다.

미 주

1) Alexander, V. (1997). n Guilty Men. *University of Pennsylvania Law Review, 146*, 1, 173.

Chapter **05**

원초아 vs. 초자아

*

실체진실주의의 내용 중 죄 지은 자를 반드시 처벌한다는 의지는 잠재적 위험을 경계하는 인간의 동물적 본능에 의해 발현하는 의지다. 그래서 죄 지은 자를 놓치지 않으려는 동기, 무죄오판의 회피는 실체진실주의의 원초아(id)다. 실체진실주의의 또 하나의 내용, 무고한 사람을 절대로 처벌하지 않는다는 의지는 적법절차와 시민권리 등의 가치를 중히 여기는 인간의 도덕심에 의해 발현하는 의지다. 그래서 유죄오판 회피동기는 실체진실주의의 초자아(superego)다.

원초아와 초자아는 모두 현실감각이 없고, 객관적 사실에 관심이 없다. 원초아는 독이 있든 없든 뱀이 싫고, 죄가 있든 없든 피고인이 싫다. 초자아는 자연과 생태계를 보호해야 하므로 독이 있든 없든 뱀을 절대 해치면 안 되고, 모든 인간은 존엄한 천부인권을 가지고 태어났으므로 죄가 있든 없든 피고인을 미워하거나 함부로 단죄하면 안 된다고 믿는다.

원초아와 초자아는 현실감각이 없는 탓에 항상 '극단적'이다. 즉, 각자의 엄격한 잣대로 추구할 것과 회피할 것을 구별한다. 원초아는 뱀의 무독성이 의심의 여지없이 증명되어야 비로소 안심하고, 피고인의 결백이 의심의 여지없이 증명되어야 비로소 안심한다. 초자아는 뱀의 맹독성이 의심의 여지없이 증명되어야 비로소 가두어야 한다고 판단하고, 피고인의 죄가 의심의 여지없이 증명되어야 비로소 벌해야 한다고 판단한다. 각각 엄격한 기준으로 사실을 판단하는 원초아와 초자아는 서로 동조하는 경우보다 갈등하는 경우가 당연히 더 많다. 그래서 무죄증거 혹은 유죄증거 중 하나가 의심의 여지없이 완벽한 경우를 제외한 거의 모든 경우에서 서로 갈등하는 두 가지의 회피동기를 모두 만족시키는 판단은 불가능하다.

그러나 신기하게도 실체진실주의를 소유한 판단자는 그런 경우에도 사실판단을 한다. 그것도 마치 어떠한 갈등도 존재하지 않는 듯 평온하고 건강한 모습으로 판단한다. 더 놀라운 것은 마술 같이 이루어진 그 판단은 매우 단호하고 확실하게 망설임이나 주저함 없이 '선고'된다. 너무나 일상화되어 많은 사람들이 무감각해진 이 현상은 분명히 심리학의 가슴을 뛰게 하는 신기한 현상이다.

실 증

형사재판의 사실판단에서 실체진실주의의 내적 모순이 해소되는 마술 같은 실태를 경험적으로 파악하기 위해서는 법관의 무의식을 들여다보아야 한다. 자신의 무의식을 열어 보이는 법관은 찾기 어렵다. 또한 법관이 발견하는 사실은 사회적(인식론적) 객관성을 가져야 하기 때문에 법관이 자신의 무의식을 열어 보이는 것은 바람직하지도 않다. 누구든지 무의식을 여는 순간, 사회적 객관성을 잃기 때문이다.

다행히, 죄 지은 자를 처벌한다는 본능적 신념과 무고한 자를 처벌하면 안 된다는 도덕적 신념은 법관 뿐만 아니라 누구나 당연히 가지는 의지다. 누구에게나 그 신념들은 당연히 동시에 공존한다. 그래서 보통 사람의 속을 들여다보면 법관의 무의식에서 실체진실주의가 어떻게 기능하는지도 대강은 짐작할 수 있다. 의식을 운용/활용하는 능력에서 법관이 일반인보다 더 유능하지만, 아무리 유능해도 무의식을 조절하기는 쉽지 않기 때문이다.

Park, Seong, Kim 그리고 Kim(2016)[1]은 대한민국의 배심원 자격을 가진 일반 성인 260명을 대상으로 형사재판에서 사실판단자의 자아가 두 가지 회피동기를 중재하여 판단하는 양상에 관한 가설을 검증하였다. 실험을 위하여 유죄오판을 회피하려는 참가자들의 동기는 명시적으로 의식화시켰고, 무죄오판을 회피하려는 동기는 의식화시키지 않았다. 실험의 목적은 (1) 무죄오판의 회피동기는 의식하지 않아도 존재하는지, (2) 존재한다면 그 무의식적 동기가 의식적 동기에 영향을 주는지, (3) 영향을 준다면 어떤 상황에서 어떤 영향을 주는지를 이해하는 것이다.

가 설

무죄오판을 회피하려는 동기가 무의식적으로 존재한다면, (1) PBRD 기준에 의해 피고인을 무죄로 판단하는 사람은 유죄로 판단하는 사람보다 자신의 판단에 대한 확신감이 낮을 것이다. (2) 피고인을 유죄로 판단하는 사람은 스스로 해석(의식)하는 PBRD 기준보다 더 낮은 유죄판단 기준을 무의식적으로 사용할 것이다. (3) PBRD 기준을 높게 해석(의식)하는 사람일수록 그보다 더 낮은 유죄판단 기준을 사용해서 사실판단을 할 것이다.

첫 번째 가설은 무죄가 의심의 여지없이 증명되었을 때에만 무죄

판단을 하려는 무의식적 동기(무죄오판 회피동기)가 존재한다면 당연
히 예상되는 현상이다. 형사재판에서 객관적 진실을 발견하려는 판
단자는 의식된 PBRD 기준보다 증거의 강도가 더 강할 때 피고인을
유죄로 판단한다. 그 유죄판단은 오판을 회피하려는 동기도 충족하
고, 법적 기준도 충족하는 판단이다. 즉, 어떠한 딜레마도 없는 판단
이다. 따라서 피고인을 유죄로 판단하는 판단자는 자신의 판단을 신
뢰한다. 반면, 증거의 강도가 자신이 이해하는 PBRD 기준에 못 미
치는 것으로 평가하는 판단자는 피고인을 무죄로 판단해야 한다. 그
러나 그 무죄판단은 무죄오판을 회피하려는 원초아적 동기를 충족
하지 못하는 판단이다. 그때의 무죄는 법적으로 옳은 판단이지만,
실체적 진실이 아닐 수 있다. 즉, 적법절차 vs. 실체진실 사이의 딜레
마 속에서 이루어지는 판단이다. 따라서 무죄오판을 회피하려는 동
기가 무의식적으로 존재하면 PBRD 기준을 의식해서 피고인을 무죄
로 판단하는 사람은 유죄로 판단하는 사람보다 자신의 판단에 대한
확신감이 낮을 것이다.

두 번째 가설 또한 무죄오판을 회피하려는 무의식적 동기가 존재
하면 예상되는 현상이다. 증거의 강도가 PBRD 기준에 미달하여 피
고인을 무죄로 판단해야 하는 판단자의 대부분은 그 판단이 실체적
진실이 아닐 수 있음에도 불구하고, 법이 요구하는 무죄판단을 한
다. 그러나 그들 중 일부는 원초아적 동기(무죄오판의 회피)가 강하여
불충분한 증거에도 불구하고 피고인을 유죄로 판단한다. 그 유죄판
단은 초자아적 동기와 PBRD 기준을 위반하는 법적으로 옳지 않은
판단이다. 법적으로 옳지 않은 판단을 할 수는 없다. 그 유죄판단이
법적으로 옳은 판단이라고 자신을 설득하는 방법은 PBRD 기준에

대한 자신의 이해를 낮추고, 그래서 낮아진 기준에 의해 피고인을 유죄로 판단하는 것이다. 그런데 기준조작을 스스로 의식하는 것은 고통스럽다. 그래서 그 조작은 무의식적으로 이루어진다. 피고인을 유죄로 판단하는 사람은 스스로 해석(의식)하는 PBRD 기준보다 더 낮은 유죄판단 기준을 무의식적으로 사용할 것이다.

세 번째 가설 또한 무죄오판을 회피하려는 무의식적 동기가 존재하면 예상되는 현상이다. 유죄오판이 무죄오판보다 훨씬 나쁘다는 것을 이해하고, 적법절차 원칙과 무죄추정 원칙을 이해하는 판단자는 PBRD 기준의 취지를 높이 평가한다. 그러나 그러한 판단자도 무죄오판을 회피하려는 원초아적 동기를 포기하지 못하는 한, 증거가 완벽하지 않은 형사재판의 현실에서 자신이 높게 평가하는 PBRD 기준을 온전히 적용하여 판단할 수 없다. 판단을 위한 증거의 불완전성이 원초아적 동기와 PBRD 기준의 딜레마를 유발하기 때문이다. 그 딜레마는 PBRD 기준을 높게 의식하는 판단자일수록 더 심하게, 자주 경험한다. 이때에도 역시 판단자가 딜레마에서 벗어나는 방법은 PBRD 기준을 낮추고, 낮아진 PBRD 기준으로 유죄를 판단하는 것이다. 이 기준조작도 PBRD 기준을 높게 의식하는 판단자가 스스로 알면서 할 수는 없는 일이다. 그래서 PBRD 기준을 엄격히 해석(의식)하는 사람일수록 그보다 훨씬 더 낮은 유죄판단 기준을 무의식적으로 사용해서 사실판단을 할 것이다.

방 법

가설들을 검증하기 위하여 260명(남자 146명, 여자 114명)의 대한민국 성인이 실험에 참가하였다. 참가자들의 연령분포는 20대가 15.4%, 30대가 29.2%, 40대가 34.6%였으며, 50세 이상이 20.8%였다. 참가자들의 직업은 사무직(43.4%)이 가장 많았고, 대졸 이상의 학력을 가진 사람이 68%였다.

참가자들은 실제 국민참여재판을 요약한 재판시나리오를 읽고, 피고인의 유무죄 여부를 판단하였다. 피고인이 처를 살해한 혐의로 기소된 실제 재판에서 피고인은 무죄를 주장하였지만, 9명의 배심원은 만장일치로 유죄를 평결하였다. 실제 재판의 증거를 이용하여 증거강도가 강한 시나리오와 약한 시나리오가 제작되었다. 증거강도가 강한 시나리오에는 실제 재판에서 제시되었던 증거들이 거의 그대로 기술되었고, 약한 시나리오에는 그 증거들이 조금씩 모호하거나 불확실하도록 수정되어 기술되었다. 참가자들은 두 개의 '증거강도' 조건들(강, 약)에 무작위로 할당되었다.

참가자들은 둘 중 하나의 재판시나리오를 읽은 후, 무죄추정 원칙, 입증책임, 그리고 '합리적 의심이 없는 증명(PBRD)' 기준에 대한 설명을 포함하는 판단지침을 읽었다.[2] 판단지침을 읽은 참가자들은 곧이어 PBRD 기준의 해석에 관한 질문에 응답하였다: "형사재판에서 '합리적 의심이 없는 증명' 기준에 의해 유무죄 여부를 판단하면 기소된 범죄를 피고인이 실제로 범했을 확률이 최소 얼마 이상일 때 '유죄'로 판단할 수 있습니까?" 참가자는 0%부터 100%까지 5% 단위로 나누어진 척도에 응답하였다. 이 응답을 'PBRD 해석'으로 명명하였다.

참가자들은 PBRD 기준의 해석을 묻는 질문에 응답한 후, 곧이어 4개의 질문에 차례로 응답하였다. 첫 번째 질문은 PBRD 기준의 설명을 이해하기 쉬운/어려운 정도를 묻는 것이다: "'합리적 의심이 없는 증명' 기준에 대한 설명을 이해하기 어려웠습니까?' 참가자들은 이 질문에 대해 7점 척도(1 = 매우 쉽다, 7 = 매우 어렵다)에 응답하였다. 두 번째 질문은 재판시나리오의 피고인에 대한 유무죄 판단이다: "피고인의 유무죄에 대한 귀하의 판단은 무엇입니까?' 참가자들은 이 질문에 대해 '무죄'와 '유죄' 중 하나를 선택하였다. 참가자의 이 선택을 '실제판단'으로 명명하였다. 참가자의 판단이 무죄일 때 '실제판단' 값은 0이고, 유죄일 때 '실제판단' 값은 1이다. 세 번째 질문은 '실제판단'에 대한 확신감이다: "자신의 유무죄 판단이 옳다는 것을 얼마나 확신합니까?' 참가자들은 이 질문에 대해 0%부터 100% 사이의 비율로 응답하였다. 이 응답을 '판단확신감'으로 명명하였다. 마지막 질문은 시나리오의 피고인이 기소된 범죄를 실제로 범했을 확률이다: "피고인이 기소된 범죄를 실제로 범했을 확률은 얼마입니까?" 참가자들은 이 질문에 대해 0%부터 100% 사이의 비율로 응답하였다. 이 응답을 '유죄확률'로 명명하였다.

측정된 세 개의 변인— 'PBRD 해석' '유죄확률' '실제판단'—을 이용하여 두 개의 조합변인(組合變因)이 생성되었다. 첫 번째 조합변인은 'PBRD 해석'과 '유죄확률'의 관계를 나타내는 '기대판단'이다. 피고인이 기소된 범죄를 실제로 범했을 확률('유죄확률')을 자신이 해석하는 PBRD 기준('PBRD 해석')보다 낮거나, 같은 것으로 평가하는 참가자는 피고인을 무죄로 판단할 것으로 기대된다. 따라서 '유죄확률' ≤ 'PBRD 해석'인 참가자의 '기대판단' 값은 0(무죄)이다. 반면, '유죄확률'이 'PBRD 해석'보다 높으면 유죄판단이 기대된다. 따라서 '유죄확률' > 'PBRD 해석'인 참가자의 '기대판단' 값은 1(유죄)이다.

두 번째 조합변인은 '기준조정'이다. '기준조정'은 '기대판단'(0, 1)에서 '실제판단'(0, 1)을 뺀 것이다('기준조정' = '기대판단' - '실제판단'). '기대판단'과 '실제판단'이 동일하면 '기준조정' 값은 0이다. 이는 판단자의 'PBRD 해석'이 상/하향 조정 없이 그대로 '실제판단'에 적용되었다는 것을 의미한다. '기대판단'은 무죄(0)인데, '실제판단'은 유죄(1)인 경우에는 '기준조정' 값은 -1이다. 판단자의 'PBRD 해석'이 하향조정되어 '실제판단'에 적용되었다는 것을 의미한다. '기대판단'은 유죄(1)인데 '실제판단'은 무죄(0)인 경우에는 '기준조정' 값은 +1이다. 판단자의 'PBRD 해석'이 '실제판단'에서 상향조정되어 적용되었다는 것을 의미한다.

결 과

참가자들은 평균적으로 PBRD 기준을 피고인이 유죄일 확률 .73에 해당하는 것으로 해석하였다. 이 'PBRD 해석'에서 '증거강도'에 따른 차이는 없었지만, 피고인을 유죄로 판단한 참가자들의 해석 (.70)이 무죄로 판단한 참가자들의 해석(.77)보다 통계적으로 유의미하게($p < .01$)[3] 더 낮았다.

참가자들은 재판시나리오의 피고인이 기소된 범죄를 실제로 범했을 확률, '유죄확률'을 약한 증거 조건에서 .57, 강한 증거 조건에서 .70으로 평가하였다. 이 차이는 통계적으로 유의미하였다($p < .01$).

약한 증거 조건에서 48%(63/130)의 참가자가 피고인의 유죄를 판단하였고, 강한 증거 조건에서 72%(93/130)가 유죄를 판단하였다. 이 차이는 통계적으로 유의미하였다($p < .01$).

가설(1). 피고인을 유죄로 판단한 참가자들의 '판단확신감'은 평균적으로 71.97이었고, 무죄로 판단한 참가자들의 그것은 평균적으로 61.32였다. 이 차이는 통계적으로 유의미하였다($p < .001$). '판단확신감'에서 '실제판단' × '증거강도' 상호작용 효과가 유의미하게 ($p = .03$) 나타났다([그림 5-1] 참조). 유의미한 상호작용 효과는 피고인을 유죄로 판단한 참가자들에서는 '증거강도'에 따라 '판단확신감'이 차이를 보였으나($p = .02$), 무죄로 판단한 참가자들의 판단확

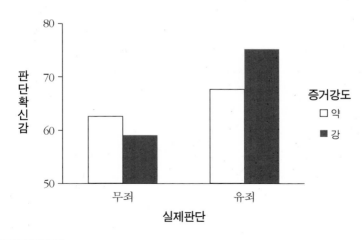

그림 5-1 '판단확신감'에 대한 '실제판단' × '증거강도' 상호작용 효과

신감은 증거가 강한 경우와 약한 경우에서 통계적으로 유의미한 차이가 없었다($p=.28$)는 것을 의미한다.

가설(2). 피고인을 유죄로 판단한 참가자들의 '기준조정' 평균은 -.26이고, 무죄로 판단한 참가자들의 평균은 .07이었다. 그 차이는 통계적으로 유의미하였다($p < .001$). '기준조정'에 대한 '증거강도'의 효과나 '증거강도'×'실제판단' 상호작용 효과는 발견되지 않았다. 즉, '증거강도'가 약한 경우와 강한 경우에서 '기준조정'의 차이가 나타나지 않았고, 그 차이가 나타나지 않은 것은 시나리오의 피고인을 무죄로 판단한 참가자들과 유죄로 판단한 참가자들을 분리했을 때에도 여전히 마찬가지였다.

가설(3). 세 번째 가설을 검증하기 위하여 'PBRD 해석'의 전체 평균(.73)을 중심으로 참가자들을 고해석 수준 집단(142명)과 저해석 수준 집단(118명)으로 나누었다. '기준조정'의 평균은 고해석 수준

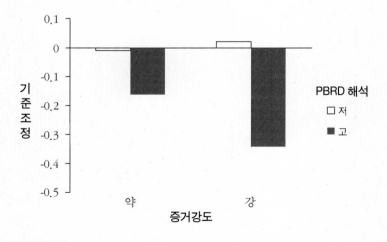

그림 5-2 '기준조정'에 대한 '증거강도' × 'PBRD 해석'의 상호작용 효과

에서 -.25였고, 저해석 수준에서 .01이었다. 그 차이는 통계적으로 유의미하였다($p < .001$). 또한 '증거강도'도 '기준조정'의 유의미한 차이를 유발하였다($p=.04$). '기준조정' 평균은 증거가 약한 조건에서 -.09, 강한 조건에서 -.17이었다. 마지막으로, '기준조정'에서 'PBRD 해석' × '증거강도' 상호작용 효과가 나타났다($p=.02$). 증거가 강한 조건에서 '기준조정'에 대한 'PBRD 해석'의 효과($\eta^2 = .16$)는 [4] 증거가 약한 조건의 그 효과($\eta^2 = .05$)보다 3배 더 크게 나타났다 ([그림 5-2] 참조).

논 의

PBRD 기준을 의식하고 이루어진 사실판단에서 세 가지 가설이 모두 강력하게 지지되었다. (1) PBRD 기준을 의식하고 피고인을 무죄로 판단한 참가자는 유죄로 판단한 참가자보다 판단에 대한 확신감이 낮았다. (2) 피고인을 유죄로 판단한 참가자는 무죄로 판단한 참가자보다 스스로 해석한 PBRD 기준보다 더 낮은 기준을 판단에 사용하였다. (3) PBRD 기준을 높게 해석한 참가자일수록 그 해석보다 더 낮은 기준을 판단에 사용하였다.

결과(1). 피고인을 무죄로 판단한 참가자들이 유죄로 판단한 참가자들보다 판단확신감이 낮은 현상은 비단 이 실험에서만 나타난 것은 아니다. 예를 들어, Glöckner & Engel(2013)도 미국 대학생들에게서 동일한 결과를 발견하였고, Enescu(2013)는 스위스의 현직 판사 206명이 네 개의 재판시나리오의 피고인들에 대해 유무죄 여부를 판단한 연구에서도 동일한 현상을 발견하였다.[5] 피고인을 무죄로 판단하는 사람들이 유죄로 판단하는 사람들보다 낮은 판단확신감을 가지는 것이 실증연구에서 자주 발견되지만, 그 현상에 주목하고 그 이유를 설명하는 연구는 아직까지 쉽게 발견되지 않는다.

PBRD 기준을 판단 잣대로 사용하는 대한민국 형사재판에서 증거가 그 기준을 충족하지 못하는 경우에는 무죄판단이 '법적으로 옳은' 판단이다. PBRD 기준의 설명을 읽은 참가자들이 법적으로 옳은 판단을 도출하려는 의지를 가졌다면 무죄판단의 확신감이 유죄 판단의 확신감보다 더 낮을 이유가 없다. 실험에서 유무죄 판단 간의 유의미한 확신감 차이가 나타나는 것은 참가자들의 판단 의지가 법적으로 옳은 판단을 도출하는 것이 아님을 의미한다. 놀랍게도 유무죄 판단 간의 확신감 차이는 참가자들이 객관적 사실을 발견하려는 의지를 가지고 판단하였다는 것을 의미한다. 다시 말해서, 참가자들이 실체진실주의의 구현 의지를 가지고 사실판단을 하였다는 의미다. 이것이 놀라운 이유는 참가자들이 실제 재판이 아니라 조작된 실험현실이라는 것을 알고도 객관적 사실을 발견하려는 의지를 가졌기 때문이다.

실체진실주의의 두 가지 의지 중 유죄오판을 회피하려는 동기는 실험에서 PBRD 기준의 설명과 지시에 의해 참가자들에게 의식화되었다. 의식된 PBRD 기준을 초월하는 유죄증거는 피고인의 유죄를 합리적 의심의 여지없이 증명하는 것이다. 따라서 증거가 PBRD 기준을 초월한다고 평가하는 참가자는 피고인의 유죄가 객관적 진실이라는 확신을 가지고 판단한다. 반면, 실체진실주의의 또 하나의 의지, 무죄오판을 회피하려는 동기는 실험에서 의식화되지 않았음에도 불구하고, 참가자들의 무의식에서 또 하나의 엄격한 기준을 생성한다. 그 제2의 기준은 피고인의 결백이 의심의 여지없이 증명되어야 무죄판단을 할 수 있는 기준이다. PBRD 기준에 못 미치는 유죄증거는 피고인의 결백을 증명하지 않는다. 따라서 증거가 PBRD 기준에 못 미치는 것으로 평가하는 참가자들은 법이 요구하는 무죄판단을 하더라도, 그 무죄판단이 객관적 진실이라는 확신을 가질 수 없다.

논리적으로 예측하면 유죄증거의 강도가 약할 때에는 강할 때에 비하여 무죄판단의 확신감이 증가하고, 유죄판단의 확신감은 감소해야 한다. 논리적 예측대로 실험에서 증거강도가 약할 때 유죄판단의 확신감은 유의미하게 낮아졌다. 그러나 무죄판단의 확신감은 유의미하게 높아지지 않았다([그림 5-1] 참조). 증거가 약할 때조차 참가자들은 높은 확신감 없이 무죄판단을 한 것이다. 이 결과는 무죄오판을 회피하려는 무의식적 동기가 매우 강력한 동기라는 것을 명확히 보여 준다. 참가자들은 유죄증거가 약한데도 불구하고, 죄 지은 자를 놓치는 것을 걱정하면서, 다시 말해서 실체진실 발견의 실패를 우려하면서 무죄판단을 한 것이다. 피고인의 결백을 의심의 여지없이 증명하는 증거가 없고, 따라서 주어진 증거로는 무죄오판의 가능성이 불식되지 않기 때문이다.

PBRD 기준에 의하여 확신감 낮은 무죄판단을 해야 하는 사람들이 모두 실체진실의 발견을 포기하고 법이 요구하는 판단을 하는 것은 아니다. 그 중 일부는 PBRD 기준에 미치지 못하는 증거에도 불구하고, 피고인의 유죄를 판단한다. 그것이 실험의 두 번째 결과다.

결과(2). 피고인을 무죄로 판단한 참가자들과는 달리, 유죄로 판단한 참가자들은 판단기준을 스스로 해석한 PBRD 기준보다 훨씬 더 하향조정하여 판단에 적용하였다. 피고인의 유죄를 판단한 참가자들의 '기준조정' 평균은 -.26이었다. 이 평균은 유죄를 판단한 참가자들 중 최소한 26%(41/156)는 피고인이 범죄를 실제로 범했을 확률('유죄확률')이 자신이 해석한 PBRD 기준보다 낮은데도 불구하고 피고인의 유죄를 판단했다는 것을 의미한다. 피고인이 유죄일 확률이 PBRD 기준보다 낮은데도 불구하고 유죄를 판단하는 현상이 판단기준의 하향조정이 아닌 다른 이유 때문일 수는 없을까?

법심리학에 '양방향 추론(bidirectional reasoning)' 이론이 있다 (Holyoak & Simon, 1999).[6] 사실판단자가 증거를 이해, 해석, 평가하여 사실판단에 이르기도 하고, 사실판단을 먼저 한 후에 그 판단과 조화되도록 증거를 거슬러 평가하기도 한다는 이론이다. 인간 뇌신경의 특성에 대한 통찰력이 뛰어난 이 이론은 판단을 위한 기준(standard) 혹은 역치(threshold)의 존재를 가정하지 않는다. 따라서 이 이론은 기준의 하향조정이 무슨 말인지 모른다. 그 대신 이 이론은 피고인이 유죄일 확률이 PBRD 기준보다 낮은데도 불구하고 유죄를 판단하는 현상을 유죄판단에 맞추어 유죄확률을 다시 계산한 결과라고 설명한다. 이 실험의 두 번째 결과에 대한 '양방향 추론' 이론의 설명 시나리오는, (1) 참가자들이 증거를 평가한 결과, 피고인의 '유죄확률'을 낮게 추정하였지만, (2) (알 수 없는 이유로 인하여) 또한 피고인에 대한 강한 유죄심증을 가지게 되어서, (3) 낮은 유죄확률과 높은 유죄심증 사이에 '부정합(incoherence)'이 발생하였으며, (4) 그 부정합을 해소하기 위해 증거들을 다시 재이해, 재해석, 재평가했고, (5) 그래서 유죄확률이 상향조정되어서, (6) 유죄판단을 했다는 것이다. 마치 주관식 시험의 점수가 낮은 학생의 답안지를 다시 채점한 결과, 점수가 높아졌고, 그래서 '합격' 판정을 했다는 것과 같은 설명이다.

'양방향 추론' 이론은 이 실험의 결과를 설명하지 못한다. 첫째 이유는 그 이론이 판단기준의 존재를 모르기 때문이다. 형사재판의 사실판단은 PBRD 기준이 명시적, 의식적으로 사용되는 판단이다. 이 실험에서도 참가자들은 PBRD 기준과 그 기초가 되는 무죄추정 원칙 및 입증책임에 대한 설명을 읽고, 그 기준에 의해 사실을 판단하였다. 따라서 이 실험에서 나타난 참가자들의 사실판단은 판단기준을 무시한 채 설명될 수 없다. 둘째 이유는 '양방향 추론' 이론은 판단자가 처음 추론한 유죄확률이 낮은데도 불구하고, 왜 강한 유죄심증을 가지는지 설명하지 못한다. 그 또한 그 이론이 판단기준을 모르기 때문이다. 특히, 의심의 여지없이 무죄가 증명되어야 무죄로 판단하는 엄격한 무죄판단 기준이 판단자의 무의식에 존재한다는 것을 모르기 때문에 이론은 유죄증거가 약할 때조차 판단자가 왜 유죄심증을 가지는지 설명하지 못한다. 셋째 이유는 이 실험의 결과가 그 이론의 예측과 맞지 않기 때문이다. 참가자들이 낮은 유죄확률과 높은 유죄심증 사이의 부정합을 해소하기 위해 암묵적으로 유죄확률을 상향조정하였다면, 증거강도가 강할 때보다 약할 때 낮은 유죄확률에도 불구하고 유죄를 판단한 참가자들이 더 많아야 한다. 왜냐하면 초기 추론한 유죄확률과 유죄심증의 부정합을 경험하는 참가자는 증거강도가 약할 때, 강할 때보다 더 많을 것이기 때문이다. 그러나 피고인을 유죄로 판단한 참가자들 중 그러한 참가자('기준조정' 값이 -1인 참가자)의 비율은 증거가 강한 조건에서 28%(26/93), 약한 조건에서 24%(15/63)로, 증거가 약할 때 오히려 근소하게 더 적었다.

PBRD 기준에 의해 피고인을 무죄로 판단한 참가자들은 자신의 무죄판단에 대한 확신감이 낮았고[결과(1)], 그중 일부는 무의식적으로 기준을 낮추어 피고인을 유죄로 판단하였다[결과(2)]. 확신감이 낮거나, PBRD 기준을 하향조정하는 것은 공히 판단 딜레마 때문이다. 증거강도가 유죄판단을 위한 의식적 기준('PBRD 해석')을 초과하지 못하고, 무죄판단을 위한 무의식적 기준도 초과하지 못하기 때문이다. 이때, 참가자의 원초아는 피고인의 유죄를 주장하고, 초자아는 무죄를 주장한다. 형사재판이 참가자의 무의식 속에서 다시 재연되는 것이다.

무의식에서 재연되는 형사재판은 더 이상 증거에 의존하지 아니한다. 사실판단을 위한 모든 증거조사는 이미 끝났다. 그런데도 판단이 원만하지 않았다. 그래서 사실판단 대신 협상이 남았다. 그 협상은 윈윈 협상이 아니다. 원초아와 초자아 중 더 약한 쪽이 양보해야 하는 타협이다. 원초아가 강할 때, 초자아가 더 많이 타협하는 것을 보여 주는 것이 실험의 세 번째 결과다.

결과(3). 실험에서 PBRD 기준을 상대적으로 높게 해석한 참가자일수록 그 해석보다 더 낮은 기준을 판단에 사용하였다([그림 5-2] 참조). 그 이유는 판단자의 'PBRD 해석'이 높을수록 판단 딜레마를 경험할 확률이 높아지기 때문이다. PBRD 기준이 높을수록 증거가 그 기준을 초과하지 못할 확률이 높고, 그래서 원초아와 초자아의 갈등이 초래될 가능성이 높다. 그런데 [그림 5-2]를 보면 '조정기준'은 증거가 강할 때(평균=-.17), 약할 때보다(평균=-.09) 더 많이 낮아졌고, 'PBRD 해석'이 높은 참가자와 낮은 참가자 사이의 '조정기준'

차이는 증거가 강할 때(= .16), 약할 때보다(= .05), 무려 세 배나 더 크다.

증거가 강하면 원초아가 강해진다. 피고인이 '죄 지은 자'라는 신념이 강해지고, 그자를 놓치지 않으려는 본능적 동기가 강해지기 때문이다. 강해진 원초아는 자아가 통제하기 어렵다. 이때 PBRD 기준이 높아서 강한 유죄증거조차 그것을 초과하지 못하면 자아는 원초아 대신 초자아를 설득한다. 강한 유죄증거 때문에 원초아보다 초자아를 설득하는 것이 더 쉽다. 그래서 PBRD 기준의 수준을 높게 해석한 참가자들 중 최소 35% 이상은 증거가 강할 때, 자신이 해석한 초자아 기준(PBRD 기준)을 낮추고, 유죄오판의 회피를 포기하고 유죄를 판단하였다.

결 론

이 실험에서 무죄오판을 회피하려는 무의식적 동기가 직접 관찰된 바 없다. 원래 무의식적 동기는 관찰되지 않는다. 그러나 그 동기는 실험에서 관찰된 세 가지 결과들을 모두 설명할 수 있는 유일한 존재다. 다시 말해서, 관찰된 세 가지 결과들은 그 무의식적 동기에 의해 발생한 '신호'다. 그 결과들이 신호처럼 보이는 '잡음'일 수도 있지만, 세 가지 결과들이 모두 무죄오판을 회피하려는 동기가 무의식에 부재하는데도 발생한 잡음일 확률은 최대 $0.05^3 = 0.000125$ 이다.

법과 윤리는 사람의 초자아다. 대한민국의 형사소송에서 PBRD

기준은 무고한 사람을 처벌하지 않으려는 윤리적인 사실판단자의 의식적인 초자아다. 그런데 사실판단자는 진화를 해온 탓에 죄 지은 위험한 자를 놓치지 않으려는 강한 동기 또한 가진다. 무죄오판을 회피하려는 동기는 무의식적 본능, 원초아다. 원초아와 초자아는 모두 각기 나름의 엄격한 판단기준을 가진다. 원초아는 피고인의 결백에 대해 의심의 여지가 없을 때에만 무죄를 판단하고, 초자아는 피고인의 죄에 대해 의심의 여지가 없을 때에만 유죄를 판단한다. 원초아와 초자아의 판단기준들이 모두 제각기 엄격하기 때문에 원초아와 초자아가 조화롭게 협력하기만 한다면, 사실판단자는 언제나 실체적 진실을 발견할 수 있다. 대한민국 「형사소송법」을 지도하는 실체진실주의가 희망하는 것도 그것이다.

그러나 불행히도 무죄증거가 완벽하거나 유죄증거가 완벽할 때에만 원초아와 초자아는 협력할 수 있다. 협력이라기보다는 한쪽이 침묵하는 것이다. 무죄증거가 완벽할 때에는 원초아가 침묵하고, 유죄증거가 완벽할 때에는 초자아가 침묵한다. 증거가 어느 한쪽의 편을 완벽히 들어주지 않을 때, 원초아와 초자아는 모두 침묵하지 않는다. 원초아는 유죄를 주장하고, 초자아는 무죄를 주장한다.

그런데 원초아와 초자아는 어떤 주장이 '객관적 사실'인지, 누가 옳은지 가릴 객관적 방법을 찾기 어렵다. 자신들의 갈등을 초래한 증거 이외에 새로운 증거는 없기 때문이다. 그래서 누가 옳은지를 가릴 재판 대신, 사실판단자의 무의식에서 유일하게 현실감각을 가진 자아가 중재에 나서 협상을 통해 갈등을 해소할 수밖에 없다. 자아에게는 객관적 사실의 발견이 중요한 일이 아니다. 남의 일 때문에 생긴 집안 갈등이 해소되고, 집안의 평온을 회복하는 것이 더 중요하다. 유죄증거가 비교적 강할 때, 원초아의 편에서 초자아의 타협을 유도한다. 초자아가 그것의 엄격한 기준을 타협하면 유죄오판의 가능성이 높아진다.

🖚 미 주

1) Park, K. B., Seong, Y. R., Kim, M. J., & Kim, J. H. (2016). Juror adjustment to the reasonable doubt standard of proof. *Psychology, Crime, and Law, 22*, 6, 599-618.

2) 실험에는 PBRD 기준에 관한 세 종류의 설명이 사용되었고, 참가자들은 그 세 종류의 설명 조건에 무작위로 할당되었다. 설명 중 하나는 미국의 연방사법센터(Federal Judicial Center)에서 1987년에 제안한 것이고, 나머지 두 종류는 그것을 조금씩 변형한 것이다. 그러나 실험의 중요한 결과에서 PBRD 설명의 종류에 의한 차이가 발견되지 않았으므로 여기서는 그 설명 조건들을 모두 통합했을 때 나타난 결과만 제시하고 논의하였다.

3) 통계학 개념인 '유의미(significance)'는 같은 연구를 반복하면 동일하거나 유사한 결과가 나올 것이 확률적으로 거의 확실하다는 의미다. 유의미성을 나타내는 지수 'p'는 모집단에서 존재하지 않는 것이 표집(sampling)에 개입되는 우연(chance)에 의해 무작위 표본에서 발견될 확률이다. 즉, 실증연구에서 오경보 신호가 나타날 확률이다. 이 확률이 크면 표본에서 발견된 사실이라도 모집단에서는 실재하는 것이 아닐 수 있다. 즉, 모집단에서는 실재하지 않는 현상(차이 혹은 관계)이 표본 자료에서는 우연에 의해 나타날, 존재할 가능성이 높다는 것이다. 따라서 p가 큰 결과는 통계적으로 유의미하지 않다. 일반적으로, $p < .05$인 경우, 표본 자료에서 발견된 현상이 모집단에서도 실재할 것으로 추정한다(표본에서 발견된 현상이 우연의 결과일 확률이 .05보다 작으므로). 즉, 통계적으로 유의미한 결과로 간주한다.

4) η^2(에타 자승)은 종속변인(이 경우에는 '기준조정')에 대해 독립변인(이 경우에는 'PBRD 해석')이 가지는 효과의 크기(effect size)를 나타내는 통계지수다. 구체적으로는 종속변인의 총변산(개인 간 차이의 총합)에 대한

독립변인 집단 간 차이(일응의 평균차이)의 비율이다. 비율을 나타내는 지수이므로 $0 \leq \eta^2 \leq 1$의 범위를 가진다. 만약 독립변인 집단들에서 종속변인의 평균이 모두 동일하면 $\eta^2 = 0$이다(예, 남자와 여자의 지능평균이 동일하다면 지능에 대한 성별의 효과크기는 $\eta^2 = 0$이다). 반면, 독립변인 집단에서 종속변인의 평균이 모두 동일하지 않지만, 독립변인의 모든 집단에서 종속변인의 편차가 없으면(개인 참가자들 사이의 개인차가 0이면) $\eta^2 = 1$이다(예, 남자와 여자의 지능평균이 다르지만, 모든 남자의 지능이 동일하고, 모든 여자의 지능이 동일하면 지능에 대한 성별의 효과크기는 $\eta^2 = 1$이다). $\eta^2 = 1$일 때에는 종속변인에서 나타나는 모든 개인차(예, 사람들의 지능 차이)는 독립변인(예, 성별)에 의한 것이라는 뜻이다. $\eta^2 < 1$일 때는 개인차 발생에 독립변인 이외의 다른 불특정 요인이 또한 관여한다는 뜻이다.

5) Glöckner, A., & Engel, C. (2013). Can we trust intuitive jurors? Standards of proof and the probative value of evidence in coherence-based reasoning. *Journal of Empirical Legal Studies, 10,* 2, 230-252; Enescu, R. (2013). Conviction paradox and compensatory punishment in criminal trials. *Jusletter, 16,* December.

6) Holyoak, K. J., & Simon, D. (1999). Bidirectional reasoning in decision making by constraint satisfaction. *Journal of Experimental Psychology: General, 128,* 1, 3-31.

Chapter **06**

법관과 배심원

*

    대한민국에는 사실판단의 책무를 지닌 법관이 형사소송 실무에서 실체진실주의를 구현하기 위한 메뉴얼이 있어야 한다. 만약 적법절차 원칙이 실체진실주의와 모순되지 않는다면 법관을 위한 그러한 메뉴얼이 당연히 있어야 하고, 그 메뉴얼에는 "실체진실주의가 살아 있으므로 무죄오판의 회피(유죄추정)를 포기하지 말라."는 지침이 명시되어야 한다. 왜냐하면 죄 없는 억한 사람을 처벌하지 않기 위해 죄 지은 자를 10배, 20배 더 많이 놓쳐도 좋다는 적법절차 원칙 때문에 William Blackstone 대법관을 존경하는 어떤 법관은 대한민국 「형사소송법」의 최고 지도이념, 실체진실주의를 방기할 수도 있어서다.

    대한민국은 그러한 메뉴얼을 만들지 않는다. 그러한 메뉴얼은 불가능하고, 그런 지침은 모순이라는 것을 알기 때문이다. 동시에, 법관의 심중에 누락회피 본능과 무죄오판을 두려워하는 원초아가 살아 있다는 것을 잘 알기 때문에 "자유심중으로 판단하라."는 권한같이 들리는 의무를 부여하면 유능한 법관이 PBRD 기준과 누락회피 본능에 의존해서 실체진실을 발견할 것으로 믿기 때문이다. 법관은 적법절차 원칙과 실체진실주의를 동시에 구현할 수 있을 정도로, 보통 사람에게는 불가능한 것도 가능하게 할 정도로 유능하다고 믿기 때문이다. 그러나 그 믿음에 과연 합리적인 근거가 있는 것일까? 법관의 심중이 평범한 보통 사람들의 그것과 다르다면 우선 법관의 판단이 보통 사람들의 판단과 많이 달라야 할 것이다.

미 국

Kalven과 Zeisel(1966)[1]은 1950년대에 미국의 판사들을 대상으로 형사재판(배심재판)에 관한 대규모 조사연구를 수행하였다. 그 조사에서 555명의 판사들이 3,576개의 형사재판에 관한 정보를 제공하였는데, 그 중에는 각 재판의 배심원 평결과 판사의 판단(만약 판사 본인이 유무죄 여부를 판결하였다면 어떤 판결을 했을지)이 포함되었다. 이 연구에서 배심원 평결과 판사의 판단이 78% 일치하는 것으로 나타났다. 두 판단이 불일치한 사건들 중에 86%는 배심원이 무죄를 평결하고 판사는 유죄를 판단한 사건이고, 14%는 배심원이 유죄, 판사가 무죄를 판단한 사건으로 나타났다. Kalven과 Zeisel(1966)은 배심원과 판사의 판단이 불일치하는 이유를 배심원들이 증거나 사건 내용을 이해하지 못하였기 때문이 아니라 PBRD 기준에 대한 해석, 증거평가 방식, 피고인에 대한 감정, 그리고 적용법률에 대한 수긍(인정)에서 판사들과 차이가 있기 때문인 것으로 해석하였다(Hans & Vidmar, 1991).[2]

최근에 Eisenberg, Hannaford-Agor, Hans, Waters, Munsterman, Schwab 그리고 Wells(2005)는 미국 국립주법원센터(National Center for State Courts: NCSC)의 데이터베이스를 이용하여 Kalven과 Zeisel(1966)의 결과를 재검증하였다.[3] NCSC의 데이터베이스는 과거 재판에 대한 판사들의 응답자료 뿐만 아니라 배심원과 변호인, 검사의 응답자료도 함께 수록하고 있어서 배심원-판사의 판단일치도에 관하여 40여 년 전의 Kalven과 Zeisel(1966)의 연구보다 더 신뢰로운 결과

가 기대되었는데, 전반적으로 Kalven과 Zeisel(1966)에서 나타난 배
심원-판사의 일치비율과 거의 유사한 75%의 일치율이 나타났다. 판
사들이 평가한 재판의 '증거강도'를 기준으로 사건들을 구분하였을
때, 유죄증거가 약했던 사건에서는 판사들이 배심원들보다 무죄판
단을 더 많이 한 반면, 증거강도가 중간 혹은 강한 것으로 평가된 사
건에서는 판사들이 배심원들보다 유죄판단을 더 많이 하였다. 배심
원과 판사의 판단이 서로 불일치한 사건들에서 그 불일치의 이유에
대하여 Kalven과 Zeisel(1966)과 마찬가지로, Eigenberg 등(2005)은
증거나 적용법률의 복잡성 때문이 아닌 것으로 해석하였다.

　　Kalven과 Zeisel(1966), Eigenberg 등(2005)의 연구는 비록 재판이
종료된 후 재판참여자들의 회고적 응답에 기초한 것이지만, 실제 재
판에서 배심원과 판사의 판단일치도를 확인한 대규모의 대표적인
연구들인데, 배심원과 판사의 판단이 4개 중 3개가 일치한다는 공통
된 결과를 제시하였다. 그 외에도 배심원(일반인)과 판사가 판단능
력, 판단의 정확성, 편향과 착오에 대한 취약성 등에서 차이가 없다
는 것을 보여 주는 많은 조사/실험 연구들이 이루어졌는데(MacCoun,
2005; Mitchell, 2005; Robbennolt, 2005; Alexander & Sherwin, 2008), 사
건내용과 증거가 복잡한 사건에서도 판사와 배심원의 판단정확성
에 차이가 없고(Lempert, 1981; Sperlich, 1982), 의사결정의 중요한 요
소들(정보의 선별, 중요도 판단, 취합 등)에서 판사와 일반인의 차이가
없으며(Robbennolt, Groscup, & Penrod, 2005), 증거능력이 없는 정보
를 유무죄 판단에서 배제하거나 배제하지 못하는 정도에서도 판사
와 일반인이 대동소이하고(Landsman & Rakos, 1994), 판단과 의사결
정에 개입하는 것으로 널리 알려진 각종 인지적 편향과 휴리스틱에

취약한 정도에서도 차이가 없고(Guthrie, Rachlinski, & Wistrich, 2001), 통계적 개념과 수치, 그리고 과학적 증거를 이해하고 적용할 때 경험하는 어려움도 일반인과 판사가 비슷하고(Wells, 1992; Kovera & McAuliff, 2000; Kovera, McAuliff, & Herbert, 1999), 공판이 20일 이상 연속적으로 속개되는 복잡한 민사재판의 증거에 대한 이해, 기억, 판단에서도 판사와 배심원 사이에 차이가 발견되지 않았다(Cecil, Hans, & Wiggins, 1991).[4] 특히, 배심원들도 판사들처럼 사건/수사기록을 수시로 재확인할 수 있고, 공판 중에 메모를 할 수 있으며, 증인과 피고인에게 직접 질문을 할 수 있게 하여 배심원 판단과 판사 판단의 절차적 불평등 요소들을 제거하면 그들 사이에 정확성의 차이는 거의 모두 사라진다(FosterLee, Horowitz, & Bourgeois, 1993; Hastie, Penrod, & Pennington, 1983; Penrod & Heuer, 1998).[5]

한 국

한국의 판사와 일반인의 판단도 대동소이할까? 한국에도 2008년 1월부터 형사재판에 배심원이 참여하여 피고인의 유무죄 여부와 양형을 재판부(판사)에 권고하는 국민참여재판이 도입되었다. 국민참여재판에서는 배심원이 피고인의 유무죄를 독립적으로 판단해서 재판부에 권고한다. 재판부는 배심원의 권고를 참고하지만, 그것에 구속받지 않고 판결하므로 한국의 국민참여재판은 실제 재판에서 일반인의 판단과 전문가의 판단을 비교할 수 있는, 전 세계에서 거의 유일한 최상의 기회를 제공한다. Kim, Park, Park 그리고 Eom

(2013)[6]은 한국에서 2010년 10월까지 실시된 모든 국민참여재판 274건에서 이루어진 323개의 유무죄 판단(한 개의 재판에서 복수의 죄명에 대한 판단이 있을 수 있다.)에서 배심원과 재판부의 판단일치도를 분석하였다. 이 연구에서 도출된 결과들은 전반적으로 일반인과 판사의 판단일치에 관한 외국 연구의 결과들과 매우 유사하지만, 동일한 실제 재판사건에서 재판 당시에 이루어져서 공식적으로 재판기록에 편철된 배심원과 판사의 판단일치도를 보여 주는, 즉 소위 '측정오차(measurement error)'가 전무한 세계에서 유일한 자료라는 점에서 법관과 일반인 판단의 동일성과 차이에 대한 매우 귀중한 자료다.

Kim 등(2013)의 국민참여재판 분석에서 검사가 제시하는 증거의 강도가 비교적 강한 경우(155개의 판단)[7]에는 배심원과 재판부의 유무죄 판단이 98% 수준에서 일치하였고, 증거의 강도가 중간 정도인 경우(54개의 판단)에는 87%, 그리고 증거의 강도가 비교적 약한 경우(114개의 판단)에는 84%에서 배심원과 재판부의 유무죄 판단이 일치하였다. 한국의 국민참여재판에서 나타난 판단일치율은 미국에서 Kalven과 Zeisel(1966), Eigenberg 등(2005)이 실제 재판들에서 발견한 일치율(78%와 75%)보다 높다.

한국의 국민참여재판에서 배심원과 재판부의 판단이 불일치하는 주원인은 무엇일까? 전체 323개의 유무죄 판단 중 총 28개(8.7%)의 판단에서 배심원과 재판부가 서로 불일치하였는데, Kim 등(2013)은 그 불일치한 경우들이 특정 기소죄명(절도, 살인, 성범죄, 횡령, 강도 등)에 몰려 있거나, 다른 경우들에 비하여 증거나 적용법률이 더 복잡했다는 단서를 찾지 못하였다. 즉, 배심원이 특정 유형의 범죄 피고인에 대해 편견, 편향을 가지거나 복잡한 증거 혹은 어려운 적용 법률을 이해하지 못하여 잘못된 판단을 하였을 가능성을 찾지 못하였다. 반면, 배심원과 재판부의 판단이 불일치한 경우들 중 24개 (86%)는 배심원이 무죄를 판단하고, 재판부가 유죄를 판단하였으며, 4개(14%) 판단에서는 배심원이 유죄, 재판부가 무죄를 판단하였다. 흥미롭게도, 배심원과 재판부의 판단이 불일치한 경우 중 배심원이 무죄를 판단하여 불일치한 비율과 유죄를 판단하여 불일치한 비율은 50여 년 전 미국에서 Kalven과 Zesel(1966)이 발견한 비율들(86%, 14%)과 정확히 일치하였다. 배심원-재판부의 판단 불일치의 구체적 내용이 국가와 시대를 초월하여 동일한 정도로 크게 불균형을 이루는 현상은 그 불일치가 사건들에 포함된 우연적 요인이 아닌 체계적인 요인에 의해 초래된다는 것을 의미한다. 그 체계적인 요인 중 한 가지는 일반인인 배심원과 전문가인 법관이 판단기준(PBRD 기준)을 사건에 적용하는 방식이다. 배심원과 법관이 유무죄 판단기준을 사건에 적용하는 방식에서 다르다는 것을 암시하는 구체적인 사례가 Kim 등(2013)의 연구에서 나타났다.

배심원이 무죄, 재판부가 유죄를 판단한 24개의 국민참여재판 중에는 피고인이 '준강도' 혐의로 기소된 사건이 3개 포함되었다. '준강도'는 상해(위협)와 재물갈취의 시간적 순서가 '강도'와 뒤바뀐 경우인데, 예를 들면 절도행위 중 발각되어 도주하는 과정에서 추격하는 피해자와 몸싸움을 하여 피해자를 다치게 하거나, 피해자의 추격을 포기시킬 목적으로 위협한 경우가 포함된다. 형법 제335조에는 준강도 혐의로 기소된 피고인이 유죄 판결을 받으면 사람을 해하거나 위협하여 재물을 갈취하는 '강도'와 동일한 처벌(최소 징역 3년)을 받도록 규정하고 있다. 국민참여재판에 포함된 3개의 준강도 사건 에서 배심원들은 무죄를 평결하고, 재판부는 유죄를 판결하였는데, 배심원들은 피고인의 범죄의도(절도)에 비해 처벌(강도)이 과한 경우 에는 PBRD 기준을 엄격하게 적용하는 것으로 해석된다.

정확성

배심원과 법관이 PBRD 기준을 적용하는 방식에서 다르다는 것을 더 잘 보여 주는 결과가 Kim 등(2013)의 '판단정확성' 분석에서도 나타났다. Kim 등(2013)의 연구에서는 '배심원 판단' '일심판단' '항소심판단' 그리고 '증거강도'를 관찰변인으로 설정하고, '실제 유무죄 여부'(즉, 실체적 진실)를 이론적인 잠재변인(latent variable)으 로 설정한 잠재계층모형(latent class model)을 이용하여 실제 국민참 여재판에서 배심원과 재판부 판단의 정확성을 추정하였는데,[8] 그 분석에서 매우 중요한 결과들이 도출되었다. 피고인이 실제 무죄로 가정되는 경우에는 배심원이 정확히 무죄를 판단할 확률(0.94)이 재 판부가 무죄를 판단할 확률(0.79~0.81)보다 더 높게 추정된 반면, 피 고인이 실제 유죄로 가정되는 경우에는 재판부가 정확히 유죄를 판 단할 확률(1.00)이 배심원이 유죄를 판단할 확률(0.88~0.97)보다 더 높은 것으로 추정되었다. 배심원과 재판부의 오판 확률을 더 세밀히 분석한 결과, 국민참여재판에서 일심 재판부에 의해 이루어진 실제 유죄 판결 중 7.4~8.9%는 유죄오판일 것으로 추정된 반면, 배심원 에 의해 이루어진 실제 유죄 판결 중에는 2.2~3.0%가 유죄오판일 것으로 추정되었다. 즉, 한국에서 최초 3년 동안 이루어진 국민참여재판에서 배심원은 재판부에 비해서 유죄오판을 더 적게 범했을 것으로 추정되는 반면, 재판부는 배심원에 비해서 무죄오판을 더 적게 범했을 것으로 추정되었다. 이 분석결과들은 배심원이 재판부보다 유죄판단을 위한 PBRD 기준을 더 높게(더 강한 유죄증거를 요구하는 수준으로) 설정한다는 것을 의미한다.[9]

함 의

Kim 등(2013)의 분석은 국민참여재판 뿐만 아니라 한국에서 이루어지는 형사재판 전체에 대하여 중요한 함의를 가진다. 첫째는 일반인(배심원)이 재판에서 제시되는 증거들을 보고 피고인의 유무죄 여부를 판단하는 양식과 법관의 판단양식이 크게 다르지 않다는 것(즉, 판단일치율이 매우 높다는 것)이고, 둘째는 판단기준(PBRD 기준)의 적용에서는 일반인과 법관이 미묘한, 그러나 중요한 차이를 가질 수 있다는 것이다. 첫째 암시는 일반인들의 판단에 관한 실증과학적 이론과 지식에 기초하여 법관이 형사재판에서 판단하는 양식을 이해하고 문제점을 발견해서 개선책을 모색하는 것이 가능하다는 것을 의미한다. 둘째 암시는 일반인들이 법관보다 유죄판단을 위한 PBRD 기준을 높게 설정하고, 그로 인하여 장기적으로 유죄오판을 범할 가능성이 법관보다 더 낮은 반면, 법관은 장기적으로 무죄오판을 범할 가능성이 일반인보다 더 낮다는 것을 의미한다.

미주

1) Kalven, H., & Zeisel, H. (1966). *The American Jury*. Boston, MA: Little, Brown.

2) Hans, V. P., & Vidmar, N. (1991). The twenty-fifth anniversary of the American Jury. *Law & Social Inquiry, 16*, 323.

3) Eisenberg, T., Hannaford-Agor, P. L., Hans, V. P., Waters, N. L., Munsterman, G. T., Schwab, S. J., & Wells, M. T. (2005). Judge-jury agreement in criminal cases: A partial replication of Kalven and Zeisel's The American Jury. *Journal of Empirical Legal Studies, 2*, 1, 171.

4) MacCoun, R. J. (2005). Comparing legal factfinders: Real and mock, amateur and professional. Symposium on "The behavioral analysis of legal institutions" *Florida State University Law Review, 32*, 511–518; Mitchell, G. (2005). Asking the right questions about judge and jury competence. *Florida State University Law Review, 32*, 519–527; Ronnennolt, J. K. (2005). Evaluating juries by comparison to judges: A Benchmark for judging? *Florida State University Law Review, 32*, 469–509; Alexander, L. & Sherwin, E. (2008). *Demystifying Legal Reasoning*. Cambridge, UK: Cambridge University Press; Lempert, R. O. (1981). Civil juries and complex cases: Let's not rush to judgment. *Michigan Law Review, 80*, 68–132; Sperlich, P. W. (1982). The case for preserving trial by jury in complex civil litigation. *Judicature, 65*, 394–419; Ronnennolt, J. K., Groscup, J., & Penrod, S. D. (2005). Evaluating and assisting civil jury competence. In I. B. Weiner & A. K. Hess (Eds.), *The Handbook of Forensic Psychology* (pp. 392–425). New York: Wiley; Landsman, S., & Rakos, R. F. (1994). A preliminary inquiry into the effect of potentially

biasing information on judges and jurors in civil litigation. *Behavioral Sciences and the Law, 12*, 113–126; Guthrie, C., Rachlinski, J. J., & Wistrich, A. J. (2001). Inside the Judicial Mind. *Cornell Law Review, 86*, 777–830; Wells, G. L. (1992). Naked statistical evidence of liability: Is subjective probability enough? *Journal of Personality and Social Psychology, 62*, 739–752; Kovera, M. B., & McAuliff, B. D. (2000). The effects of peer review and evidence quality on judge evaluations of psychological science: Are judges effective gatekeepes? *Journal of Applied Psychology, 85*, 574–586; Kovera, M. B., McAuliff, B. D., & Hebert, K. S. (1999). Reasoning about scientific evidence: Effects of juror gender and evidence quality on juror decisions in a hostile work environment case. *Journal of Applied Psychology, 84*, 362–375; Cecil, J. S., Hans, V. P., & Wiggins, E. C. (1991). Citizen comprehension of difficult issues: Lessons from civil jury trials. *American University Law Review, 40*, 2, 1990–1991.

5) ForsterLee, L., Horowitz, I. A., & Bourgeois, M. J. (1993). Effects of preinstruction and evidence technicality. *Journal of Applied Psychology, 78*, 14–21; Hastie, R., Penrod, S. D., & Pennington, N. (1983). *Inside the Jury*. Cambridge, MA: Harvard University Press; Penrod, S., & Heuer, L. (1998). Improving group performance: The case of the jury. In R. S. Tindale, L. Heath, J. Edwards, E. J. Posavac, F. B. Bryant, Y. Suarez-Balacazar, E. Henderson-King & J. Meyers (Eds), *Theory and Research on Small Groups*. New York: Plenum.

6) Kim, S., Park, J., Park, K., & Eom, J. (2013). Judge–jury agreement in criminal cases: The first three years of the Korean jury system. *Journal of Empirical Legal Studies, 10*, 1, 35–53.

7) Kim 등(2013)의 연구에서 각 재판의 '증거강도(strength of evidence)' 와 '증거복잡성(complexity of evidence)' 은 최종 판결을 모르는 두 명의 판사들이 서로 독립적으로 사건/재판기록을 열람하고 5점 척도에 평가하였다. 평가자 간 신뢰도는 0.90이었다.

미주   *105*
8) 잠재계층모형을 이용한 판단 정확성의 추정은 최대우도추정(Maximum Likelihood Estimation: MLE) 방법에 의해 이루어졌다. 최대우도추정은 관찰된 결과로부터 그 결과를 초래한 잠재적 확률을 추정하는 방법이다. 예를 들어, 어떤 동전을 6번 던졌더니 앞면이 4번 나왔다. 6번 던지기를 또 했더니, 이번에는 앞면이 3번 나왔다. 6번 던지기를 세 번째로 또 했더니, 이번에도 앞면이 3번 나왔다. 그 결과들을 기준으로 그 동전을 한 번 던졌을 때, 앞면이 나올 확률(p)을 추정하는 것이다. 0.00부터 1.00 사이의 모든 가능한 p 중에 주어진 결과들(앞면 횟수 4번, 3번, 3번)이 나타날 확률(우도)을 최대가 되게 하는 p가 최대우도추정치다.

9) 한국의 국민참여재판은 피고인의 선택에 의해 이루어진다. 공직비리, 권력남용, 기업비리 등의 혐의로 기소된 공직자, 기업가, 유명인 피고인들은 국민참여재판을 선택하지 않는 경향이 있고, 그 때문에 한국의 국민참여재판은 전체 형사사건에 대한 대표성을 가지지 않는다. 만약 한국에서 그러한 재판들이 국민참여재판으로 이루어진다면 배심원의 판단과 판사의 판단이 어떤 차이를 보일지는 미지수다.

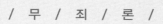

/ 무 / 죄 / 론 /

Chapter **07**

자유심증

*

    증거가 완벽하지 않고, 그래서 한 종류의 오판을 회피하면 다른 종류의 오판을 범해야 하고, 그 딜레마에서 벗어나기 위해 이중기준을 사용하면 그 덫에 걸려 판단이 불가능한 상황이 초래되는 현실에서 실체진실주의가 대한민국 「형사소송법」의 최고 지도이념으로 건재하는 유일한 기반은 아마도 법관의 자유심증에 대한 확고한 믿음일 것이다.

    「형사소송법」 제308조는 '자유심증주의' 조항이다("증거의 증명력은 법관의 자유판단에 의한다."). 증거의 증명력을 법으로 정하지 않고, 법관의 판단에 위임한다는 뜻이다. 그래서 증거에 의한 법관의 사실판단(제307조) 역시 자유판단이다.

    「형사소송법」의 자유란 이치(경험칙과 논리칙)에 맞되 사회적 구속이 없다는 뜻이다. 그래서 「형사소송법」이 법관에게 준 자유심증은, (1) 증거의 증명력 판단과 사실판단을 법관이 이치에 맞게 한다. (2) 그 판단들에 법이 간섭하지 않는다는 일종의 계약이다. 그 계약의 취지는 당연히 최고 지도이념, 실체진실의 발견이다.

    「형사소송법」이 법관의 자유심증을 보장하는 데에는 그럴 수밖에 없는 수동적 이유도 있다. 온갖 다종다양한 증거의 증명력을 법이 획일적으로 정하기에는 세상이 너무 복잡하고, 다양하며, 불규칙하고, 예측불가능하기 때문이다. 그러나 더 중요한 능동적 이유는 '자유로운 마음'이 이치에 맞는 판단을 위한 요건이기 때문이다. 규범적인 간섭과 구속이 없어야 사실판단이 이치에 맞게 이루어진다는 통찰력이다.

그런데 "죄 지은 자를 반드시 처벌하고, 죄 없는 자를 절대로 처벌하지 않는다."는 실체진실주의는 이치에 맞는 판단을 하자는 이념이 아니다. 그런 이념은 미성숙하거나, 정신적 문제가 있어서 이치에 맞는 판단을 하기 어려운 책임무능력자에게 필요한 것이다. 법관의 자유심증은 사안의 진상을 규명하자는 실체진실주의를 구현해야 할 임무를 수임받았다. 그래서 그것은 다만 이치에 맞는 판단을 하면 되는 여유로운 심증이 아니다. 유일무이의 실체진실을 발견해야 하는 절박한 심증이다.

중력, 빛의 속도, 헬륨의 분자구조 같은 고정되어 변하지 않는, 돌연변이가 거의 없는 실체진실은 이치에 맞는 판단에 의해 발견된다. 그래서 이치의 극치, 수학이 물리학자를 비롯한 과학자들의 중요한 사실발견 도구다. 그러나 생명체들이 상호작용하며 살아가는 세상에서는 예외, 불규칙성, 비정상, 그리고 돌연변이가 빈번한 까닭에 이치에 맞는 판단이 실체진실과 반드시 동일하지 않다. 이치에 맞는 판단만 하기 위해 최상의 노력을 다한, 다윈, 캘빈(윌리엄 톰슨), 아인슈타인 같은 천재들도 진실발견의 여정에서 심각한 오판들을 범하였고(Livio, 2013)[1], 심지어는 아무도 확인하지 못한 자신의 존재를 천재적으로 확인한 르네 데카르트도 마음과 몸, 지성과 감성이 별개라고 어이없는 오판을 하였듯이[2], 이치에 맞지만 오판인 경우도 수시로 생긴다.

하물며 제1장에서도 언급한 바와 같이, 형사소송에서 법관의 사실판단은 자연과학의 학자들이 발견하려는 그런 절대사실에 대한 판단이 아니다. 법관의 사실판단은 인위적으로 만들어진 틀 안에서만 조건적으로 조망되는 사람, 행동, 의도, 예견, 의미, 인식, 의식과 같은 항상 변화하는 상대적인 사실에 대한 판단이다. 반드시 갚겠다는 각오를 하고 돈을 '차용'했어도 못 갚으면 '사기'로 변할 수 있듯이, 판단대상이 되는 것만으로, 판단대상이 되기 때문에 의미와 성질이 변하기 시작하는 사실에 대한 판단이다. 판단자와 마찬가지로 변화하고 움직이는 사실에 대한 판단이다. 판단대상이 움직이면 판단자도 움직이게 되고, 그 반대도 마찬가지다. 웬만한 수학으로는 하기 어려운 판단이다.

옳은 판단

옳은(correct) 판단은 목적에 부합하는 판단을 말한다. 즉, 앞을 내다보는 판단이다.[3] 바둑을 좋아하는 사람들은 누구나 다 아는 사실이 한 가지 있다. 이치에 맞는 판단만 하는 사람은 아마추어다. 아마추어는 프로를 이길 수 없다. 이치에 맞지 않는 옳은 판단, '신의 한 수'를 모르기 때문이다. 돌 하나를 놓는 순간에는 누가 보아도 경험적, 논리적으로 틀린 판단이지만, 결국 판을 장악하는 묘수를 아마추어는 모른다. 이세돌 9단이 그런 돌을 감히 놓을 수 있는 것은 이치에 구속되지 않는 자유로운 양심과 자기만의 실존적(내면의 깊은) 확신이 있기 때문이다. 단 한 번에 불과했지만, 한 수로 알파고(AlphaGo)를 이긴 이세돌 9단은 78번 째 백돌에 대해서 "다른 수가 없었다."고 말했다. 그 돌이 자신을 망하게 할 수도 있지만 유일무이의 진실, 도덕적 진실이었다는 뜻이다. 이치로는 발견되지 않는 그

런 돌을 아마추어는 감히 둘 수 없다. 마찬가지로, 탐지된 신호로 사
실의 존재를 판단하는 합리적 인간의 판단 하나 하나는 오판이더라
도, 그 오판들 전체는 주관적, 수학적, 형이상학적으로 합리적이라
는 것을 이치에 맞는 판단만 하는 인간은 이해하기 어렵다. 진화하
지 않는 에덴에서 오판한 덕분에 쫓겨났지만, 오판을 많이 하므로
생존하고 진화해 온 존재라는 것을 이치에 맞는 판단만 하는 사람은
이해하지 못한다.

 그렇다고 해서 이치의 경계를 넘나드는 자유로운 심증이 바둑
9단만 가질 수 있는, 보통 사람은 가질 수 없는 대단한 것만은 아니
다. 자신의 판단으로 얻을 것과 잃을 것이 없으면 된다. 즉, 디케가
들고 있는 저울이 비어 있듯이, 마음을 비울 수 있으면 된다. 심증이
자유로운 사람은 호, 불호, 욕구, 감정, 이념, 이상의 구속으로부터
자유롭고,[4] 잃을 것이 없어서 양심에 걸리는 것이 없고, 그래서 자
신의 판단에 대해 스스로 일말의 유보가 없는 심오한 확신을 가질
수 있는 사람이다. 만약 세상에 유일무이의 실체진실이 있다면, 그
진실은 '그 수' 밖에 다른 수가 없는, 세상의 모든 이세돌에게 보인
다. 유일한 예외가 있기는 하다. 예수의 모친 마리아는 잃을 것이 있
는데도 존재론적(물리적) 실체진실을 생산하였다. 그러나 그것은 신
이 개입한 기적이다. 신이 아닌 사람은 잃을 것이 없어야 실체진실
을 생산할 수 있다. 알파고와의 대국에서 세 번 연거푸 패한 이세돌
9단은 더 이상 잃을 것이 없었던 네 번째 대국에서 '신의 한 수'로
이겼다. 그래서 잃을 것이 다시 생겼다. 결국 다섯 번째 대국에서는
그 수를 발견하지 못하고 졌다.

정확한 판단

옳은 판단뿐만 아니라, 정확한(accurate) 판단도 얻을 것과 잃을 것을 비워 낸 자유로운 심중에서만 이루어진다(Sherif, 1936).[5] 정확한 판단은 사실에 부합하는 판단을 말한다.

법관의 실체진실 판단과 비슷한 정도로 정확성을 요구하는 판단 중에 하나가 격발순간을 결정하는 사격선수의 판단이다. 그 찰나적 판단이 사격선수의 전부다. 그 판단이 정확하면 사격선수는 존재가치를 가지고, 아니면 존재가치가 없다. 또한 법관의 사실판단과 마찬가지로 발사된 총알은 되돌릴 수 없다. 그래서 사격선수는 부동의 과녁과 미세하지만 끊임없이 움직이는 가늠자의 정렬이 그야말로 완벽하다고 확신할 때에만 방아쇠를 당겨야 한다.

그 완벽한 확신감을 위해서 사격선수가 방아쇠를 당길 때 심혈을 기울이는 이상한 일이 한 가지 있다. 방아쇠를 당기는 순간 '마음을 비우는' 것이다. 마음을 비우고 격발순간을 판단해야 과녁의 정중앙에 0.1mm라도 더 가까이 맞출 수 있다. 완벽한 확신감을 위해서 마음을 비운다는 것은 이상한 아이러니지만, 자신의 판단을 마음의 구속으로부터 자유롭게 한다는 뜻이다. 사격훈련은 격발순간에 자신을 자유롭게 하는 의식통제 훈련이다. 그래서 TV화면에 비치는 격발 직전의 사격선수의 표정은 마음이 떠난 딴 세상 사람 같아 보인다. '마음을 비운다' '마음의 구속으로부터 자유롭게 한다'는 것은 구체적으로 무엇일까? 마음의 구속으로부터 무엇을 자유롭게 한다는 것인가?

　실눈을 뜨고 사실(가늠자)과 법규(과녁)를 정렬시키는 사격선수의 뇌에는 격발순간을 판단하는 뇌세포가 따로 있다. 과학자들은 그 뇌세포를 '결정변인(decision variable)'이라고 부른다.[6] 수백분의 일초 차이로 총알이 과녁을 빗나갈 수 있기 때문에 사격선수는 자신의 의식으로 판단해서 격발해서는 안 된다. 의식은 결정변인의 판단을 '느껴야' 하므로 간발의 차이지만 결정변인보다 항상 조금 늦다. 그래서 판단과 격발을 몸에 있지만 의식되지 않는 항체처럼 의식되지 않는 결정변인에 위임해야 한다. 의식되지 않는 것에 뭔가를 위임하려면 의식을 없애야 한다. 결정변인이 오직 과녁과 가늠자로부터 눈과 손의 신경줄을 통해 뇌로 들어오는 증거들에 의해서만 실시간으로 격발순간을 판단해서 집행할 수 있도록 완전한 자유를 보장해야 한다.[7] 오래 전부터 이미 뇌에 들어와 있는 다른 정보들, 만점에 대한 욕구, 실패에 대한 불안, 경쟁자에 대한 공포, 팬들의 기대, 코치의 압력, 그리고 무수히 많은 경험칙들의 어지러운 질주도 결정변인에 입력되는 정보와 증거들을 간섭하고, 왜곡하고, 구속하는 제약이다. 그래서 사격선수가 격발순간에 마음을 비운다는 것은 결정변인에 애절하게 매달려 있는 그간의 모든 경험을 떼어내고 최대한 비워서 자유로운 심증으로 판단하고 격발한다는 뜻이다. 정확한 판단은 비워서 자유로운 심증에서만 가능하다. 디케의 저울이 비어 있는 것과 같은 이유 때문이다. 총쏘기 전문가인 사격선수에게도 정확한 판단과 격발을 위한 '자유심증'은 결코 그냥 저절로 생기는 것이 아니다. 결정변인에게 필요한 증거 이외에 모든 다른 의식을 통제하는 많은 훈련과 연습이 필요한 것이다.

믿을 수 있는 판단

　도덕적 목적에 부합하는 옳은 판단과 사실에 부합하는 정확한 판단 뿐만 아니라, 믿을 수 있는(credible) 판단, 즉 인식론적(사회적) 진실도 얻을 것과 잃을 것을 비워 낸 자유로운 심증에서만 이루어진다.

　얻을 것과 잃을 것이 없는 사람이 말을 해야 다른 사람들이 그것을 진실이라고 믿을 수 있다(Birnbaum & Stegner, 1979).[8] 이 인식론적 현상은 법정에서 늘상 증인의 신빙성을 고심해야 하는 법관이 누구보다도 잘 안다. 처녀가 임신했다고 증언하면 법관도 안 믿는다. 모든 사람이 함께 인식할 수 있는 진실도 그것의 발견을 통해 잃을 것이 없는 자유로운 심증에서 나온다. 증인처녀의 말 뿐만 아니라, 법관의 말도 마찬가지다.

　실체진실주의와 직권주의로 무장한 법관의 사실판단은 그 목표가 옳은 판단이든, 정확한 판단이든, 믿을 수 있는 판단이든, 자유로운 심증에서 이루어져야 한다. 그래서 「형사소송법」은 법관의 심증에 비어 있는 저울, '자유'를 주었다. 그러나 자유는 주어지는 것이 아니다. 자신이 스스로 이루어야 하는 것이다. 바둑 9단, 사격선수, 그리고 증인 처녀와 마찬가지로, 법관이 실체진실을 발견하기 위해 필요한 자유는 사회적 구속으로부터의 자유가 아니라, '내면의 자유' 혹은 자신으로부터의 자유다. 디케가 스스로 자신의 눈을 가린 것도 바로 그 자유 때문이다.

　실체진실주의와 적법절차 원칙의 깃발 모두에 선서를 한 법관은 얻을 것과 잃을 것을 내려놓고, 마음을 비우고 사실 인정을 할 수 있는가? 실체진실주의는 법관의 자유로운 양심과 깊은 내면의 확신을 보장하는가? 「형사소송법」이 법관에게 준 자유심증은 사람들이 믿을 수 있을 정도로 실체진실을 생산, 혹은 발견할 수 있는 자유심증인가? 이 무거운 질문에 대한 답은 부분적으로 사실판단을 위한 법관의 심증이 어떤 심증이고, 어떻게 형성되는가에 의해 좌우된다.

🕮 미주

1) Livio, M. (2013). *Brilliant Blunders*. New York: Simon & Schuster. 예를 들어, 찰스 다윈은 자기가 발견한 '자연선택(natural selection)' 개념을 스스로 잘못 이해하였다. 다윈이 이해한 자연선택 개념에 의하면, 특이형질은 언제나 그 특이성이 자연계에서 점차로 도태되어 종국에는 완전히 사라지는 것이다. 예를 들어, 흰색들의 생태계에 검은색이 들어와서 교배하기 시작하면 회색의 자식이 태어나고, 그러한 '희석' 과정이 세대를 반복해 가면 검은색은 완전히 사라진다. 그러나 현실계는 그렇지 않다. 나중에 멘델의 유전학에 의해 우성, 열성 유전인자의 메커니즘이 알려지면서 다윈의 자연선택에 대한 오해가 바로잡아졌다. 지구의 나이를 최초로 계산한 캘빈은 행성의 중심부와 바깥쪽 내부에서 대류열(convection)이 일정하게 식는다고 오판하고—중심부가 더 천천히 식는다는 사실을 간과하고—, 그 오판에 기초하여 지구의 온도가 초기의 불덩어리 상태에서 현재 상태에 이를 때까지의 시간을 계산하여 지구의 나이를 추산한 결과, 실제 나이(4.54×10^9년 ± 1%)보다 50배 더 젊은 2억~40억 년으로 오판하였다. 아인슈타인도 우주의 크기가 고정되었다고 오판하고, 중력에도 불구하고 우주가 수축하지 않는 이유를 설명하기 위해 '우주상수(cosmological constant)'를 발견하였다. 그런데 허블에 의해 우주가 팽창한다는 것이 알려지면서 자신의 우주상수가 틀렸다고 또 다시 오판하고 그것을 철회하였다. 아인슈타인의 우주상수는 실제로 존재하고, 우주의 팽창이 가속되는 이유라는 것이 나중에 양자역학에 의해 알려진다.

2) Damasio, A. R. (1994). *Descartes' Error: Emotion, Reason, and the Human Brain*. New York: Putnam.

3) 옳은 판단의 개념은 재판에서 이루어지는 판결에 대한 합리주의 전통(rationalist tradition)의 법학에서 '도의적 판단(rectitude of decision)'으로

지칭하기도 한다. 합리주의 전통은 절차법의 궁극의 목적이 소송에서 도
의적 판단을 하는 것으로 보는 관점인 바, 도의적 판단이란, (1) 현재의 합
리적인 수단을 통해서 과거 사실에 대한 정확한 판단을 하는 것이 가능하
다는 가정에 기초하여 그 가능성을 극대화할 수 있는 판단 원칙들을 사용
하여 이루어지는 판단이고, (2) 이성에 의한 실체진실의 발견은 정의구현
을 위해 중요한 것이지만 모든 다른 가치에 선행하는 것은 아니며, (3) 다
만 실체법의 적용을 통해 정의구현을 구체화하기 위한 목적에 봉사하는
수단으로서의 판단을 의미한다. 간단히 말해서, 그 자체가 목적인 판단이
아니라, 보다 더 높은 차원의 목적을 위한 수단으로서의 판단이다.
Anderson, T., Schum, D., & Twining, W. (2005). *Analysis of Evidence*
(2nd ed.). Cambridge, UK: Cambridge University Press.

4) 예를 들어, 감정은 정보처리를 피상적이고, 고정관념적이고, 일방적이게
만들고, 종국적으로 옳지 않은 판단을 유발할 수 있다(Feigenson, N.,
Park, J., & Salovey, P., 2001. The role of emotions in comparative
negligence judgments. *Journal of Applied Social Psychology*, *31*, 576–
603; Lerner, J. S., Goldberg, J. H., & Tetlock, P. E., 1998. Sober second
thought: The effects of accountability, anger, and authoritarianism on
attributions of responsibility. *Personality and Social Psychology
Bulletin*, *24*, 563–573; Goldberg, J. H., Lerner, J. S., & Tetlock, P. E.,
1999. Rage and reason: The psychology of the intuitive prosecutor.
European Journal of Social Psychology, *29*, 781–795; Quigley, B. M.,
& Tedeschi, J. T., 1996. Mediating effects of blame attributions on
feelings of anger. *Personality and Social Psychology Bulletin*, *22*,
1280–1288). 살해된 것으로 추정되는 피해자의 참혹한 모습이 담긴 사진
을 보고 난 후에 범인의 지문과 용의자 지문의 일치점을 판단하면 더 많은
부분에서 지문 일치점을 판단하는 경향을 보인다 (Dror, I. E., Person, A.
E., Hind, S. L., & Charlton, D., 2005. When emotions get the better of
us. The effect of contextual top-down processing on matching
fingerprints. *Applied Cognitive Psychology*, *19*, 799–809). 숙련된 스웨
덴 경찰관들이 특정 사건의 용의자에 대한 판단을 하였다. 그런데 그 사건

과 용의자에 대한 정보를 경찰관들에게 주기 전에 일부 경찰관들에게는 그 사건 및 용의자와는 전혀 상관 없는 완전히 별개의 다른 일에 관한 이야기를 들려주어 분개심을 가지게 만들었다. 주어진 사건과 전혀 무관한 분개심을 가지고 사건과 용의자를 판단한 경찰관들은 그렇지 않은 경찰관들에 비해서 주어진 정보를 피상적으로 처리하고, 무죄증거에 대한 둔감성을 가지는 것이 발견되었다 (Ask, K., & Granhag, P. A., 2007. Hot cognition in investigative judgments: The differential influence of anger and sadness. *Law and Human Behavior, 31*, 537-551).

5) Sherif, M. (1936). *Psychology of Social Norms.* New York: Harper. 동조 (conformity)는 자신의 태도나 판단과 타인의 태도/판단을 추종하는 것을 의미한다. 그러한 동조는 집단의 일원으로 수용되고, 선호되고 싶은 욕구에 의해서 발생한다. 사회심리학의 창시자 중 한 사람인 Mustaf Sherif는 사회규범의 발생기제를 밝히기 위한 연구를 통해 객관적 사실에 대한 판단이 사회적 동조(conformity)에 의해 변화하는 현상을 극명하게 보여 주었다. 캄캄한 암실에서 고정된 작은 불빛을 하나 밝히고, 그것을 응시하면 그 불빛이 미세하게 움직이는 것으로 보이는 소위 '자동운동(autokinetic effect)' 현상이 지각된다. 인간의 눈동자가 의지와 상관없이 끊임없이 미세하게 움직이기 때문에 생기는 현상이다. Sherif는 암실에 여러 명의 실험참가자들을 앉히고 고정된 작은 불빛을 응시토록 한 후, 불빛이 움직이는 거리를 평가하도록 하였다. 첫날의 실험에서는 불빛의 운동 거리에 대한 모든 참가자의 평가가 서로 각기 달랐다. 그러나 실험 둘째 날에는 참가자들의 평가가 첫날보다 더 많이 서로 일치하였고, 셋째 날에는 둘째 날보다도 더 많이 서로 일치하였다. 환각(불빛의 자동운동)에 대한 환각적인 사회규범이 형성되고, 사람들의 사실판단이 그 환각적인 사회규범에 구속되는 것이다. 정확성을 요구하는 사실판단에서 나타나는 동조현상이 목격자의 범인지목 연구에서도 나타났다. Sherif는 참가자들에게 범죄 상황을 목격토록 한 후, 라인업에서 범인을 지목토록 하였다. 이때, 한 명의 진짜 참가자를 제외한 나머지는 참가자로 위장한 연구 조수들이었는데, 가짜 참가자들이 일제히 라인업에 있는 엉뚱한 사람을 범인으로 지목하면 범인을 직접 목격한 진짜 참가자도 가짜 참가자들이 지목하는 엉뚱한 사람을

범인으로 지목하였다. 더 중요한 결과가 다음 연구에서 나타났다. 다음 연구에서는 일부 참가자들이 자신의 범인 지목이 실제로 법정에 증거로 제출되는 것으로 믿게 만들었다. 또 다른 일부의 참가자들은 그러한 믿음을 갖지 않도록 하였다. 자신의 범인 지목이 실제 재판에서 증거로 사용될 것으로 믿은 참가자들 중 50%가 가짜 참가자들이 일제히 지목하는 엉뚱한 사람을 자신이 본 범인으로 지목하였고, 그러한 믿음을 갖지 않은 참가자들은 35%만 가짜 참가자들에 동조하여 엉뚱한 사람을 지목하였다. 사회규범과 무관해야 하는 정확한 사실판단(실체진실의 판단)이 중요한 사회적 의미를 가질수록 자신이 속한 사회에 의해 수용되고 선호되고 싶은 욕구가 커지고, 따라서 오히려 사회규범의 영향을 더 크게 받는 것이다.

6) 인간과 동물의 뇌에는 행동개시 시점을 판단하는 모종의 역치(threshold)를 가진 뇌신경 세포들이 있다. 그 뉴런들은 자극(맹수, 먹이 등)에 대한 정보(움직임, 거리 등)를 다른 뉴런들로부터 수집하는데, 수집된 정보가 누적될수록 발화 속도(firing rate)가 점점 빨라지고, 발화 속도가 역치를 초과하는 순간 자동적으로 예정된 행동(달아나기, 덮치기 등)을 개시한다. Fried, Mukamel 그리고 Kreiman(2011)은 뇌에서 간질 발작이 초래되는 국소를 파악할 목적으로 뇌신경 뉴런에 미세전극을 삽입한 12명의 간질환자를 대상으로 결정변인의 '결정'과 그 결정에 대한 '의식'의 시간 차를 확인하고, 결정변인의 소재를 확인하기 위한 실험을 하였다. 실험과제는 피험자가 원할 때(아무 때나) 버튼을 누르는 단순한 것이었는데, 다만 피험자는 버튼을 누르는 결정('urge to move')을 하는 순간 눈앞에 제시된 시계의 초침 위치를 기억하도록 하였다. 이 실험에서 피험자가 기억한 시계 초침의 위치보다 5초 전에 피험자 뇌의 보조운동영역과 전방대상피질에서 뉴런이 빠르게 발화하는 것이 발견되었다. 이 실험 결과에 기초하여 두 번째 실험을 하였는데, 두 번째 실험에서는 피험자 뇌의 보조운동영역과 전방대상피질에서 뉴런의 발화가 생기면 그 즉시 피험자의 눈앞에 놓인 스크린에 '멈추시오(Stop)'라는 글자가 나타나도록 하였다. 이 두 번째 실험의 피험자들은 모두 신기하다는 반응을 보였다. 피험자들이 신기했던 이유는 자신이 버튼을 누르려 할 때마다(시계 초침의 위치를 확인하려 할 때마다) 그 직전에 멈추라는 글자가 나타나기 때문이었다. 즉, 연구자가

독심술(mind reading)을 하였기 때문이다. 이 실험결과의 의미는 분명하지 않다. 특히, 피험자들이 독심술이라고 생각한 현상에 대한 해석은 논란의 여지가 있다. 그러나 한 가지 분명한 것은 결정변인 뉴런에서의 결정과 그 결정에 대한 의식 사이에는 시간 차가 존재할 가능성이 높다는 것이다. 단일세포기록법(single-cell recording technique)을 이용한 연구들이 원숭이 뇌의 측두벽내피질과 쥐 뇌의 안와전두피질에서 자신의 직관과 생각의 정확성에 대한 확신감 혹은 주관적 확실성을 감지, 표상하는 뉴런들을 발견하였다. 이 뉴런들은 판단(행동)이 이루어지기 전에 발화 속도가 점점 빨라지다가 판단이 이루어지는 시점에서 발화를 멈춘다. 쥐를 이용한 실험에서는 쥐가 보상이 주어지는 옳은 판단(반응)을 할 때와 보상이 주어지지 않는 틀린 판단을 할 때 안와전두피질 뉴런의 발화 가속도에서 차이가 나는데, 옳은 판단을 할 때에는 발화 속도가 점점 빨라지고, 틀린 판단을 할 때에는 발화 속도가 점점 늦어진다. 그런데 그 발화 가속도 차이는 판단의 결과(보상 여부)를 쥐가 알게 되기 전에 나타난다. 쥐에게 피드백이 주어지기 전에 판단이 옳은지, 틀린지에 따라 뉴런의 발화 가속도에서 나타나는 이 차이는 자신의 판단에 대해 가지는 확신감의 차이로 해석된다. 즉, 옳은 판단은 높은 확신감을 동반하지만, 틀린 판단은 그것보다 낮은 확신감을 동반하기 때문인 것으로 해석된다. 따라서 쥐의 안와전두피질에서 판단의 정확성에 따라 발화 속도의 차이를 보이는 뉴런들은 '결정변인(decision variable)'으로 추정된다. Fried, I., Mukamel, R., & Kreiman, G. (2011). Internally generated preactivation of single neurons in human medial frontal cortex predicts volition. *Neuron, 69*, 548-562; O'Connell, R. G., Dockree, P. M., & Kelly, S. P. (2012). A supramodal accumulation-to-bound signal that determines perceptual decisions in humans. *Nature Neuroscience, 15*, 1729-1735; Link, S. W. (2003). Confidence and random walk theory. In B. B. E. Borg (Ed.), *Modeling Choice, Decision Time, and Confidence.* Stockholm, Sweden: International Society for Psychophysics; Heath, R. A. (1984). Random-walk and accumulator models of psychophysical discrimination—a critical evaluation. *Perception, 13*, 57-65; Britten, K. H., Newsome, W.

T., Shadlen, M. N., Celebrini, S., & Movshon, J. A. (1996). A relationship between behavioral choice and the visual responses of neurons in macaque MT. *Visual Neuroscience, 13*, 87-100; Kepecs, A., Uchida, N., Zariwala, H. A., & Mainen, Z. F. (2008). Neural correlates, computation and behavioural impact of decision confidence. *Nature, 455*, 227-231; Kiani, R. & Shadlen, M. N. (2009). Representation of confidence associated with a decision by neurons in the parietal cortex. *Science, 324*, 759-764; Smith, J. D., Couchman, J. J., & Beran, M. J. (2012). The highs and lows of theoretical interpretation in animal-metacognition research. *Philosophical Transactions of Royal Society B, 367*, 1297-1309; Fleming, S. M., Weil, R. S., Nagy, Z., Dolan, R. J., & Rees, G. (2010). Relating introspective accuracy to individual differences in brain structure. *Science, 329*, 1541-1543.

7) 일부 잘못 알려진 것처럼 결정변인이 판단자의 자유의지와 상관없이 미리 예정된 판단을 하는 것은 아니다. 결정변인은 뇌의 다른 신경세포들로부터 판단에 필요한 정보들을 실시간으로 수집하고, 그 정보들이 역치를 초과하면 판단 혹은 결정을 한다. 다만, 의식이 조금 늦게 그것을 느끼는 것뿐이다. 만약 인간의 의지를 비롯한 욕구, 동기, 정서 등이 결정변인에 제공되는 정보를 조작하면 결정변인은 판단을 해야 할 때 안 하거나, 안 해야 할 때 할 수 있다. 결정변인에는 미리 예정된, 혹은 프로그램된 판단이란 없다.

8) Birnbaum, M. H., & Stegner, S. E. (1979). Source credibility in social judgment: Bias, expertise, and the judge's point of view. *Journal of Personanility and Social Psychology, 37*, 1, 48-74. 이들은 '입장이 없는' 혹은 '자신의 관점이 없는' 사람의 판단이 그렇지 않은 사람의 판단보다 더 정확한 것으로 평가된다는 것을 실험적으로 확인하였다. 이들의 실험에서 참가자들은 중고자동차의 가격을 구매자의 입장에서 판단하거나 (과소평가), 판매자의 입장에서 판단한 것(과대평가)보다 특정한 입장 없이 판단한 것을 그 중고자동차의 실제 공인된 가격에 가장 근접하는 가격일 것으로 평가하였다.

/ 무 / 죄 / 론 /

Chapter 08

이해와 판단[1]

*

　새로운 형사사건에 배당된(던져진) 법관은 이상한 나라의 앨리스다.[2] 상상하기도 어려운 사차원 세계(공간과 시간)에서 예기치 않게 튕겨져 나온 사건, 알 수 있는 기회가 한 번도 없었던 낯선 사람들, 욕구와 열정과 번뇌로 달구어진 주장들, 평소 현실에서는 전혀 볼 수 없고, 생성 과정과 현출 과정이 투명하지도 않은 물리적 증거들, 어디까지가 참이고, 어디까지가 참이 아닌지 구별하기 어려운 증언들이 무질서하게 뒤섞인 혼돈을 가공해서 정보가 극대화된(확실성이 높은), 단순명료한 판단을 빚어 내는 법관의 마음과 뇌에서는 무슨 일이 벌어지는가? 측정오차, 표본오차, 체계적 오차 등의 각종 오차에 오염되고, 상반된 의미들이 혼재된 데이터를 엄격하고 세밀한 수리통계 원칙과 기준에 따라 분류하고 분석해서 '사실'을 한눈에 알 수 있는 그래프를 도출하는 컴퓨터 알고리듬과 같은 일이 벌어지는가? 전기/전자회로가 엉켜서 잡음을 내는 오디오 기기를 오케스트라의 모든 낱악기 소리가 명쾌하게 들리도록 수리하는 엔지니어의 연속적인 명제추론 및 가설검증과 같은 논리적 사유가 이루어지는가? 아니면 오물, 상처, 부패 등으로 오염된 식재료들을 직관적이고 즉흥적인 기준에 따라 다듬고, 버리고, 첨가해서 시식가의 오감이 만족하는, 다른 사람이 먹기 좋은 요리를 만들어 내는 예술과 같은 일이 벌어지는가?

　혼돈 속에서 확신할 수 있는 판단을 하려는 욕구와 동기는 법관의 내재적 동기이기도 하고, 사회가 법관에게 부과한 사회적 책무이기도 하다. 법관의 사실인정이 이루어지는 과정은 실증적으로 알려진 바가 거의 없다. 그러나 컴퓨터, 엔지니어, 예술가가 동거하고 있을 법관의 뇌에서 어떤 양상의 정보처리 메커니즘이 작동하는지를 짐작할 수 있는 몇 가지 외형적인 특징이 있다. 특이한 외관은 안에서 벌어지는 일을 짐작하는 신호다.

법관 판단의 메커니즘을 짐작할 수 있는 첫 번째 외형적 특징은 단편적이고, 신빙성이 모호하며, 서로 상반(비일관)되고, 양적으로 방대한 정보들을 고려해야 하는 '복잡한' 판단이라는 것이다.[3] 두 번째 외형적 특징은 법관의 판단은 불확실한 상태를 확실하고 예측 가능한 상태로 변화시켜야 하는 사회적·개인적 요구에 부응한다는 것이다. 세 번째 외형적 특징은 각기 다른 사건들의 사실인정을 위해서 각기 다른 경험법칙과 논리법칙을 사용하고, 때로는 서로 상반된 법칙을 사용하기도 한다는 것이다(Llewellyn, 1960; Schauer, 2008).[4] 네 번째 외형적 특징은 사실인정의 정확성을 확인할 수 있는 외적 준거(정답)가 없음에도 불구하고, 법관이 자신의 판단을 확신한다는 것이다. 즉, 법관이 판단의 정확성을 스스로 확신하는 모종의 '자기표준'이 있다는 것이다. 다섯 번째 외형적 특징은 일단 이루어진 판단은 법관에 의해 단호하게 표현되고 행사된다는 것이다. 즉, 법관의 사실인정은 무엇이 사실인가에 대한 관념적인 파악 혹은 이해에 그치는 것이 아니라, 사회적 행위를 위한 것이다. 경의로운 여섯 번째 외형적 특징은 법관의 표현된 의견(판결문)은 상급심에서 파기된 것마저도 거의 예외 없이 매우 설득적이고, 결론이 당연한 것으로 믿어질 만큼 그 판결을 뒷받침하는 근거들이 논리정연할 뿐만 아니라, 다수 의견과 반대되는 판결을 선호하는 소수 의견도 다

수 의견에 못지 않게 수미일관되고 설득적이며 그럴듯하다는 것이다(Posner, 1995; Simon, 1998, 2002).[5] 또한, 앞에서 법관과 배심원의 판단을 요약, 비교한 바와 같이 형사소송에서 법관이 사용하는 정보처리 양식이 보통 사람들의 양식과 미묘한 차이가 있지만, 크게 다르지는 않을 것으로 추정된다. 정보처리가 이루어지는 뇌신경의 기본적인 작동 메커니즘은 법관과 보통 사람이 다르지 않을 것이기 때문일 것이다.

이러한 법관 판단의 외형적 특징들을 모두 잘 설명할 수 있는 정보처리 모형이 '정합성 기반의 추론(coherence-based reasoning)' 모형(이하, 정합성추론 모형)이다.

이 해

정합성추론 모형은 인간의 뇌와 인공지능의 기능원리에 관한 신경망이론의 '제약만족(constraint satisfaction)' 원리(Thagard & Verbeurgt, 1998)[6]에 기초하여 모호하고 복잡한 정보들에 대한 판단, 딜레마 상황에서의 판단, 생각과 불일치하는 자신의 행동에 대한 이해(인지 부조화), 혹은 감각기관에 의해 직접 경험되지 않는 암묵적 사실(의도, 성향, 능력)에 대한 판단 등에 개입하는 정보처리 과정을 설명하는 이론이며(Thagard, 2000; Holyoak & Simon, 1999; Simon, Pham, Le, & Holyoak, 2001; Simon & Holyoak, 2002; Schultz & Lepper, 1996; Thagard & Millgram, 1995; Kunda & Thagard, 1996; Thagard & Kunda, 1998),[7] 특히 사실인정(유무죄 판단)을 하는 법관과 배심원의 정보처리 특징을 설명하는 이론적 개념들이다(Simon, 2004; Amaya, 2007, 2012; Soriano, 2003).[8]

　뇌의 기본적 기능에 관한 연결주의 접근에서는 서로 연결된 신경세포들로 이루어진 신경망을 통해서 모든 정신작용의 정보처리가 이루어지는 것으로 본다(Rumelhart, McClelland, & the PDP Research Group, 1986; McClelland, Rumelhart, & the PDP Research Group, 1986; Pinker & Mehler, 1988; Jeffrey, Bates, Johnson, Karmiloff-Smith, Parisi, & Plunkett, 1996; Marcus, 2001).[9] 신경망을 구성하는 세포는 흔히 '범인' '정액' '합의' 등과 같은 단순의미들을 전기화학적으로 표상하는 '의미단위(unit)'다. 판단과제가 주어지면, 그 과제를 구성하는 의미들에 해당하는 신경세포들이 집합적으로 하나의 '정신모형(mental model)'을 구성하는데,[10] 초기 정신모형은 해야 할 과제에 대한 정신적 표상이다(Peirce, 1992; Targard, 2010).[11] 즉, 마치 시험문제가 무엇을 하라는 것인지에 대한 수험생의 이해와 같다. 예를 들어, "증거 A, B, C를 이용해서 유죄, 무죄 여부를 판단하기"가 초기 정신모형이 될 수 있다.

　정신모형을 구성하는 단위들은 각기 다른 '가중치'로 서로 연결되는데, 정적(+) 가중치로 연결된 의미단위들의 경우에는 하나가 활성화 혹은 발화하면 그것과 연결된 다른 의미단위의 활성화가 자극된다. 즉, 서로 조화하는 단위들은 정적 가중치로 연결된다. 부적(-) 가중치로 연결된 의미단위들의 경우에는 한 단위의 활성화에 따라 연결된 단위들의 활성화가 억제된다. 즉, 서로 부조화하는 의미단위들은 부적 가중치로 연결된다. 각각의 신경세포 단위들은 정적 가중치와 부적 가중치로 정신모형 내의 다른 모든 단위와 연결되어 있기 때문에 각 의미단위의 활동(자극과 억제)은 정신모형 전체에 영향을 준다. 즉, 각 의미단위는 전체 정신모형의 상태를 '제약(constraint)'한다. 예를 들어, "다리가 없고, 냉혈이고, 육식성인 동물은 뱀일까, 지렁이일까?"라는 문제의 해답은 주어진 정보들(다리 없음, 냉혈, 육식성)이 서로 부조화 혹은 모순되지 말아야 하는 제약, 가능한 해답들(뱀 혹은 지렁이)은 서로 부조화해야 하는 제약, 가능한 해답들 중 하나는 주어진 모든 정보와 조화되어야 하는 제약, 그 해답을 제외한 다른 모든 가능한 해답들은 주어진 정보들 중 적어도 한 개와 부조화해야 하는 제약들을 모두 만족시켜야 한다. 마찬가지로, "증거 A, B, C를 이용해서 유죄, 무죄 여부를 판단하기"라는 정신모형에서 유죄 의미와 무죄 의미는 항상 부적 가중치로 연결되고, 증거 A, B, C는 유죄 의미 혹은 무죄 의미 중 하나를 만족시키는 제약(조건) 안에서 서로 정적으로 연결되어야 한다.

　하나의 신경세포 단위가 정신모형에 가하는 제약의 정도는 모형에 대한 단위의 귀납적 중요도인데, 정신모형에 대한 신경세포 단위의 '증명력'이다.[12] 신경세포 단위가 정신모형에 가하는 제약의 정도는 두 가지에 의해 좌우된다. 하나는 그 단위의 활성화 강도이고, 또 다른 하나는 다른 단위들과의 연결가중치다. 신경세포 단위가 자극되었을 때 강하게 활성화되고, 그 단위가 다른 단위들과 높은 정적·부적 가중치로 연결되어 있으면 그 단위는 전체 정신모형의 조성상태에 대하여 강력한 제약을 행사한다(Bechtel & Abrahamsen, 1991).[13] 단위의 활성화 강도는 그 단위가 정적으로 연결된 다른 단위들로부터 강하게, 자주 자극될수록 커진다. 정신모형 내에서 많은 단위들과 정적으로 연결된 단위는 활성화 강도가 커지고, 따라서 정

신모형에 대해 큰 제약을 행사한다. 정신모형 내 다른 단위들로부터
자극받지 못하거나 다른 단위들에 의해 자주 억제되는 경우에는 활
성화를 하더라도 그 강도가 약하고, 종국에는 특정 정신모형에서 사
멸(제외)되기도 한다.[14)]

   판단과제에 대한 초기 정신적 표상에 포함된 신경세포 단위들의
활성화 강도와 연결가중치는 정보처리 과정에서 역동적으로 업데
이트된다. 초기 정신모형에는 정적 가중치로 연결된 신경세포 단위
들과 부적 가중치로 연결된 신경세포 단위들이 혼재하기 때문에 초
기 정신모형은 불확실성, 정보엔트로피가 높은 모형이다.[15)] 예를 들
어, 범죄 발생 직후에 범죄 현장 근처에서 피고인이 녹화된 CCTV
증거와 같은 시간에 피고인이 다른 장소에 있었다는 알리바이가 공
존하는 초기 정신모형은 소위 '앞뒤가 맞지 않는' 모형이고, 정보엔
트로피가 높은 모형이므로 그 상태에서는 어떤 판단에 대해서도 정
보가치 혹은 활용가능한 정보 에너지를 가지지 못한다. 따라서 정신
모형 내의 신경세포 단위들은 모형의 엔트로피를 줄이는 방향으로
상호 자극과 억제를 반복하면서 강한 단위들은 점점 더 강해지고,
약한 단위들은 점점 더 약해져서 강한 단위들과 부적 가중치로 연결
된 약한 단위들이 정신모형에서 점차로 도태되는 현상이 진행된다.
자연계에서 생명체들이 진화하는 현상과 같은 것이다. 종국에는 정
신모형 내에 서로 정적 가중치로 연결된 단위들만 남게 되고, 그 단
위들이 서로 상호자극을 반복하더라도 그 단위들의 활성화 강도가
더 이상 크게 변화하지 않는 엔트로피의 최소한계 혹은 정보의 최적
상태에 도달한다. 정보의 최적상태(optimal state)에 접근한 정신모형
은 그것을 구성하는 단위들이 서로 '앞뒤가 맞는' 혹은 단위들의 연

결이 수미일관되어 정합성을 이룬 상태에 이른다.

　판단과제에 대한 초기 정신모형은 처음부터 최종 판단 자체(즉, '유죄'와 '무죄')를 신경세포 단위로 가진다. 말하자면, 초기 정신모형은 선다형의 객관식 시험문제와 같다. 예를 들어, "정보 A, B, C를 이용해서 피고인이 유죄 혹은 무죄인지를 판단하기"라는 과제표상(task representation) 혹은 초기 정신모형에는 유죄판단과 무죄판단을 표상하는 신경세포 단위들이 함께 포함된다. 신경망 이론의 제약만족 원리, 주어진 제약조건을 만족시키는 해를 찾는 탐색방법은 불확실성이 높은 초기 정신모형이 모형 내 모든 신경세포 단위들의 제약을 만족시키는 방향으로 최적화되는 원리다. 따라서 유죄판단 단위와 무죄판단 단위의 강도는 정신모형 내 다른 단위들(증거들을 표상하는 단위들)의 강도변화에 따라 변화하고, 다른 단위들의 강도는 또한 그 두 개의 판단 단위들의 강도변화에 따라 변화한다. 스무고개 게임과 마찬가지로 귀납적 정보처리(증거들로 결론을 평가)와 역귀납적 정보처리(결론으로 증거들을 평가)가 동시에 쌍방향으로 이루어진다. 따라서 유죄 혹은 무죄의 예단은 법관의 정신모형에 포함되는 모든 정보의 의미를 변화시킨다.

　판단과제의 표상인 정신모형이 혼란한 초기상태에서 수미일관된 상태로 최적화되어 가는 것은 마치 전류가 양전극으로부터 음전극으로 흐르는 것과 같이 뇌신경 조직의 생리적 특성인 제약만족 원리에 의한 것이며, 판단자의 의지나 의식적 통제에 의한 것이 아니다. 따라서 그 과정은 자동적, 무의식적으로 이루어지고, 판단자는 자신이 정신적으로 표상하는 판단과제가 머릿속에서 처음에는 앞뒤가 맞지 않는 오리무중의 혼란한 상태였다가, 나중에는 앞뒤가 맞는 수미일관된 정신모형으로 변했다는 것을 의식하지 못할 수 있다. 다만 정신모형이 수미일관된 상태로 최적화되었을 때, 그때까지 생존해 있는 결론(예, 유죄 혹은 무죄)은 그 정신모형의 다른 모든 단위로부 터 일관되고 강하게 지지되는 것이므로 판단자는 그 결론에 대하여 강한 확신감을 경험하게 된다. 결론에 대한 확신감이 크기 때문에 자신이 처음 표상했던 초기 정신모형도 처음부터 의심의 여지없이 수미일관성이 있었던 것으로 느낀다(Simon, 2004).

어떤 경우에는 정신모형이 최적화되지 않을 수도 있다. 정신모형 내의 다수 단위들과 부적 가중치로 연결된 소수 단위들이 자기들끼 리는 강력한 정적 가중치로 연결되어 있으면, 소수 단위들끼리의 강 력한 상호 자극이 다수 단위들에 의한 억제를 극복하여 정신모형 내 에서 사멸하지 않고 생존할 수 있다. 이때에는 전체 정신모형의 정 보엔트로피가 더 이상 줄지 않는 '지역최소(local minima)' 시점까지 남아 있는 잔존 소수 단위들이 전체 정신모형에 대한 확신감을 저하 시킬 수 있다. 즉, 단단히 결속된 소수 단위들이 '합리적 의심'이 될 수 있다.

뇌신경 조직의 기본적인 자기조직 원리(제약만족)에 기초한 정합 성추론 모형은 우선 배심원의 사실인정에 대하여 실증적으로 널리 알려진 대표적 특징들을 매우 잘 설명한다. 형사재판에 제시되는 많 은 개별증거들이 사실판단자의 심증형성 과정에서 단순한 이분적 결론으로 집약되는 방식은 각 개별증거들이 독립적, 고립적으로 평 가된 후 논리/수학적으로 종합되어 역시 고립된 결론이 도출되는 원 자론적 방식이 아니라, 전체 증거들이 한꺼번에 역동적으로 평가되 어 집합적인 결론이 서술적으로 도출되는 전체론적 방식 혹은 게슈탈트(Gestalt) 방식으로 알려졌다(Twining, 2006).[16] 형사재판에 참여하는 배심원의 유무죄 판단이 전체론적 방식으로 이루어진다고 보는 가장 대표적인 이론인 설명기반모형(explanation-based model: Pennington & Hastie, 1988, 1992)[17]에 의하면, 배심원들은 재판절차에서 드러난 여러 사실(증거)들을 설명할 수 있는 주관적인 인과모형을 구성하고, 그 인과모형과 경험적으로 무리없이 잘 어우러지는 판단범주(유죄 vs. 무죄)를 선택한다. 배심원이 구성하는 인과모형은 재판에서 알려진 사실들과 인간의 행위 및 세상의 원리에 대한 배심원의 사적인 지식으로 구성된 '이야기(story)'의 전형적 형태를 가지는데, 일반적으로 이야기 전체를 촉발하는 특정 사건에서 시작되고, 목적, 행위, 결과 그리고 주변 상황이 인과관계구조를 형성하면서 연결된다. 자연스럽게 앞뒤가 맞는 이야기의 흐름을 위해서 필요한 경우에는 재판에서 제공되지 않은 사실이 직관적 추측에 의해 첨가되기도 하고, 제공된 사실이 누락되거나 평가절하되기도 하며,[18] 사실들의 순서가 바뀌기도 한다(Smith, 1991).[19] 배심원의 최종 사실판단은 배심원이 구성하는 이야기와 경험적, 논리적으로 더 자연스럽게 어우러지는 수미일관된 판단이다.

이야기는 사람을 정신적으로 다른 공간과 시간으로 이동시켜서 사건의 전모를 생생하게 이해할 수 있게 해 주는 놀라운 기능을 가진다. 그래서 사람들이 직접 경험하지 않은 복잡한 현상, 복잡한 사건, 복잡한 증거를 이해하는 일반적인 방식은 인간행동에 대하여 자기에게 익숙한, 직관적으로 떠오르는 도식들을 중심으로 사차원의 설명구조(tesseract), 즉 이야기를 구성해 보는 것이다.[20] 증거평가에 관하여 법정증거주의가 아닌 자유심증주의를 취하는 제도에서는 설명기반모형이 보여 주는 전체론적 방식의 인지과정이 배심원 뿐만 아니라 법관의 정보처리 양식과도 부합할 것으로 믿어진다(Allen, 1994; Pardo, 2000; Old Chief v United States, 1997).[21] 정합성추론에 의한 사건이해가 법관의 사실인정 자체는 아니지만,[22] 그 이론은 법관의 사실인정이 불확실한 상태를 확실한 상태로 변화시키는 것이 주목적인 복잡한 판단이면서, 동시에 확고하고 수미일관된 형태로 표현되는 판단이라는 특징들이 어떻게 가능한지를 뇌신경세포 단위의 생리적 메커니즘(제약만족 원리)으로 설명하기 때문이다. 다만 법관의 정보처리 양식으로서의 정합성추론 모형은 법관이 증거들과 기타 정보들을 재료삼아 사건들이 관계사슬로 연결되는 서술적인 '이야기'를 창작한다고 가정하지 않는다. 다시 말해서, 법관은 시쳇말로 '소설'을 쓰지는 않는다. 그러나 앞에서 언급한 바와 같이, 법관의 사실인정을 위한 정보처리 양식은 배심원의 그것과는 미묘하게 다르지만, 정합성추론에 의한 전체론적 게슈탈트 방식이라는 점은 배심원의 정보처리 양식과 같을 것으로 생각된다.

정합성추론은 기능적이고 효율적이며, 최적의 정보처리 방법이다(Einhorn & Hogarth, 1981).[23] 그 방법은 모호하고, 복잡한 사회적 상태를 명료하고, 단순한 상태로 회복시키는 목적에 부합하고, 정보들의 치열한 경쟁에 의해 판단이 이루어지므로 판단의 정확성을 합리적 수준에서 담보할 수 있으면서도, 뇌신경조직의 생리적 기능과 부합하여 빠르게 이루어질 수 있다. 그러나 그 정보처리 양식은 잠재적으로 취약성 또한 가진다. 그럴듯한 이야기가 반드시 사실에 부합하는 정확한 이야기인 것은 아니다.[24] 정합성추론의 잠재적 취약성은 그 정보처리가 뇌의 자기조직 경향과 신경세포의 생리적 메커니즘에 의해 자동적으로 이루어지므로 판단자가 의식하기 어렵고, 따라서 통제하기 어렵다는 데 기인한다. 정합성추론은 크게 세 가지 경우에 부정확한 사실판단을 초래할 수 있다. 첫째 경우는 판단자에게 주어지는 정보들 속에 오염된 혹은 편파적인 정보가 섞이는 경우이고, 둘째 경우는 판단의 확실성과 확신감에 대한 판단자의 욕구가 과도한 경우이며, 셋째 경우는 판단자의 경험칙에 휴리스틱, 편견, 고정관념이 포함되는 경우다.

(1) 정보오염

뇌신경망의 제약만족 원리에 의해 이루어지는 정합성추론은 편파적인 정보(예, 예단, 앵커, 증거능력 없는 정보, 정서적 충격을 주는 정보, 여론)에 매우 취약하다. 편파정보는 판단자의 최종 유무죄 판단뿐만 아니라, 신경망으로 이루어진 정신모형 내의 모든 신경세포 단위에 영향을 준다(Wilson & Brekke, 1994).[25] 즉, 판단자의 정신모형은 편파정보의 제약도 만족시키는 방향으로 형성된다. 예를 들어, 피고인의 10년 전 전과사실이 알려지면 그것이 알려지지 않은 경우에 비해서 피고인의 전과와는 전혀 무관한 검사 측 목격증인의 진술에 대한 신빙성이 더 높게 판단된다. 즉, 전과사실에 의해서 그것과 정적으로 연결된 목격증인 진술의 활성화 강도가 더 강해진다. 또한 피고인이 평소에 충동적이고 폭력적인 행동을 자주 하여 친구가 없는 외톨이였다는 소문이 알려지면, 그 소문이 전혀 증거가 아님에도 불구하고, 경찰, 피해자 부모, 사회복지사 등의 증언을 더 유죄판단을 뒷받침하는 것으로 해석한다(Hope, Memon, & McGeorge, 2004).[26]

편파정보는 판단자의 정신모형에 포함된 모든 증거의 의미와 중요
도를 바꾸고 정신모형 전체를 변화시키기 때문에 판단자가 판단을
위한 고려대상에서 편파정보를 의식적으로 배제하더라도, 그 영향
에서 벗어나기 어렵다. 뇌의 정합성 추론 경향 때문에 일단 뇌에 들
어온 편파정보는 광범위한 소위 '정신오염'을 초래한다(Wilson &
Brekke, 1994).

(2) 완벽욕구

정신모형은 현실적 사실을 반영하지만, 그와 동시에 정보엔트로
피(불확실성)를 최대한 제거하여 세상을 질서정연하고 파시모니
(parsimony)한 형태로 표상하려는 뇌신경망의 자기조직 경향(제약만
족 특성)을 반영한다. 그런데 세상에는 실제로 부조리한 현실도 많
고, 피고인, 피해자, 증인 등의 인간이 앞뒤가 안 맞거나, 표리가 부
동하거나, 쓸데없거나, 스스로에게 손해가 되는 행동(비합리적인 행
동)을 하는 경우도 많고, 무수히 많은 불특정 다수의 요인들이 무질
서하게 작용하여 발생하는 확률적 현상들도 많고, 법칙과 예외와 돌
연변이가 항상 공존한다. 부조리와 예외는 흔히 중요한 재판, 어려
운 재판, 사회이목이 집중된 재판 등에서 더 자주, 더 많이 존재한
다. 반면에, 법관의 판단은 사회적 판단인 까닭에 중요하고, 어렵고,
사회이목이 집중되는 재판일수록 확실한 판단, 의심과 비판의 여지
가 없는 판단, 논리와 조리가 빈틈없이 짜여진 판단을 하려는 법관
의 욕구와 사명감은 더 커진다. 따라서 확실한 판단 혹은 의심과 비
판의 여지가 없는 판단을 하려는 욕구와 사명감이 과도할 때에는 정

합성추론에 의해 정보엔트로피가 최적화된 법관의 정신모형(주관적 현실)이 실제 있었던 부조리한 현실(객관적 현실)과 괴리될 수 있다. 즉, 사건에 대한 법관의 최종 정신모형이 초현실적으로 수미일관되고 논리정연해질 수 있다(예, Yiend, Savulich, Coughtrey, & Shafran, 2011).[27] 그럼에도 불구하고, 법관은 신경세포 단위들의 상호자극과 상호억제에 의한 정보처리 메커니즘을 의식적으로 감찰할 수 없기 때문에 자신의 정신모형에서 객관적 사실만을 분리해 내기 어렵다.[28]

법관이 스스로 확신감을 가지는 수미일관된 정신모형이 형성되면, 그 모형은 사건에 대한 이해와 믿음이 되므로 그 모형과 부합하지 않는 새로운 증거가 매우 강력하고 결정적인 경우에도 그 증거에 대해 저항하려는 경향이 강해진다(Schultz, Katz, & Lepper, 2001; Ross, Lepper, & Hubbard, 1975; Jennings, Lepper, & Ross, 1981; Lepper, Ross & Lau, 1986).[29] 즉, 소위 '확증편향(confirmation bias)'이 생길 수 있다(Nickerson, 1998).[30] 그 이유는 정신모형 내의 모든 신경세포 단위가 일관되게 정적으로 연결되어 모형의 정보적 에너지가 높은 상태를 이루고 있을 때에는 그 단위들과 부적으로 연결되는 새로운 신경세포 단위가 정신모형에 등장하더라도 그 새로운 단위가 스스로의 활성화 강도에 의해 기존단위들을 모두 억제하여 생존하기 어렵기 때문이다.[31]

(3) 경험칙

경우에 따라서 인간의 직관(intuition)이 컴퓨터의 논리보다 더 효율적이고, 그래서 더 유용할 수 있다. 그 이유는 자연선택을 통해 스스로 진화해 온 인간의 뇌가 스스로 진화하지 않는 컴퓨터와 비교할 수 없을 정도로 발달한 패턴인식(pattern recognition)[32] 능력을 갖추었기 때문이다. 쇠붙이의 찬 느낌을 주는 그와 같은 용어는 '직관'[33]을 인공지능 분야의 학자들이 기계적인 느낌이 나도록 표현한 것이다. 패턴인식과 직관은 모두 '단번에 알아본다'는 뜻이다.

직관 혹은 패턴인식은 경험에 의해 형성된 전형과 새로이 나타난 자극의 여러 특징들을 병렬적으로(한꺼번에, 그리고 동시에) 비교하여 그 두 가지가 서로 유사한 정도에 의해 새로운 자극의 의미를 파악하므로 그 속도가 매우 빠르다. 직관에 의한 추정과 판단은 경험한 사실과 새로운 사실의 유사성(similarity)이 클수록 더 빠르게 이루어진다. 그래서 인공지능을 탑재한 기계를 개발하는 어떤 과학자들은 공학보다 심리학에 더 몰두한다(예, Newell & Simon, 1963; Nilsson, 1980).[34] 인간이 문제해결을 위해 사용하는 경험칙을 파악해서 논리적으로 가공한 후, 위기에 대처해야 하는 기계의 지능에 적용하기 위해서다.

인간의 직관과 기계의 패턴인식은 경험칙에 의해 작동한다. 앞서 신호탐지이론의 설명에서 살펴보았듯이, 합리적 인간의 사실판단을 위한 기준의 절묘한 위치도 경험(시행착오)에 의해 직관적으로 결정된다. 환경에 적응하는 효율성 때문에 발달한 인간의 직관(생각 혹은 의식없이 자동적으로 이루어지는 인식)은 거의 전적으로 경험칙에 의존한다(Sloman, 2002; Lieberman, 2000).[35] 어떤 동물이 멀리 있어서 작아 보일 때, 작은 동물이 아니고 큰 동물이 멀리 있다고 직관적으로 판단하고 경계하는 것도 경험칙이다. 하늘에 떠 있는 크고 하얀

물체가 시야에 들어오는 순간, 자동적, 즉시적 그리고 무의식적으로 구름으로 판단하고 이상히 여기지 않는 것도 경험칙이다. 원근지각이나 하늘에 떠 있는 구름을 파악하는 직관은 판단하려는 의도가 없어도 자동적으로 이루어지고, 판단과정에 대한 의식 없이 순간적으로 이루어진다.

직관의 작동원리인 경험칙은 속도가 정확성보다 더 중요한 판단을 위해 발달한 능력이다. 삼한제일검은 호적수를 만나 칼싸움을 할 때 비호같이 스치는 상대의 칼날을 피할지 또는 막을지를, 생각해서 판단하면 죽는다. 부단한 연습과 많은 경험에 의해 칼싸움에 가장 적합한 반사신경들이 몸에 만들어져 있어야 한다. 만들어진 반사신경들이 경험칙이다. 무죄오판을 회피하려는 무의식적 동기와 마찬가지로, 환경과의 수많은 전투에서 승리해 온 인간에게는 경험칙 또한 반사신경 혹은 본능이 되었다. 의식이 따라갈 수 없는 초고속 덕분에 경험칙은 인간의 진화과정에서 무수히 많은 인간을 상상할 수 없을 정도로 여러 번 위기상황과 절대절명의 상황에서 구해 내었다. 죽음의 문턱에서 경험칙이 자신을 구출하는 순간에도 사람은 그것을 의식하지 못한다. 너무 빠르고 당연해서 뇌가 거의 사용되지 않기 때문이다.

경험칙이 본능이 된 후에는 속도보다 정확성이 더 중요한 상황에서도 저절로 작동한다. 정확성이 중요할 때 과속은 위험하다. 아무리 연습과 경험이 많더라도, 수술을 하는 외과의사가 삼한제일검처럼 칼을 직관적으로 다루면 안 된다. 그러나 경험칙에 기반한 판단은 자동적이고, 의식보다 빠르기 때문에 가끔 새로운 사실을 엉뚱한 의미로 이해하거나 틀린 판단을 내리기도 한다. 주어진 새로운 사실을 옳은 경험이 아닌 엉뚱한 경험과 비교하여 유사성을 발견하기 때문이다. 모르는 사람의 뒷모습을 보고 아는 사람으로 착각하거나 오랜만에 만난 친구를 잠깐 못 알아보는 것과 같이, 가끔은 사소한 판단오류를 범한다. 경험칙은 때때로 어처구니 없거나 심각한 판단오류를 범하기도 한다. 세계 최고의 축구선수가 자기 집 거실에서 바나나 껍질에 미끄러져 죽는 이유도 그것이다. 바나나 껍질을 자기도 모르게 축구공처럼 걷어찼기 때문이다. 특이한 검법을 쓰거나 무기를 사용하지 않는 적을 만나면 삼한제일검이 죽는 이유도 그것이다. 상대의 공격에 대응하기 위해 그것에 맞지 않는 반사신경을 자기도 모르게 사용하기 때문이다.

경험칙은 선험적인 논리칙과 더불어 법관이 정보들을 평가하고, 이해하고, 관련짓는 규칙이다. 이것은 성문법과 불문법 제도에서 공히 그러하다. 대한민국 대법원은 경험칙을 "각개의 경험으로부터 귀납적으로 얻어지는 사물의 성상이나 인과의 관계에 관한 사실판단의 법칙으로서 구체적인 경험적 사실로부터 도출되는 공통 인식에 바탕을 둔 판단형식"으로 정의한 바 있다(대법원 1991. 2. 22. 선고 90다6248). 또한 Oliver Wendel Holmes, Jr.(1881) 대법관은 "법의 삶은 논리가 아니고 경험에 의해 이루어진다"[36]고 하였다. Holmes, Jr. 대법관의 이 명제는 불문법과 판례법의 근간을 설명한 것이다. 판례는 법관이 사실판단의 기준으로 사용하는 대표적인 경험칙이다. '경험적 사실로부터 도출되는 공통 인식'에 바탕을 둔 판단형식이다.

성문법과 불문법 제도에서 공히 경험칙이 사실판단을 위한 규칙인 이유는 무엇일까? 법관의 사실판단은 이지적이고, 엄정한 논리칙만으로는 안 되는가? 일례로, 특정 재판에서 주어진 증거들로 피고

인이 범인일 가능성(likelihood)을 평가하는 일을 논리적인 컴퓨터는
스스로 할 수 없다. 논리적인 컴퓨터가 스스로 그것을 못하는 이유
는 경험 없이 확률을 계산할 수 없기 때문이다.[37] 논리적으로 확률
을 계산하기 위해서는 동일한 피고인과 동일한 증거들이 존재하는
경우를 무수히(∞) 많이 경험하고, 그 경우들 중 피고인이 범인인 경
우의 수를 집계해야 한다. 인류가 누적하고 공유하며, 생체조직의
탁월한 '학습' 능력으로 체화(embody)되는 경험의 조력이 없으면
수천 년이 걸려야 되는 일이다. 소송을 논리적인 컴퓨터에게 맡길
수 없는 이유다. 반면, 법관은 컴퓨터가 가늠하지 못하는 그 가능성
을 단 한 번에 가늠한다. 법관의 뇌는 유사한 피고인과 유사한 증거
들이 존재하는 경험들을 농축된 형태, 패턴으로 가지고 있기 때문이
다. 개인적 생활경험, 자신의 과거 재판, 다른 법관들에 의한 판례
등의 과거 경험들로부터 유추(analogy)와 일반화(generalization)를 통
해(Falkenhainer, Forbus & Gentner, 1989; Kuehne et al., 2000; Halstead
& Forbus, 2005)[38] 특정 재판에서 주어진 증거가 전형적인 범인 개념
(범인상)과 유사한 정도, 혹은 그것을 대표하는 정도에 의해 가능성
을 직관적으로 평가한다. 그러한 가능성 평가 방법을 Tversky와
Kahneman(1973, 1974)[39]은 '대표성 휴리스틱(representativeness
heuristic)'이라고 불렀다. 그 심리학자들은 휴리스틱의 발견으로 수
상품목에 심리학을 포함하지도 않은 노벨상을 받았다. 어떤 경우에
는 컴퓨터보다 법관을 포함한 인간이 더 효율적이고, 유용한 이유를
역설적이게도 인간의 착오를 통해 명료하게 알아냈기 때문이다.

앞서 제1장에서 언급한 바와 같이, 시간의 흐름은 사람의 마음과
사물을 모두 변화시키므로 똑같은 현상이 반복해서 발생하는 경우

는 데자뷔(déjà vu) 이외에는 없다. 똑같은 구름이 없는 것과 마찬가지로, 법관이 판단하는 형사재판과 똑같은 과거의 재판은 없다. 모든 형사재판은 직접적이든, 간접적이든 법관이 처음 경험하는 것이다. 그래서 판례만으로는 법관의 직관이 쉽게 작동하지 않는다. 법관의 다른 경험칙과 논리칙이 가세하여 가장 유사한 판례와 현재 사건 사이의 차이를 메꾸어야 한다. 즉, 패턴인식을 해야 한다.

판례 이외에 법관이 가진 '다른 경험칙'은 여러 종류의 도식(schema), 휴리스틱, 편향, 고정관념도 포함한다.[40] 예를 들어, 목격자 진술의 일관성(consistency)과 그것의 정확성(accuracy)은 통계적 상관이 고작 0.3 정도로 서로 관계가 거의 없고(Brewer et al., 1999; Gilbert & Fisher, 2006),[41] 목격자의 (자기 진술에 대한) 자신감과 정확성의 통계적 상관은 일반적으로 0.5 미만으로 약하지만(Tomes & Katz, 2000; Leippe, Manion, & Romanczyk, 1992),[42] 법관은 증인의 진술이 일관된 정도에 의해, 그리고 기억과 진술에 대해 증인이 스스로 보이는 자신감에 의해 그 증인의 범인지목이 정확할 것으로 판단한다.[43] 스스로 경험한 것을 말하는 사람은 항상 일관되고, 자신있게 진술한다는 경험칙 때문이다. 보통 사람들은 미래에 발생할 일을 미리 예측하지 못하지만, 그것이 발생한 후에는 마치 전부터 자신이 그 일의 발생을 미리 예감했던 것으로 느끼는 경우가 있다. 소위 '회견편파(hindsight bias)'다. 인과관계가 지배하는 세상은 기본적으로 예측 가능하다는 경험칙이다. 아인슈타인이 그랬듯이, 신은 주사위 놀이를 하지 않는다("God does not play dice with the universe.")는 믿음이다. 민사재판, 형사재판을 막론하고, 주의의무의 태만은 항상 사고/사건이 발생한 후에 판단된다. LaBine과 LaBine(1996)[44]은 판사들이 주의의무 판단에서 그러한 편향성을 보이는 것을 발견하였다. 실제로는 예측불가했던 사고/사건도 재판에서는 사전에 예측할 수 있었던 것으로 여겨지기 때문이다. Rassin, Eerland 그리고 Kuijpers (2010)[45]는 판사들에게 특정인이 '유력한 용의자(prime suspect)'라고 알려 주면 나중에 다른 용의자가 범인일 가능성을 알려 주어도 그것을 무시하는 경향이 있다는 것을 발견하였다. '확증편향'이 법관의 판단에 개입하는 것이다. 유력한 용의자는 범인인 경우가 많다는 경험칙 때문이다. 수사기관에 의해 위법한 방법으로 수집된 증거는 증거능력이 없다. 그것을 누구보다 잘 알고 있는 판사들도 '증거'로 불리는 정보에 대한 고정관념을 떨치지 못하고, 위법수집 증거에 의존하여 사실인정을 하는 경향이 일반인과 다르지 않고(Landsman & Rakos, 1994),[46] '범법자'에 대한 고정관념 때문에 (독일 판사들은) 기소죄명이 경범죄일수록 법으로 정해진 것보다 적은 수의 감경인자들만 고려하여 양형을 하고(von Helversen & Rieskamp, 2009),[47] 법관의 양형이 검사의 구형에 구속되지 않는다는 것을 알면서도 검사의 구형에 따라 양형이 현저하게 달라지는 '정박편향(anchoring bias)'을 보이고(Enough & Mussweiler, 2001),[48] 심지어는 언론매체에서 언론인이 언급한 형에 의해서도 판사의 양형에 정박편향이 나타나기도 한다(Englich, Mussweiler, & Strack, 2006).[49]

이지적인 논리칙 혹은 논증만으로는 불가능한 사실판단에 무의식적인 휴리스틱과 고정관념이 개입하고, 그래서 판단이 빗나갈 수 있는 여지를 증폭시키는 것이 뇌의 정합성추론 경향이다. 그 경향은 뇌신경의 자기조직 메커니즘에 의해 자동적으로 이루어지므로 판단자가 의식하기 어렵고, 따라서 통제하기 어렵다. 그래서 강력한 경험칙은 때로는 논리칙마저 왜곡하기도 한다.[50] 어떤 로또 판매점에서 일등 당첨자가 나왔다. 물론 우연이다. 그런데 호기심 많은 사람들이 그 판매점에서 로또를 구입한다. 많은 사람들이 구입하므로 일등 당첨자가 또 나왔다. 그래서 더 많은 사람들이 구입하였고, 더 많은 일등 당첨자가 나왔다. 사람들이 이러한 경험을 반복하면 사람들에게 왜곡된 논리칙이 생긴다. '로또명당'에서 로또를 구입하면 일등에 당첨될 확률이 높다는 논리칙이다. 그 로또 판매점에서 일등 당첨자가 나올 확률이 높은 것은 맞지만, 그 판매점에서 로또를 구입한 사람의 당첨확률이 높아질 논리적인 이유는 전혀 없다. 그러나 그 두 가지 확률은 쉽게 헷갈린다. 사람이 나이가 들수록, 때로는 주변 사람들의 합리적 충고를 무시하는 소위 '고집불통'이 되는 이유도 경험칙이 논리를 왜곡하기 때문이다. 경험이 많을수록 그것과 배치되는 논리를 수용하지 못하기 때문이다.

노인이든 젊은이든 보편적으로 경험칙이 논리칙을 왜곡하는 대표적인 예가 '결합오류(conjunction fallacy)'다. 논리추론 오류의 일종인 결합오류란 서로 독립적인 사건들이 동시에 발생할 결합확률(joint probability)은 그 중 하나가 발생할 확률보다 낮은데,[51] 경험칙(유사성에 기초한 패턴인식)에 의한 직관적 의미파악이 그 논리칙을 간과하는 것을 말한다. 예를 들어, 린다라는 이름의 여성을 소개하는 글에서 린다가 페미니스트에 대한 사람들의 고정관념과 부합하는 성격, 행동 특징들로 묘사되면 린다가 은행원일 가능성이 더 높은가 아니면 페미니스트 은행원일 가능성이 더 높은가를 묻는 질문에 대해서 많은 사람들이 후자라고 판단한다(Tversky & Kahneman, 1983).[52] 묘사된 린다의 특징들이 페미니스트라는 전형과 유사하기

(representative) 때문이다.

Tversky와 Kahneman(1983)은 하버드 의과대학을 졸업한 수련의들과 뉴잉글랜드 병원에서 근무하는 수련의들 103명에게 "55세의 한 여성이 담낭절제 수술을 받은지 10일 후에 폐혈관이 혈전으로 폐쇄된 것이 발견되었다."라고 알려 준 후, 이 환자가 다양한 증상들을 경험했을 가능성을 6점 척도로 평가하게 하였다. 수련의들에게 제시된 증상들 중에는 '호흡곤란과 부분마비'와 '부분마비'가 있었는데, 거의 모든 수련의가 '호흡곤란과 부분마비' 가능성을 '부분마비' 가능성보다 높게 평가하였다. 수련의들은 폐혈관이 폐쇄되어 부분마비가 생기는 일은 거의 없다는 것을 잘 알고 있지만(스스로 '부분마비' 가능성을 매우 낮게 평가했음에도 불구하고), 호흡곤란이 폐혈관의 폐쇄를 더 대표하는 주증상이기 때문에 '호흡곤란과 부분마비' 가능성을 높게 평가한 것이다.

아직은 법관들과 함께한 실험연구를 찾을 수 없지만, 형사소송에는 사실판단이 결합오류의 위험에 노출되는 경우들이 많다. 합의가 없는 성관계를 강간이라 정의한다. 남녀가 합의하여 함께 투숙한 호텔방에서 그밖의 다른 모든 조건이 불변이라면 여성이 성관계를 거부할 확률은 얼마나 될까? 그 확률이 무엇이든 여성은 거부하고, 남성은 요구할 결합확률은 그보다 더 낮다. 그러나 주어진 정황(남녀, 호텔, 합의투숙)에서 남성의 성관계 요구가 과거 판례 등의 경험칙과 철석같이 부합하면 법관은 후자의 결합확률을 높게 판단할 수 있다. 강간혐의에 대한 사실판단을 해야 하는 법관의 뇌신경망에서 후자의 결합확률이 '강간'과 조화되는 정합성을 이루기 위해서다.

형사소송에서 법관의 직관과 경험칙이 논리칙을 왜곡할 수 있는 또 하나의 예는 소위 '유일한 증거'에 의한 사실판단이다. 재판은 증명력 있는 증거를 요한다. 자백의 증명력은 '범행 → 범행사실의 인식 → 자백'의 인과관계에 기초한다. 자백은 직접증거이며, 논리적 타당도('범행사실의 인식이 있는 것은 범행을 했기 때문'이라는 귀납추론이 옳은 정도)가 비교적 강한 증거다.[53] 그럼에도 불구하고, 자백만으로 피고인의 유죄를 인정할 수 없다(「형사소송법」제310조: 피고인의 자백이 그 피고인에게 불이익한 유일한 증거일 때에는 이를 유죄의 증거로 하지 못한다). 즉, 자백이 유일한 증거일 때에는 증명력이 없다. 인간세상의 경험에 의하면 허위자백이 빈번하므로 자백의 경험적 신뢰도('자백은 범행사실의 인식이 있기 때문'이라는 귀납추론이 옳은 정도)에 대한 합리적 의심이 상존하기 때문이다.[54] 그런데 자백이 유일한 증거일 때 증명력이 없고, 그래서 법에도 증거능력이 없다고 정해진 데에는 경험적 신뢰도나 논리적 타당도보다 더 근본적, 인식론적 이유가 있다. 그 이유는 증거의 문제가 아니라, 열정과 욕구를 가진 동기에 의해 행동하는 인간의 문제다. 그 이유가 증거를 평가하는 인간의 문제이기 때문에 자백뿐만 아니라 모든 '유일한 증거'가 증명력이 없다.

특정 사실에 대한 '가장 좋은 설명의 추론'을 미국 실용주의의 아버지로 불리는 퍼스(Charles Sanders Peirce)는 '개연적 의심(abduction)'이라고 불렀다.[55] 개연적 의심은 특정 사실을 충분조건으로 설명하는 가설을 말한다. 즉, '당연히 그럴 수 있는(matter of course)' 의심이다. 화창한 아침에 정원이 젖어 있는 것을 보고 간밤에 비가 왔다고 의심하는 것은 개연적 의심이다. 만약 간밤에 비가 왔다면 아침에 정원이 당연히 젖는다. 그런데 설명하는 의심에 대해서 설명되는 사실은 증명력을 가지지 않는다. 화창한 아침에 정원이 젖어 있는 것을 보고 간밤에 비가 왔다고 의심하였다면 젖어 있는 정원으로 간밤의 비를 입증할 수 없다. 즉, 의심을 초래한 사실은 그 의심에 대한 증거가 아니다.

자백, 지문, 피해자 진술 등에 의해 유추된 유죄의심을 그것들로 입증하려는 것은 기각가능성 혹은 증거 '자유도'가 없는 개념들의 공허한 순환이다. 따라서 범행도구에서 피고인의 지문이 검출되어 피고인을 범인으로 의심하였다면 그 지문은 유죄의심에 대한 증명력이 없다. 또한 피해자의 진술에 의해 피고인을 범인으로 의심하였다면 피해자 진술은 요증사실을 입증하는 증거가 아니다. 특정 사실이 그것을 설명하는 의심에 대한 증명력을 가지지 않는 것은 임의성 혹은 신빙성 등의 신뢰도 문제가 아니다. 생명체의 다양성을 보고 진화원리를 의심하였다면 생명체의 다양성이 망상이든 아니든 그것은 진화원리를 입증할 수 없다. 마찬가지로, 자백에 의해 유죄의심을 하게 된 때에는 자백의 임의성을 특별히 신뢰할 수 있는 상황에서도 그 자백은 유죄의심을 입증하지 못한다. 지문, 피해자 진술, 목격자 진술[56] 등 모든 유일한 증거가 마찬가지다. 유일한 증거에 의한 재판은 증명력 있는 증거가 없는 재판이다. 그래서 셜록 홈스를 창조한 도일(Sir. Arthur Conan Doyle)의 고향인 스코틀랜드의 법은 모든 형사재판에서 유죄인정을 위해서 최소 두 개 이상의 독립적인 증거를 반드시 요한다(일부 의학적 증거는 예외). 성범죄 사건에도 적용되는 소위 증거의 보강원칙이다.

현실의 형사소송에서는 유일한 증거만 있을 때 무죄가 판단되는 경우는 드물다. 증거를 냉철하게 평가하는 사실판단자에게도 유일한 증거에 의한 개연적 의심에는 열정이 점화되기 쉽기 때문이다. 유일한 증거에 열정이 점화되는 한 가지 이유는 유일한 것은 또한 소중한 것이라는 경험칙이 있기 때문이다. 유일한 단서를 무시하지 않고 소중히 여겨서 그것으로 결국 사건을 해결한 멋지고 흐뭇한 경우도 어디선가 많이 보았기 때문이다. 유일한 단서를 추적하다 결국 미제가 된 더 많은 사건은 보이지 않기 때문에 모르기 때문이다. 두 번째 이유는 유일한 증거에 의한 개연적 의심은 '당연히 그럴 수 있는' 의심이기 때문이다. 그 말은 물리현실에서 원인으로부터 결과가 거의 반드시 초래되는 연역법칙에 의해 생긴 경험칙이 만들어 낸 의심이라는 뜻이다. 즉, 소위 삼단논법에 의한 의심이다. 인과관계에 의해 돌아가는 물리계에서 거의 언제나 참인 연역법칙 때문에 '비가 오면 땅이 젖는' 것을 헤아릴 수 없이 많이 보았다. 인과관계의 연역법칙 때문에 가지게 된 경험칙은 경험칙 중에서도 특히 매우 강력하다. 문제는 연역법칙과 귀납법칙은 다르지만, 강력할수록 더 빠른 경험칙은 그것의 작동을 제어하는 다른 사실이 없을 때에는 없는 논리도 만들어 낸다는 것이다(Dawes, Mirels, Gold and Donahue, 1993).[57] '땅이 젖은 것은 비가 왔기 때문'이다. 이 귀납논리는 땅이 젖는 것의 유일한 원인이 비일 때에만 성립하지만, 말도 안 되는 그 조건을 미처 알아차리기 어렵다. 비와 젖은 땅의 인과관계에 대한 경험칙이 강하기 때문이다. 유일한 증거에 의한 개연적 의심에 열정이 점화되는 세 번째 이유는 어떤 사실이 경험칙에 의해 특정 의심을 촉발하면 뇌신경망에서 사실과 의심은 1초에 수십 번 혹은 그 이상 순환하며 서로를 자극하여 단단히 결속되기 때문이다. 유일한 증거는 소중하기 때문에 뇌신경망에서 그 자체만으로도 막강한 권력을 수임받는다. 즉, 활성화 강도(activation strength)가 강하다. 또한 자연의 이치에 기초한 경험칙과 강한 활성화 가중치(activation weight)로 연결되어 있기 때문에 뇌신경망 내의 다른 양심적인 정보, 사실들을 억제하는 힘이 강하다.[58] 국민이 신임하는 왕의 신임을 받는 간신이 폭정을 휘두르거나, 본래부터 강한 중국과 연결된 북한이 거의 모든 서방국가를 제압하고 원자폭탄도 만들고 수소폭탄도 만드는 것과 같다. 그래서 유일한 증거는 뇌신경망 전체를 '제약'하는 힘이 세다. 그것이 한번 잘못 터지면 망 전체가 망한다. 그래서 항상 노심초사해야 한다. 그 노심초사가 열정이다.

피고인이 운전하던 승용차가 도로변의 대전차 방호벽을 들이받아 조수석에 타고 있던 그의 아내가 사망하였다(대법원 2011. 5. 26. 선고 2011도1902 판결 사건). 의자 밑에 들어가 있던 아내의 사체에서는 앞유리나 에어백 등에 의한 머리 부분 손상이 전혀 발견되지 않았다. 뜻밖의 사실을 접한 수사기관은 그것을 설명하기 위해 차량의 2회 추돌을 의심하였다. "차량이 방호벽을 들이받은 후 아내가 혼절해서 의자에 똑바로 앉을 수 없는 상태가 되었고, 교통사고를 가장하여 아내를 살해하기로 마음먹은 피고인이 다시 그 장소로 돌아와 재차 들이받아서 아내가 사망했다."는 의심이다. 사망한 피해자의 신체상태에 의해 그러한 뜨거운, 잘 짜여진 소설 같이 앞뒤가 빈틈없이 맞는 의심이 뱃속에서 올라오면 신체상태 이외에 그 의심을 입증하는 다른 독립적인 증거가 없어도, 독립적인 증거가 없을수록, 그 의심을 포기하기 어렵다. 판단자의 뇌신경망에서 경험칙에 기초한 유일한 증거(예, 추돌사고 피해자의 신체상태)는 언제나 그것으로부터 논리적으로 유추된 의심(예, 의도적 추돌)과 기막힌 정합성을 이루기 때문이다.

정합성추론 모형은 형사소송 사건을 접한 법관이 그 사건에 대한 이해를 획득하는 뇌신경 메커니즘을 설명한다(Thagard & Kunda, 1998).[59] 그 메커니즘에서는 경험칙에 기반한 직관이 중요한 역할을 한다. 그래서 오염된 정보, 개인적 욕구, 휴리스틱, 고정관념 등의 역할 또한 배제되지 않는다. 그 대신 법관의 사건이해는 거의 의식되지 않을 정도로 자동적이고, 상대적으로 빠르며, 내적 모순이 없이 앞뒤가 맞고, 경험칙에 부합하므로 자연스럽고, 논리적이기까지 한 것으로 느껴지는 이해다. 따라서 법관은 자신의 사건이해에 대해 높은 확신감을 가진다. 확신감이 높은 사건이해는 앞서 신호탐지이론에서 언급한 판단 조심성을 떨어뜨린다.

법관은 자신의 뇌신경망에서 벌어지는 생존경쟁의 심판이다. 법관의 사건이해가 정합성추론에 기반한다면, 형사재판의 사실판단은 서로 적대적인 상징들이 대칭적으로 포진한 극도의 불안정한 상태에서 시작되어 일방이 완전히 제거되어야 하는 장기 혹은 체스게임과 같은 비장한 판단이다. 기상청의 일기예보와 같이 '유죄일 확률이 80%' 등과 같은 애매한 판단은 용납되지 않는다. 가능성이 끝까지 가능성으로 남아 있어서는 안 된다. 가능성은 필연적인 사실이 되어야 한다. 그 비장한 '전부 아니면 전무(all-or-nothing)' 게임이 정보들에 의해 실체진실을 판단하는 법관의 뇌에서 이루어져야 한다. 그래서 법관의 뇌는 서로 충돌하는 정보들이 생존게임을 하는 판(장)이다. 그 뇌의 소유자인 법관은 정보들의 생존게임이 정당한 규칙들에 의해서 공정하게 이루어지도록 관리해야 할 도덕적 책임이 있다. 즉, 법관은 법정에서 이루어지는 소송당사자들의 공방뿐만 아

니라, 자신의 뇌에서 이루어지는 정보들의 공방에 대해서도 심판의
역할을 해야 한다. 정보들의 공방에 의해 앞뒤가 맞아진 정합성이
옳은 것인지를, 필요하다면 처음부터 다시 복기를 해서라도 심판해
야 한다.

칠 감

  정의의 여신(Justice)으로 알려진 디케(Dike)는 심판의 상징이다.
심판이 왜 눈을 가렸을까? 눈 대신 한 손에는 수평 상태의 빈 저울을
마치 길을 밝히는 등불처럼 들고, 다른 손에는 칼을 들었다. 대한민
국 대법원 로비에 비치된 정의의 여신처럼 거추장스러운 저울을 드
는 것보다는 눈을 뜨는 것이 더 쉽고 편하지 아니한가? 디케의 상징
들에 대한 다양한 이해 중에 인식론적 관점에서의 이해는 "경험(눈)
이 아니라, 논리(저울)에 의해 판단(칼)한다."는 것이다. 저울은 바빌
로니아인들이 논리법칙에 기초해서 발명한 측정도구이며, 인간의
감각과 경험의 객관성에 대한 의심에서 비롯된 실체진실 발견의 도
구다. 의도적으로 눈을 가린 디케가 정의의 여신인지는 불확실하지
만, 의심의 여신인 것은 확실하다. 그 의심의 대상은 자신의 눈이다.
아무리 여신이라 하더라도, 눈의 판단이 저울의 판단과 비교할 수
없을 정도로 빠르고, 그래서 항상 착오의 위험을 안고 있다는 것을
알기 때문이다.
  눈을 가리고 저울을 든 디케는 또한 과학의 여신이다. 일기예보는
과학이고, 점술인이 말해 주는 나의 내년 운세는 과학이 아니다. 일

기예보는 맞고, 점술은 틀려서일까? 기상청은 예보로 많은 돈을 벌지 못하지만, 많은 저명한 정치인과 유명한 연예인이 소문난 점술인에게 큰 돈을 투자하는 것을 보면 그렇지 않은 것 같다. 대한민국 국회는 2016년 벽두에 무당들을 국회에 초빙해서 무당굿을 하였다. 영험한 무당들이 대한민국의 운세를 예언한 것인지, 국회의원들의 운세를 예언한 것인지는 알 수 없지만, "새해에 중대한 일이 한두 번 발생할 것"으로 예언하였다. 경험칙 상, 그 예언은 틀림없이 맞을 것이다. 그래서 그 무당들은 국회에서 돈을 받지 않았더라도, 앞으로 많은 고객들이 찾아올 것이다. 무당과 달리, 기상청이 국회에 초빙되지 못하는 이유는 뻔하다. 자신의 예언이 틀린다는 것을 항상 함께 공표하기 때문이다. '비가 온다'고 하지 않고, '비올 확률이 80%'라고 말하기 때문이다. 20%는 틀린다는 뜻이다. 실제로 가끔 틀린다. 그래서 기상청은 예보가 틀린다는 것을 오히려 더 정확히 예언한다.

바로 그것, 틀리는 것을 정확히 예측하는 것이 과학성의 요체다. Karl Popper는 그 과학성의 요체를 반증가능성(falsifiability)이라고 불렀다.[60] 아기신이 강림한 처녀가 말해 주는 운세가 일기예보보다 아무리 더 정확해도, 죽었다 깨어나도 여전히 과학이 아닌 이유는 얼마나 틀릴지를 모르기 때문이다. 내년에 시집간다고 판단하지만, 그렇지 않을 확률이 얼마나 되는지 모르기 때문이다. 그래서 그 예언을 의심하고 따져봐야 할지, 말아야 할지를 모르기 때문이다. 즉, '의심의 혜택(benefit of doubt)'이 없고, 그래서 발전하지 않기 때문이다.

사람이 가진 모든 믿음 중에 '내가 존재한다'는 것만큼 저절로 생기고, 직관적이며, 확실한 믿음은 없다. 의식이 정상적으로 깨어있는 모든 인간은 자신이 존재하는지를 저절로 의심할 수 없다. 내가 나를 볼 수 있고, 만질 수 있고, 느낄 수 있기 때문이다. 나의 존재는 직관적으로 실체진실이다. 그럼에도 불구하고, 별로 바쁘지 않았던 르네 데카르트(René Descartes)는 자신이 존재한다는 직관적 믿음을 의도적으로 의심했다. 그리고 자신의 존재가 망상이 아니고 사실이라는 것을 오감을 통해서가 아니라, 엄격한 논리에 의해 점차로 더 치열하게 의심하는 소위 카테지안 회의(Categian skepticism), 혹은 의심의 방법(method of doubt)을 통해 감각 경험에 기초한 그 굳건한 믿음이 사실이라는 것을 기어이 확인하였다.[61]

복잡한 문제의 정답을 알아내기 위해서 법관은 우선 불확실성과 정보엔트로피가 최소화된 해법을 찾았다.[62] 그 해법은 사건의 실체에 최대로 근접한 이해이지만, 사건의 실체 자체가 아니다. 높은 확신감에도 불구하고, 사건에 대한 법관의 이해, 정신모형은 다만 최적의(optimal) 모형이다. 즉, 외부에서 주어진 정보들(증거, 증언, 소문 등)과 이미 법관의 뇌에 들어와 있던 기존 정보들(경험, 고정관념 등)이 서로 상호작용하여 불확실성이 최소화된 이해(making sense)다. 그 정신모형으로 법관이 해야 할 정말 중요한 일이 아직 남았다. 그 최적의 해법에서 이제 유일무이한 정답을 뽑아낼 차례다. 실체진실을 발견하려는, 발견해야 하는 법관은 최적해법에 만족해도 좋은 탐험가가 아니고, 반드시 '2+3은 5'와 같은 정답을 찾아야 하는 탐구자다. 법관은 자신의 사건이해에 기반하여 객관적 진실에 대한 판단을 해야 한다. 이제부터 법관이 판단하는 것은 사건이나 피고인이 아니다. 자신이 만든 가상현실, 이야기다. 자기를 판단해서 피고인을 판단해야 한다.

　정의란 디케의 가린 눈으로 상징되는 자기의심과 저울로 상징되는 논리가 결합된 개념이다. 정의를 구현해야 하는 대한민국 법관도 자신의 사건이해를 형성한 경험칙이 가지는 위험을 통감하고, 그 안에서 실체진실을 발견해야 한다. 보아야 할 것은 다 보았다. 이제 디케처럼 눈을 감고 사건에 대한 최적의 이해로부터 진실을 발굴해 내기 위해 법관은 뇌에 만들어진 정신모형을 다시 분해해야 한다. 법관에게 사건은 이제 더 이상 '남의 일'이 아니다. '자기 일'이 되었다. 그 '자기 일'을 하기 위해서 법관은 사건에 대한 최적의 이해를 획득한 것과는 다른 방식으로 자신의 뇌에 자리한 신경망, '이해'를 재분해해서 그 안에서 유일무이하고, 완벽하며, 최종적인 사실의 실체를 꺼내야 한다. 즉, 가부간에 다른 가능성이 없는 확률 100%의 유무죄 판단을 해야 한다. 유일무이의 실체진실을 발견해야 한다.

　자연은 모든 인간에게 초인지 혹은 메타인지(metacognition)[63] [64]를 선물하였다. 그래서 제품생산자들은 자신이 만든 제품을 출시하기 전에 스스로 제품검사를 한다. 제품검사는 의도적인(가설적인) 의심을 전제한다. 공들여 완성한 제품을 놓고 때리기, 비틀기, 누르기, 얼리기, 태우기, 부수기 등을 '해 본다'. 자신이 생산한 제품에 대한 가설적인 의심을 인지과학에서는 초인지 혹은 메타인지라 부른다. 메타인지는 자신의 생각, 판단, 이해, 감정, 동기에 대한 인식, 감찰, 평가, 통제 등을 수행하는 고등기능이다. 즉, 자신의 생각에 대한 사유다. 독립적인 피드백이 없어도 스스로 자신의 판단이 옳다, 혹은 틀렸다는 판단을 촉발하는 것은 메타인지다. 자신의 생각이 위험하다는 것을 감지하는 것도 메타인지다. 편집증을 앓는 환자가 자기도

모르게 자꾸 떠오르는 생각이 망상이라는 것을 스스로 아는 것도 메
타인지에 의해 가능하다.[65]

편집증 환자가 아니더라도, 대부분의 생각은 자기도 모르게 떠오
른다. 법관의 생각도 마찬가지다. 법관이 떠오르는 자신의 생각을
생각해 보는 것은 메타인지 때문이다. 그러나 법관에게 떠오르는 모
든 생각이 생각되는 것은 아니다. 모든 사람이 다 그렇듯이, 법관도
바쁘다. 그래서 대부분의 생각은 생각되지 않은 채 흘러간다. 메타
인지는 '필요할 때' 작동한다. 그 필요할 때는 저절로, 혹은 의도적
으로 의심이 생겼을 때다. 대법원 혹은 헌법재판소가 심리할 사건을
선택하는 것과 같이, 메타인지는 의심에 의해 촉발된다.

데카르트의 의심의 방법과 같이, 메타인지의 의심을 접수하고 출
동하는 사유는 그 기본원리가 논리칙이다. 디케의 저울이다. 그래서
직관과는 달리, 메타인지가 촉발하는 사유는 의식적이고, 느리며,
엄격하고 꼼꼼한 통제에 의해서 작동한다. 오감(五感: 감각), 육감(六
感: 경험칙)과 구별하여 메타인지를 '칠감(七感)'으로 부르는 이유다
(Nisbet & Shucksmith, 1984).[66]

칠감은 전이(transfer)된다(Morgan, Kornell, Komblum, & Terrace,
2014; Kornell, 2009; Kornell et al., 2009; Beran & Smith, 2011; Terrace &
Son, 2009).[67] 한 사격에서 선수의 칠감이 자신의 마음이 비었는지
확인하고 격발하여 과녁을 정확히 맞추면, 마음이 빈 것을 확인한
칠감은 신뢰할 수 있다. 그래서 다음 사격에서도 빈 마음을 확인하
기 위해 또 사용된다.

본질이 의심인 칠감이 진정으로 작동되면, 점술가는 기상청과 같
이 겨우 입에 풀칠하는 나락으로 떨어질 위험이 있다. 양심적인 점

술가는 아예 점집 문을 닫아버릴 수도 있다. 왜냐하면 자신의 생각과 판단에 대한 의심에 의해 작동하는 칠감은 부작용이 한 가지 있기 때문이다. 칠감이 작동하면 즉시 초래되는 부작용은 자신의 생각, 이해, 판단에 대한 자신감 혹은 확신감(confidence)이 약해진다(De Martino, Fleming, Garrett, & Dolan, 2013; Yeung & Summerfield, 2012; Graham & Neisser, 2000).[68] [69] 칠감은 내면을 향한 사유이기 때문이다.

자신의 내부를 사유하는, 혹은 감찰하는 七感은 눈 감은 디케처럼, 외적 현실을 향한 감각(오감)을 닫고, 시간의 흐름과 함께 끊임없이 작동하는 경험칙(육감)을 최대한 진정시켰을 때, 더 잘 작동한다. 그래서 역시 별로 바쁘지 않았던 신라의 아름다운 미륵보살 반가사유상은 디케처럼 눈을 감고 있다. 그러나 다른 인간들 사이의 진실을 발견하기 위해 칼을 들고 바쁜 길을 떠난 디케와 달리, 미륵보살이 칼과 저울을 손에 들지 않은 이유는 살생이 금지되었기 때문이 아니라, 달아야 할 무게와 잘라야 할 물질이 없는 자신의 가상현실을 판단하기 때문이다.

판 단

대한민국의 법관은 자신의 판단이 진실인지 여부를 스스로 알 수 있는 객관적(자신과 무관한) 지표를 가지지 않았지만, 그 대신 누구도 감히 견주기 어려운 민감한 칠감과 그 칠감의 호출을 집행하는 강력한 논리칙을 가졌다. 고도의 지능이다. 법관의 지능이 디케의 저울이다. 아마도 「형사소송법」(제308조)과 「민사소송법」(제202조)이 공히 법관의 자유심증에 가톨릭 교황의 무류성(infallibility)에 버금가는 지위를 부여하는 이유일 것이다.

디케의 저울은 비어 있어야 한다. 그 저울은 정확히 수평을 이루고 있어야 한다. 수평을 이룬 빈 저울은 무한의 가능성이고, 자유의 상징이다. 따라서 법관의 심증은 비어 있어야 하고, 그래서 수평을 이루고 있어야 한다. 보아야 할 것을 다 보고, 사건을 이해하고, 이제 그 이해에서 실체진실을 발견하기 위해 눈을 감은 법관의 칠감은 자유로워야 한다. 그러나 문제제기의 대상이 될 수 있고, 외력에 의한 번복과 파기의 대상이 될 수 있는 심증은 결코 자유심증이 될 수 없다. 형사소송에서 유일무이의 실체진실을 발견해야 하는 법관의 첨예한 칠감은 비어 있지 않고, 그래서 자유롭지 않다. 죄도 없고, 도망의 우려나 증거인멸의 위험도 없지만, 법관이 된 순간부터 구속되어 버린 미결수다. 법관의 칠감이 구속된 사유는 여러 가지가 있지만, 대표적인 것은 암묵적 기준, 정체성과 양심, 피드백의 부재, 항소심에 대한 불안, 그리고 법적 논증이다.

(1) 기 준

반드시 금을 캐야 하는 광부가 자신이 캐낸 광물을 가질지, 버릴지 판단하는 기준은 두말할 필요도 없이 그 캐낸 광물이 금이냐, 아니냐다. 마찬가지로, 실체진실주의는 사실판단의 절대기준이 있다고 믿는 이념이다. '실체진실주의'는 바로 그 절대기준의 이름이다. 그 절대기준은 두말할 필요도 없이 실체진실 그 자체다. 그 기준에는 모호함, 애매함, 불완전함, 부족함이 전혀 없다.

실체진실주의는 판단의 정확성과 그 판단에 대한 확신감이 상관관계를 가진다는 것을 잘 알고 있다.[70] 내면의 확신에 의해 이루어지는 판단은 정확하기도 하다는 것을 잘 안다. 따라서 실체진실주의는 법관의 심증에 자유를 주는 대신, 바둑 9단이 '신의 한 수'를 둘 때와 같은, 사격선수가 방아쇠를 당길 때와 같은, 고도의, 거의 완벽한 확신감을 요구한다. 프랑스에서는 실체진실주의가 사실판단자에게 요구하는 확신감을, 영어에도, 한국어에도 없는 용어, 'Intime Conviction'이라고 불렀다(프랑스「형사소송법」제353조).[71] 'Intime Conviction'의 사전적 의미는 내적인, 심오한 확신, 혹은 깊은 내면의 확신(inner, deep-seated conviction)이다(Encyclopedia Britanica). 데카르트가 자신의 존재를 확신한 것과 같은, 내면을 관조하는 칠감, 메타인지의 확신이라는 뜻이다. 예쁘고 감성적인 프랑스의「형사소송법」과 달리, 엄숙하고 논리적인 독일의「형사소송법」은 그 용어를 사용하지 않았다. 그 용어는 감성, 주관적인 마음의 상태를 나타내는 것이기 때문이다. 그 대신 독일 연방법원은 1988년에 법관의 사실판단 기준을 '고도로 납득할 수 있는 논증의 결과, 확실에 접근한 가능성의 객관적 확증(objektive Feststellung einer an Sicherheit grenzenden Wahrscheinlichkeit)'으로 설명하였다. 설명이 객관적 표현들로 조형됐지만, 이해가 더 꼬이는 사람들을 위해서 그냥 '높은 가능성(hoher Grad von Wahrscheinlichkeit)'[72]이라고도 했다. 꼬치꼬치 이해할 필요가 없다는 뜻이다.

법관이 직접 수사/조사를 해서 실체진실을 발견해야 하는 직권주의 제도에서 유래된 프랑스의 사실판단 기준과 독일의 판단 기준은 표현된 형질(phenotype)이 달라도 본연적 성질(genotype)은 같다. 양 부모가 모두 갈색 눈을 가졌어도 파란 눈의 자식이 태어난다. 부모가 파란 눈 유전자를 숨기고 있을 때 그러하다. 열성 유전자(recessive gene)는 숨겨져 있어도 기회가 되면 그 형질이 나타난다. 마찬가지로, 용어와 설명이 어떠하든 실체진실주의가 법관에게 요구하는 주관적 감성의 유전자는 "죄 지은 사람을 풀어 주는 것이 절대 아니고, 죄없는 사람을 처벌하는 것도 절대 아니다."라는 확신감의 유전자다. 실체진실의 발견이 목표인 독일의 「형사소송법」(제261조)[73]도 "법원의 심리 전체로부터 얻어진 자유로운 심증(확신)"에 'Intime Conviction'과 같거나 유사한 확신감을 전제한다(Engel, 2008).[74] 프랑스이든, 독일이든, 직권주의 제도와 실체진실주의는 당연히 그래야 하고, 그럴 수밖에 없다. 프랑스이든, 독일이든 공히 실체진실주의가 법관에게 요구하는 그 확신감은 "죄 지은 사람을 풀어 주는 것인지는 몰라도, 죄 없는 사람을 처벌하는 것은 아니다."는 반쪽의 확신감과 질적으로 다른 종류다.

　직권주의 제도의 법관이 검사가 가져다주는 증거가 부족하거나 모호하면, 팔을 걷어붙이고 직접 수사, 조사, 심문, 질문을 해야 하는 이유는 법대에 앉은 법관이 뛰어다니는 검사나 경찰보다 죄 지은 자를 더 잘 발견하기 때문이 아니다. 법관은 자신의 판단에 대한 깊은 내면의 확신을 가져야 하기 때문이다. 그래서 사전의 일반적 의미가 아닌, 직권주의 프랑스의 '깊은 내면의 확신', 직권주의 독일의 '높은 가능성' 기준의 실질적 의미는 공히 "각설하고, 실체진실을 발견하라."다.[75] 실체진실 자체가 판단의 기준이므로 별도의 판단기준이 없다는 뜻이다.

　상식으로만 봐도 법관의 칠감은 자신의 사건이해에 대해서 실체
진실주의가 요구하는 '깊은 내면의 확신'을 가질 수 없다. 수학의 절
대 논리로 블랙홀을 발견한 물리학자라면 몰라도, 자신이 직접 경험
한 바가 없는 일에 대해서 오래 전부터 다른 일들을 하다가 얻어진
경험칙과 스스로 다 알지도 못하는 여러 종류의 논리적 유추와 추론
그리고 크고 작은 절차적 판단으로 구성된 이해에 대해서 양심적인
칠감이 깊은 내면의 확신을 가지는 것은 가능하지 않다.[76] 그러한
확신은 사건의 모든 전말을 직접 경험해서 획득한 이해(Fazio &
Zanna, 1981; Gill, Swann, & Silvera, 1998),[77] 혹은 장기간 여러 번, 자
주 반복하여 친숙해진 이해(Haddock, Rothman, Reber, & Schwarz,
1999; Koriat, Lichtenstein, & Fischhoff, 1980; Shaw, 1996)[78]에 대해서만
가능하다.

　사람들은 심지어 스스로 직접 경험한 것도 확신하지 못하기 일쑤
다. 범인의 얼굴을 그야말로 코 앞에서 본 피해자도 범인지목을 위
해 경찰서에 갈 때에는 불안해하며 간다. 범죄피해의 트라우마 때문
만은 아니다. 자신의 코 앞에서 본 범인의 얼굴을 경찰서에 가는 동
안에도 자꾸 그려 보기는 하지만, 과연 경찰서에서 범인을 정확히
알아볼 수 있을지 확신할 수 없어서다. 틀리면 안 된다. 만약 틀리
면, 경찰이 자신의 피해사실 자체를 의심할지도 모른다. 그렇게 되
면, 너무 속상한 일이다. 그래서 최소한 경찰서에서 긴가민가하는
모습을 보이면 안 된다. 확실하고 단호하게 범인을 맞추어야 한다.
과연 그럴 수 있을까? 한 가지 희망이 있다. 수사관이 범인을 잡았다
고 했다. 그 수사관은 범인을 알 것이다. 경찰서에서 내가 만약 잘
모르겠으면, 수사관의 눈치를 잘 살펴야 한다. 스스로 잘 모르겠으

면, 범인을 발견하는 대신 용의자라도 발견해야 한다. 범인과 용의
자는 같을 것이다(Smalarz & Wells, 2015; Wells, Steblay, & Dysart, 2015;
Smalarz & Wells, 2014; Steblay, Wells, & Douglass, 2014; Smalarz &
Wells, 2014; Wells, 2014; Wells, Wilford, & Smalarz, 2013; Wells, Steblay,
& Dysart, 2012).[79]

　　목격증인과 마찬가지로, 실체진실을 발견해야 하는 법관은 판단
실패에 의해 잃을 것이 많다. 그래서 옛날부터 법관은 항상 답답했
다. 어떤 원님 법관은 답답한 나머지 피고인에게 "네 죄를 네가 알렸
다!"고 짜증을 내기도 하였다. 그런데 법관의 실패는 오판하는 실패
가 아니다. 어차피 법관의 판단이 오판인지, 아닌지 알 수 있는 사람
은 피고인 이외에 세상에 거의 없다. 피고인도 모르는 경우도 허다하
다. 옛날 원님 법관이 피고인에게 짜증이 났던 이유는 오판할까 두려
워서가 절대 아니다. 판단은 진작에 이미 했다. 그런데도 원님 법관
이 답답했던 이유는 자신의 판단에 대한 깊은 내면의 확신이 없기 때
문이다. 그러한 확신은 제3자(경찰, 검사)가 조무래기 증거들 천만 개
를 가져다주어도 절대 생기지 않는다. 깊은 내면에서 나오는 '증거
의 여왕(*Regina probationum*, Queen of evidence)'이 있어야 한다. 피
고인이 직접 자신의 죄를 실토하고, 깊은 내면에서 '개전의 정'을 보
이고, "죽여 주시옵소서!"라고 울부짖어야 원님 법관도 비로소 사
건의 모든 전말을 알 수 있고, 그래서 깊은 내면의 확신을 가질 수
있다.

　　현대의 법관도 크게 다르지 않다. "네 죄를 네가 알렸다!"는 호통
은 포승줄에 묶인 피고인이 자신의 범행을 꼬치꼬치 재연해야 하는
소위 '현장검증'으로 바뀌었을 뿐이다. 약간 무식했던 옛날 원님 법

관보다 훨씬 지혜로운 현대의 법관은 피고인이 건성으로 자백을 해도 그것만으로 깊은 내면의 확신을 가질 수 없다. 현장검증은 과거 사실이더라도, 어떤 식으로든 경험한 듯한 착각이라도 가져야 깊은 내면의 확신을 가질 수 있기 때문에 하는 것이다. 적법절차 원칙과 무죄추정의 원칙과 '합리적 의심이 없는 증명' 기준에도 불구하고, 실체진실 기준의 열성인자가 살아서 발현하는 것이다.

법관의 목전에 놓인 진짜 실패는 'Intime Conviction', 가장 깊은 내면의 확신을 가지지 못하는 실패다. 그것이 진짜 실패인 이유는 법관이 「형사소송법」, 실체진실주의와 체결한 계약의 위반이기 때문이고, 자신의 정체성에 대한 위협이기 때문이다. 예술성과 상상력이 뛰어난 프랑스 이외의 다른 웬만한 문화에는 용어마저 없는 'Intime Conviction'을 가지는 것은 거의 불가능하지만, 일단 계약을 체결한 이상 어쩔 수 없다. 그것에 못 미치는 어정쩡한 확신은 감추어야 한다.

실체진실을 발견하자는 직권주의 대한민국 「형사소송법」도 법관이 이해한 사건의 사실 여부 판단을 법관의 첨예한 칠감에 전적으로 맡겼다. 그리고 증명력을 판단하는 법관의 칠감은 자유롭다고, 법이 구속하지 않는다고 약속하였다. 그 너그러워 보이는 약속은 기실 무서운 조건을 한 가지 숨기고 있다. 독일의 「형사소송법」과 마찬가지로, '깊은 내면의 확신' 유전자를 숨겨 놓았다. 그것을 숨겨 놓은 이유는 실체진실 기준이 10명의 죄인을 놓쳐도 좋다는 적법절차 기준('합리적 의심이 없는 증명 기준')과 명백히 모순되기 때문이다. 오판 없는 판단, 실체진실의 발견을 명실공히 최고 지도이념, 목표로 천명하면서 오판을 전제하고, 허용하는 판단기준을 표방하는 것은 모순이고 위선이다. 그래서 적법절차 원칙과 모순되는 실체진실 기준을 내놓지는 않았지만, 버리지도 않았다.

실체진실주의는 법관에게 자유를 주었으므로 법관의 판단이 과녁을 정통으로 맞춘다는 것을 거의 완벽한, 고도의 확신감으로 보장받기를 원한다. 그래서 그것의 판단기준, '깊은 내면의 확신' 기준은 기회가 될 때 발현하는 열성인자가 되었다. 열성인자가 된 기준이 법관의 마음에서 발현하기 가장 좋은 기회는 열등한 판단, 즉 증거 없는 무죄를 판단해야 할 때. 피고인의 유죄에 대한 검사의 증명에 합리적 의심이 있지만, 무죄에 대해 깊은 내면의 확신이 없을 때다.[80] 실체진실주의에 충실해야 하는 법관은 검사의 증명이 부족하여 피고인의 유죄를 확신할 수 없다고 해서 깊은 내면의 확신감 없는 무죄를 판단하면 안 되는 것이다. 실체진실주의와 적법절차 원칙 때문에 이중의 판단기준을 가진 법관이 이때 할 수 있는 판단은 이미 도식적으로 정해져 있다. 피고인은 무죄가 아니므로 유죄다.[81]

아무런 확실한 증거도 없이, 심지어는 묵비를 하면서 무죄를 주장하는 피고인에 대해 법관은 깊은 내면의 확신을 절대 가질 수 없다. 따라서 무죄판단은 아예 논외다.[82] 유죄판단도 깊은 내면의 확신을 가지기에는 일말의 합리적 의심이 있지만, 논외는 아니다. 다행히 적법절차 원칙이 또한 존재하기 때문에 유죄에 대한 합리적 의심을 감출 수 있으면 된다. 내가 감춘 것은 나에게도 보이면 안 된다. 나에게 보이게 감추는 것은 어리석은 일이다. 따라서 유죄판단을 위해서 날이 선 내 칠감은 잠재워야 한다. 칠감의 부작용이 확신감 저하라는 것을 잘 알기 때문에 그것이 깨어 있으면 유죄판단에 대한 확신감도 어디까지 떨어질지 알 수 없다. 무죄판단에 대한 깊은 내면

의 확신이 없는 차제에 유죄판단에 대한 확신감마저 더 떨어지면 큰
일이다. 확신감의 흠을 소위 '덮어야 하는' 상황에서는 칠감이 작동
하지 않는다. 작동되더라도 표출되지 않는다. 표출되더라도 그대로
표출되지 않는다.[83]

(2) 정체성과 양심

주어진 정보가 고정이라면, 그 정보들에 기초해서 정확한 사실을
발견하려는 동기가 높아질수록 판단에 대한 확신감이 크게 증가하
지만, 판단의 정확성이 확신감과 함께 증가하지는 않는다. 그래서
정확한 사실을 기억해 내려는 동기를 인위적으로 높여 주면, 떠올린
기억의 정확성과 그 기억에 대한 확신감의 상관이 현저히(0.6에서
0.4로) 떨어진다(Shaw & Zerr, 2003).[84] 높은 동기(욕구) 때문에 기억과
판단의 정확성을 감찰하는 칠감이 제대로 작동하지 않아서다.

자신의 생각과 이해를 의심하는 것은 그것을 믿는 것보다 어렵다
(Gilbert, 1991; Bain, 1859; James, 1890; Stout, 1999; McDougall, 1923;
Reid, 1895).[85] 자기의 세상을 통제하려는 실존욕구가 크고, 그래서
자기확신을 가지려는 욕구가 크기 때문이다. 그런데 칠감을 작동시
키는 진짜 스위치는 의심이다. 칠감은 무엇인가를 기각(부정)하려는
기세가 등등한 의심이 있어야 진정으로 작동한다.

법관의 사실판단을 둘러싼 외적·내적·사회적·생리적 환경은
모두 불완전한 확신감을 용납하지 않는다. 법관은 사실판단을 통해
서 사회의 불확실성을 제거하고, 예측가능성을 회복해야 하는 사회
적 임무를 부여받았다. 그 임무를 더 잘 수행하도록 사회적 권위와

명예도 함께 부여받았다. 그러한 사회적 정체성 때문에 법관은 유보적인 판단을 할 수 없다. 특히, 실체진실주의를 형사소송에서 실현하는 임무를 맡은 법관의 사실판단은 80% 확실해서는 안 되고, 90% 확실해서도 안 되고, 99% 확실해서도 안 된다. 적어도 사회적으로는 언제나, 무조건, 오차한계 없이 확실해야 한다. 그것이 사회가 요구하는 실체진실의 의미이고, 법관에게 부여된 사회적 역할이다.[86] 그런데 법관의 탁월한 칠감이 진정으로 작동하면, 즉시 자신의 사건 이해에 대한 확신감이 약해지고, 그것에 대한 확신감이 약해지면 판단 조심성이 높아지고, 판단 조심성이 높아지면 사회가 요구하는 100%의 판단을 할 수 없게 될 수도 있다.[87] 간단히 말해서, 칠감은 법관을 주저하게 만든다. 특히 경험칙을 사용하는 직관과는 달리, 논리칙에 의존하는 칠감의 작동은 시간이 오래 걸린다. 대한민국의 바쁜 법관에게는 그럴 시간도 없다. 수많은 다른 재판들이 뒤에 줄지어 서 있다. 또한 헌법수호를 서약한 법관은 '신속한 재판'을 해야 하는 의무도 있다(헌법 제27조).[88] 그래서 탁월한 칠감을 함부로 작동시켜서는 안 된다(예, Gollwitzer & Schaal, 1998).[89] 법관의 탁월한 칠감은 또한 자신에게 위험한 것이기도 하다.

양심이란 단단히 고착된 형태를 가진 것이 아니고, 도덕적 모순 혹은 인지부조화(cognitive dissonance)[90]가 없는 마음의 상태다. 양심도 뇌신경에서는 제약만족 원리의 관할이다(Schultz & Lepper, 1996).[91] 제약만족 원리 그 자체가 양심이다. 양심에 따라 사실을 판단해야 하는 법관은 개인적으로도 자신의 불완전한 확신감을 용납하지 못한다. 불완전한 확신감은 모순과 부조화를 암시하는, 양심의 위기를 암시하는 신호다. 그래서 불완전한 확신감은 불안을 야기한다. 칠감의 작동으로 약해지는 확신감은 법관의 사회적 정체성, 개인적 양심을 포함한 뇌신경망 전체에 어두운 그림자를 드리울 수 있다. 사회가 부여한 권위와 명예 때문에, 그리고 뇌신경의 제약만족 원리 때문에 법관의 칠감은 탁월한 능력을 지녔지만 자유롭지 못하다. 긴가민가해도 있는 그대로 긴가민가한 판단을 할 수 없는 법관의 심증은 질 것을 알더라도 당당한 모습으로 싸워야 하는 외로운 챔피언이다. 실체진실의 발견을 약속했기 때문이다.

(3) 피드백

앞에서 칠감, 메타인지의 논리는 전이된다고 하였다. 어느 형사소송 절차에서 법관의 메타인지가 실체진실을 성공적으로 발견하면, 그 메타인지는 다음 소송에서도 필요할 때 사용된다. 문제는 사격선수와 달리 법관은 앞선 형사소송에서 자신의 메타인지가 발견한 사실이 실체진실인지 스스로 알 수 없다는 것이다. 그때 사용된 메타인지를 또 사용해도 좋은지 모른다는 것이 문제다.

앞서 자세히 설명하였듯이, 사실판단을 하는 법관은 증거들과 기타 가용 정보들을 이용하여 사건에 대한 이해, 정신모형을 형성한다. 그 정신모형은 제약만족 원리에 의해 주어진 조건과 가능한 해답('무죄'와 '유죄')이 역동적으로 상호작용하여 결국 모든 제약을 만족시키는 최적의 해법(optimal solution)에 도달한 신경망이다. 최적의 해법이란 더 이상 좋을 수 없는 해법이지만, 항상 유일무이의 해답인 것은 아니다. 즉, 가장 근접한 답일 뿐 정답이 아닐 수도 있다. 2＋3 문제에 대한 '5'와 같은 정답을 찾아야 한다. 데카르트의 메타인지가 그랬듯이, 법관이 도달한 최적해법, 정신모형이 또한 실체진 실인지를 판단하는 것이 법관의 메타인지다. 그런데 법관의 메타인 지는 법관의 모든 생각을 생각하지 않는다. 대법원 혹은 헌법재판소 와 같이, 꼭 필요한 생각만 생각한다. 메타인지가 '필요한 때'를 알 기 위해서 가져야 되는 것이 하나 있다. 피드백 장치다.

정확성을 추구하는 모든 통제시스템이 반드시 갖추어야 하는 필 수 부품이 사이버네틱스(cybernetics)[92] 혹은 부적 피드백(negative feedback)[93] 장치다. 인간이 안정적으로 걷고 행동하기 위해서 귀와 뇌 속에도 장착되어 있고, 목표를 정확히 타격해야 하는 미사일에도 장착되었고, 심지어는 물 온도를 일정하게 유지해야 하는 열대물고 기 어항에도 장착된 그 부품이 실체진실주의를 실현해야 하는 대한 민국의 법관에게는 없다. 그래서 법관은 자신이 방금 발사한 총이 옳은 목표를 맞추었는지를 모르는 난처한 사격선수와 같다. 사격선 수의 연습은 발사와 피드백의 반복, 시행착오다. 앞서 설명한 신호 탐지이론에서 합리적 판단자의 판단기준이 시행착오를 통해서 자 신도 모르게 주관적, 객관적으로 가장 합리적인 점에 수렴하는 것과 같다.

판단의 정확성에 대한 즉각적 피드백이 없는 대한민국 법관은 자 신의 기량을 스스로 발전시키기 어렵다. 경험이 쌓일수록 판단이 더 정확해지는지, 정체하는지, 아니면 더 부정확해지는지 스스로 알 수 없기 때문이다. 그래서 법의 간섭이 없는 자신의 자유심증에서 무엇 을 버리고, 무엇을 유지하고, 무엇을 추가할지 알 수 없기 때문이 다.[94] 참으로 난처한 일이지만, 남의 일에서 객관적 진실을 발견하 는 사람이 자신의 판단에 대해서는 그것이 진실인지 여부를 스스로 알 수 있는 객관적(자신과 무관한) 지표가 없기 때문이다.

법관은 자신의 생각, 정신모형에 의심의 혜택(benefit of doubt)이 필요하다는 것을 감지하더라도, 어떤 의심의 혜택을 주어야 할지 알지 못한다. 즉, 자신의 메타인지가 스스로 검증된 바가 없고, 그래서 메타인지 자체에 대한 확신이 없다. 스스로에게 확신받지 못하는 메타인지는 이치의 경계를 넘나드는 자유를 누릴 수 없다.

(4) 예기불안

대한민국은 형사소송의 일심, 이심, 최종심으로 이어지는 삼심제도를 가졌다. 삼심제도는 실체진실주의가 최고 지도이념인 「형사소송법」에도 당연히 구조화되었다. 삼심제도의 가장 기본적인 의미는 '있을 수 있는 오판'을 교정할 기회를 가진다는 것이다. 대한민국뿐만 아니라 보통법 국가들도 큰 틀에서 유사한 삼심제도를 가졌다. 그리고 그들의 삼심제도는 적법절차 원칙이 최고 지도이념인 그들의 「형사소송법」에도 당연히 장착되었다. 그들 삼심제도의 의미도 마찬가지로 '있을 수 있는 오판'을 교정하기 위해서다.

대한민국의 삼심제도와 보통법 국가들의 삼심제도의 이유가 같아 보이는 것은 직관에 의한 착각이다. 대한민국 「형사소송법」에 장착된 삼심제도가 교정하려는 '오판'과 보통법 국가들의 「형사소송법」에 장착된 삼심제도가 교정하려는 '오판'은 완전히 다른 것이다. 최고 지도이념이 다르기 때문에 오판의 의미도 당연히 다르다. 대한민국 「형사소송법」이 의미하는 오판은 실체진실을 빗나간 오판을 말한다. 보통법 국가의 「형사소송법」이 의미하는 오판은 적법절차의 위반이다. 이 미미한 차이는 「형사소송법」의 구조 안에서 장대한 차이로 확대된다. 그 한 가지 예가 항소심 혹은 이심의 방법이다. 대한민국의 이심은 실체진실을 잘못 발견한 오류를 찾아내야 하는 까닭에 일심과 대동소이한 사실심이다. 사건과 피고인을 다시 살펴서 옳은 실체진실을 다시 발견해 보아야 하기 때문이다. 보통법 국가의 이심은 적법절차 위반의 실수를 찾아내야 하는 까닭에 일심과 완전히 다른 서류심이다. 그래서 그들의 이심은 사건과 피고인을 판단하지 않는다. 보통법 국가의 이심은 일심의 절차를 판단하는 일종의 감사다.

원칙적으로 헌법적 문제를 내포하지 않는 대부분의 형사소송에서 실질적인 최종심은 이심이다. 실체진실을 발견하는 이심은 피드백 장치가 없는 일심 법관의 사실판단에 대한 피드백 역할을 해주어야 한다. 그리고 이심은 명예와 법적 논증으로 구속되어 자유롭지 않은 일심 법관의 메타인지를 보완하는 역할을 해 주어야 한다. 실체진실주의 때문에 대한민국의 이심은 그 순기능들을 모두 할 수 없다.

사격선수의 훈련을 보면 알 수 있듯이, 판단에 대한 피드백은 항상 정확해야 한다. 정확성이 불명인 피드백은 있으나 마나 하다. 이심 판단이 일심 법관의 피드백이 되려면, 일심 법관이 자신의 판단을 스스로 의심하고, 이심 법관의 판단을 의심없이 신뢰해야 한다. 실체진실주의가 살아 있을 때, 그것은 도무지 가능하지 않다. 「형사소송법」이 준 귀한 자유를 활용하고, 실체진실의 발견을 위해 마련된 정교한 절차를 거쳐서 일심 법관은 깊은 내면의 확신으로 실체진실을 발견한 것이다. 그것을 본인이 스스로 또 다시 의심할 수 있는

가? 일심 법관은 일심과 대동소이한 사실심인 이심의 판단을 자신의 판단보다 더 신뢰하고, 그것을 피드백으로 사용하여 자신의 기량을 향상시킬 수 없다.

이심 법관은 어떠한가? 자기가 쏜 총이 실체를 맞추었는지 여부를 일심 법관보다 더 정확히 알 수 있나? 일심에서 동쪽에서 서쪽으로 가로질러 땅을 파헤쳐서 금반지를 찾았다. 그러나 그것은 금반지로 보이는 놋쇠반지일지도 모른다. 판 땅을 똑같이 다시 파서 그 금반지를 다시 찾으면, 간혹 제대로 놋쇠반지로 보일 수도 있다. 그러나 항상 그러려면 한 가지 조건이 전제되어야 한다. 경력과 경험이 많은 이심 법관은 일심 법관보다 더 유능해서 객관적 진실을 더 잘 알아본다는 전제다. 그 전제 또한 틀린 것이 아니다. 형은 아우보다 눈치도 빠르고, 논리도 세다. "형 만한 아우 없다."는 경험칙도 엄연히 존재하고, 그래서 서열이 더 높다. 그런데 서열이 더 높은 이심 법관이 일심 법관보다 더 유능한 이유는 무엇일까? 이심 법관이 미륵보살처럼 눈을 더 깊이 감고 경험칙과 육감, 직관의 작동을 더 잘 제어하기 때문인가? 즉, 마음을 더 잘 비우는 사격선수인가? 아니면 실전 경험이 많아서 더 많은 반사신경, 더 발달한 직관과 육감을 가진 삼한제일검이기 때문인가? 그것도 아니라면, 경력과 경험이 직관과 사유 이외에 뭔가 또 다른 미스터리 능력을 생성하기 때문인가?[95] 이 물음에 대한 답은 경우에 따라 대한민국 형사소송 절차의 근간을 흔들 수도 있는 매우 중요한 것이다.[96] 그러나 추론적인 답이나마 구할 수 있는 여건이 마련되지 못하였다. 일심·이심 법관들의 상대적 능력과 성향에 대한 과학적 연구가 전혀 없기 때문이다.

다만, 이심에 사실심을 장착한 「형사소송법」은 일심 법관이 땅을 파서 찾은 반지와 이심 법관이 같은 땅을 거의 똑같은 깊이로 파서 찾은 반지가 서로 다를 때, 전자는 놋쇠반지이고, 후자는 금반지라고 간주할 수 있는 경험적·논리적 근거를 애매하게라도 제시할 수 있어야 한다. 애매한 근거마저 없이 단지 연거푸 판단하면 실체적 진실이 발견된다고 믿는 제도는 비과학적이고, 비합리적인 미신과 크게 다르지 않다. 「형사소송법」이 플래그쉽(flagship)에 실체진실주의의 깃발을 꽂았지만, 이심이 일심보다 더 정확할 수밖에 없는 이유와 근거가 경험적, 논리적으로 존재하지 않는다는 것을 일심 법관은 물론이고 모든 사람이 이미 다 안다. 그것이 헌법적 문제와 전혀 상관없는 무수히 많은 형사소송들이 대법원까지 질주하는 중요한 이유다. 헌법재판소를 별도로 만들어야 할 정도로 최종심까지 질주하는 소송들이 많은 것은 한국 소송당사자들의 성격이 치사해서가 절대 아니라, 이심이 일심 법관의 피드백이 아니기 때문이다. 「형사소송법」을 실체진실주의의 지도에 맡겼기 때문이다.

대한민국의 이심은 일심 법관의 구속된 메타인지를 보완하지 못한다. 그 또한 이심에서 '검증'의 기능을 빼고, 대신 '발견'의 기능을 넣은 실체진실주의 때문이다. 수학문제를 풀어 구한 답을 검증하는 것은 답을 구한 방법과 달라야 한다.[97] 더하기를 해서 얻은 답은 빼기를 해서 검증해야 한다. 했던 더하기를 또 반복하면, 그때의 착오, 실수, 오해, 오염, 환각이 또 반복되기 때문이다. 이 원칙은 중학생도 안다. 특히, 정답이 미리 정해지지 않은 경우에는 답의 옳고 그름을 채점자가 판단하는 것은 정당하지 않다. 미리 정해져서 봉인된 정답이 없는데, 내가 낸 답이 틀렸다고 하는 것을 뇌를 가진 인간이 어떻게 이해하겠는가? 당연히 대법원에 가야 하는 소송감이다. 정해진 정답이 없는 문제에 대해서 채점자는 답 혹은 결론을 따지면 안된다. 답을 구한 절차의 오류를 지적해야 한다. 일심 판단에 대해서 이심이 해야 할 것은 "너의 답이 정답이든 아니든 너는 문제를 틀리게(옳게) 풀었다." 가 되어야 한다. 채점자가 문제를 스스로 다시 풀어 자신의 답을 기준으로 정오답을 따지면, 답한 사람과 틀리다고 채점한 사람 중 누가 옳은지 영원히 알 수 없다. 그래서 사실심인 이심은 일심 법관이 구한 답을 검증하는 메타인지가 아니다.

이심은 일심 법관의 피드백도 아니고 메타인지도 아니지만, 실체진실을 발견해야 하는 일심 법관에게 엉뚱한, 그러나 대단히 중요한 영향력을 가진다. 서열의 틀에 갇힌 일심 법관의 심증은 이심 판단을 걱정하지 않을 수 없다(Higgins & Rubin, 1980; Drahozal, 1988; Watson, 1988; Cohen, 1992).[98] 일심 법관이 그것을 걱정하라고 만든 것이 대한민국의 삼심제도다.

자신이 직접 경험한 일에 대해서도 스스로 확신할 수 없을 때, 사람들은 흔히 다른 사람의 의견을 탐색한다.[99] 자신이 직접 본 범인을 지목하는 목격자가 라인업(lineup)에서 진범을 확신할 수 없을 때, 범인을 체포했다는 경찰수사관의 눈치를 살피는 것과 같다.

자신이 이해한 사건, 자신의 뇌에 형성된 이야기를 유일하게 목격한 일심 법관도 다를 바 없다. 자신의 메타인지를 해고하고 그 자리를 믿을 만한 다른 사람의 의견으로 채우면 실체진실주의가 요구하는 깊은 내면의 확신을 가질 수 있을지도 모른다(McGarty, Turner, Oakes, & Haslam, 1993; Visser & Mirabile, 2004).[100] 메타인지가 해고되어 빈 자리를 이심 법관의 사실판단을 상상해서 채우면 가장 좋다.[101] 그 상상을 돋보기로 사용해서 자신의 사건이해를 되돌아 보고 어긋난 조합을 고치면 더 좋다. 그것을 잘하면 이심까지는 자신의 판단에 대한 깊은 내면의 확신을 가질 수 있다. 그리고 운이 좋으면 이심이 최종심일 수도 있다.

그런데 이심 법관의 사실판단을 어떻게 상상하는가? 상상은 본래 자유이기 때문에 그 방법도 천태만상이다. 그중에 판례에 정통한 일심 법관이 손쉽게 사용할 수 있는 방법이 한 가지 있다. 그간 오래 축적된 기저율(base rate) 통계 혹은 사전확률(a priori probability)을 사용하는 것이다. 기저율은 유명한 베이즈 공리(Bayes' theorem)도 과학적인 확률적 예측을 위해 사용한다. 베이즈 공리의 오묘한 공식에 정통한 수학자에게 물어보지 않고, 다만 기저율로만 이심판단을 예측하는 것이 타당한지 여부는 지엽적인 문제다.[102] 직관적으로 보면 기저율에는 중력이 있다. 그 중력은 이 사건에 대한 이심판단도 끌어당길 것이다.

그간의 통계를 보면,[103] 내가 지금 판단하려는 사건과 사실관계가 유사한 대부분의 형사사건에서는 이심에서 유죄가 선고되었다. 이번에도 이심 법관이 유죄판단을 할 확률이 무죄판단을 할 확률보다 훨씬 높다. 사실을 말하자면, 기저율에 기대는 것은 유죄추정의 원칙(presumption of guilt)을 꺼내는 것이지만, 배심원과 달리 판례 통계를 잘 알고 있는 법관은 자신이 알고 있는 지식을 어쩔 수 없다. 내면의 심오한 확신을 가져야 하는 일심 법관에게 기저율과 그것에 근거한 이심판단에 대한 상상은 무시할 수 없이 큰 중력이다. 사법현실에서 유무죄 판결의 기저율은 사회규범(social norm)이기 때문이다.[104] 규범 따르기에 익숙한 법관에게는 자신의 판단이 기저율에서 벗어나는 것은 두려운 일이다. 그것이 '허위합의 편파(false consensus bias)'[105]라도 해도 자신의 판단에 깊은 내면의 확신을 가질 수 있는 다른 뾰족한 수가 없다.

서열질서가 엄격한 세계에서 이심의 사실판단을 걱정해야 하는 법관에게는 자신의 메타인지는 진정한 의미가 없다. 사건의 이해에서 실체진실을 발견하기 위해 더 큰 의미를 가지는 것은 법관이 상상하는 다른 주체의 판단이다(예, Gennaioli & Shleifer, 2008; Posner, 2005; Ponzetto & Fernandez, 2008).[106] 그 다른 주체의 판단 역시 정확성이 보장되는 것도 아니다. 정확성이 불명인 것을, 그것도 직접 듣지 않고 다만 상상해서, 그것으로 자신의 정신모형을 분석하고 실체진실을 찾아야 한다. 실체진실의 발견도 중요하지만, 이심에서 뒤바뀌지 않을 것으로 상상되는 판단이 더 중요하다. 그 상상되는 판단이 실체진실이 아니어도 할 수 없다. 다른 주체의 판단을 정확히 상상해 내는 일을 자신의 사건이해를 다시 헤집어 실체진실을 찾는 일보다 더 먼저 해야 한다. 자신의 첨예한 메타인지는 묶어 두어야 한다.

(5) 논 증[107]

내면을 향한 매의 눈과 같은 메타인지를 구비한 법관은 그것으로 자신의 가상현실을 감찰하여 피고인을 판단한다. 메타인지의 감찰보고서가 법규를 대전제로, 사실을 소전제로 전개하는 삼단논법, 법적 논증(legal argumentation)이다(Neuborne, 1992; Dworkin, 1986).[108] 논증을 위해서 법관은 대전제의 타당성, 소전제의 타당성, 그리고 그로부터 유도되는 결론의 타당성을 검토한다. 모든 동물은 죽는다

(대전제). 인간은 동물이다(소전제). 고로, 인간이 죽는 것은 유일하고 완벽한 사실이다(결론). 두 개의 전제가 옳으면, 그 전제들로부터 유도되는 결론은 의심의 여지가 없고, 누구도 부동의할 수 없는 철옹성 논리다(Skyms, 1975; Hurley, 2008).[109]

그런데 삼단논법은 진실발견의 방법이 아니다. 기실, 삼단논법은 관상을 보거나 점치는 사람들에게 매우 익숙한 도구다. 토정비결이 대전제이고, 허공에 던졌다 떨어지는 쌀알들의 배열이 소전제로, 그 두 개의 전제로부터 내년에 시집을 가거나 혹은 돈을 번다는 결론이 도출된다. 실수를 범해서 아빠에게 혼나는 영리한 사춘기 딸도 화난 아빠에게 대들 때, 삼단논법으로 대든다. 아빠가 전에 무엇인가를 말한 바 있다(규범). 나는 지금 그 무엇인가를 했다(사실). 고로, 아빠는 지금 나를 혼내서는 안 된다(판단).

삼단논법은 모든 것이 이미 진실일 때에만 기능하는 형식논리다. 전제들 중 하나라도 진실이 아니면 삼단논법 자체는 어떠한 결론에도 도달하지 않고, 어떠한 사실도 발견하지 않는다. 틀린 삼단논법이 될 뿐이다. 쓰레기를 입력하면 쓰레기가 출력되는 기계와 같다. 그래서 삼단논법이 장착된 바둑 컴퓨터가 있다면, 그 바둑 컴퓨터는 이세돌 9단에게 백전백패한다.

삼단논법은 이미 진실인 것들을 연결하는 형식논리이므로 이미 정해진 결론이 의심의 여지가 없다는 것을 사람들에게 효과적으로 설득하는 '논법'이다(Wróblewski, 1988).[110] 사춘기 딸이 화난 아빠에게 "처벌하지 말라."는 이미 정해진 결론을 설득하는 효과적인 어법이다. 논법이고, 어법에 불과하지만 논리인 까닭에 사람의 존재가치를 좌우하는 것으로 여겨지는 신비한 힘을 가졌다. 청자(듣는 사람)

보다 논자(논하는 사람)에게 특히 더더욱 그렇다. 그래서 반항하는 사춘기 딸의 위풍당당한 삼단논법에 아빠는 허탈해진다. 딸의 삼단논법과 다른, 그보다 더 파괴력이 강한 삼단논법으로 딸과 무지막지한 언쟁을 벌일 각오 없이는 딸의 위력적인 삼단논법을 극복할 수 없고, 딸을 참회시킬 수 없다.

조금 생각해 보면, 사격선수도 삼단논법으로 총을 쏜다. 법관이 대전제(법규)와 소전제(사실)가 정렬되면 판단을 하는 것과 똑같이, 저기 부동의 과녁이 있고(대전제), 여기 끊임없이 흔들리는 가늠자가 있으며(소전제), 그 둘이 정렬되면 방아쇠를 당긴다. 만약 법관의 법적 논증이 실체진실의 발견을 보장한다면, 사격선수의 삼단논법도 언제나 원하는 과녁을 정확히 맞출 것이다. 그러나 절대 그렇지 않다는 것을 어린아이도 안다. 삼단논법에도 불구하고, 총알은 원하는 과녁을 빗나가기 일쑤다.

총쏘기를 하는 것은 사격선수의 의식, 삼단논법이지만, 그 의식의 통제를 담당하는 장본인은 메타인지다. 메타인지는 격발순간에 마음이 비었는지 알아야 하지만, 격발 후에도 '그랬었는지'를 알아야 한다. 그것을 후방적(retrospective) 메타인지라고 부른다. 마음이 비었는 데에도 총알이 빗나갔으면 가늠자(사실)가 잘못된 것이다. 가늠자를 재수사, 재조사해서 그것을 다시 조정해야 한다. 그것이 아니면 마음이 흔들린 것이다. 마음 비우는 연습을 더 해야 한다. 마음 비우는 방법을 바꾸어야 할지도 모른다. 격발할 때 마음이 비었었는지 여부를 메타인지가 알 수 없으면 사격선수의 연습은 헛수고다.

격발순간에 자신의 마음 상태를 감찰하고, 아는 메타인지는 총을 쏠 때 사용하는 삼단논법과는 아무 상관이 없다. 오히려 반대로, 과녁과 가늠자를 정렬하고 방아쇠를 당기는 의식에 집중할수록 메타인지의 감찰기능은 위축되고, 그래서 마음이 비어지지 않고, 결정변인의 자유가 구속되며, 총알이 과녁을 빗나가는 중요한 요인이 된다. 삼단논법이 마음을 사로잡으면, 그것이 의심하기 어려운 논리인 까닭에 본질이 의심인 메타인지가 작동하지 못하기 때문이다. 사춘기 딸의 삼단논법에 격노하여 그보다 파괴력이 더 강한 또 다른 삼단논법으로 무지막지한 언쟁을 하는 아빠는 딸을 결코 참회시키지 못한다. 딸의 것보다 더 강력한 삼단논법으로 딸을 굴복시켜 버릇을 고쳐야 한다는 집착 때문에 그동안 딸을 직관적으로 대해 온 자신을 의심할 수 없고, 되돌아볼 수 없기 때문이다.

법적 논증은 가설검증과 같은 진실발견의 방법이 아니다. 그것의 대전제인 법규는 법관에게 주어졌다. 소전제인 사실의 판단을 위해서 법적 논증은 없어도 된다. 배심원들은 법적 논증이 뭔지 몰라도 유죄, 무죄를 판단한다. 그것도 '아주 잘'한다고 정평이 나 있다. 그렇다면 법적 논증의 실제 용처는 무엇인가? 법관은 그것을 왜 해야 하는가? 실체진실주의가 그것을 요구하기 때문이다. 실체진실주의가 그것을 요구하는 이유는 두 가지다. 하나는 법관의 메타인지를 구속하기 위한 영장이 필요해서이고, 또 하나는 품질보증서가 필요해서다.

법관은 실체진실을 출시한다는 약속을 하였다. 그래서 「형사소송법」은 법관의 탁월한 메타인지를 믿고 자유심증주의 조항(제308조)으로 법관의 제품검사를 의무화하였다. 그 자유심증주의 조항이 법관이 출시하는 제품이 하자없는 실체진실이라고 믿을 수 있는 유일한 근거다. 그런데 법관이 출시를 약속한 제품은 환불해 줄 수 있는 전기밥솥이나 텔레비전이 아니고, 실체진실이다. 실체진실에 걸맞은 완벽한 확신감을 주지 않으면 사람들이 그 고가의 제품을 구매하지 않는다(Pleskac & Busemeyer, 2010).[111] 그래서 법관은 제품 각각의 검사에 사용된 메타인지 또한 '다른 주체'가 검토할 수 있도록 공개해야 하고, 그것을 판단이유로 적시해야 한다. 당연하고 필요한 것이지만, 그것 때문에 법관에게 자신의 메타인지는 큰 의미가 없다. 법관이 찾은 사건의 최적해법, 정신모형이 또한 실체진실인지를 판단하는 메타인지는 법관 자신의 것이 아니고, 법관이 '상상'하는 다른 주체의 것이다.

법적 논증의 역할과 기능은 법관의 결론이 법과 사실로부터 논리적으로 도출되는 유일하고 완벽한 가능성으로 보이게 하는 논법이다. 조금 과장하자면, 제품의 밀봉된 포장에 붙은 품질보증서와 같다. 자신이 만족하고, 다른 사람들을 감동시키기 위해서는 품질보증서가 필요하다. 내용물이 보증서에 걸맞으면 더할 나위없는 금상첨화다. 그러나 만약 그 포장 안에 사실이 아닌 것이 하나라도 들어 있으면, 있으나 마나한 장식이다.

품질보증서에는 양심적인 법관에게 정말 중요한 속성이 하나 있다. 품질보증서는 포장 안에 들어 있는 것을 더 이상 의심하지 말라는 뜻도 가진다. 일종의 개봉금지 표시다. 그래서 품질보증서는 포장 안에 사실이 아닌 것이 들어 있는지 알아채지 못하게 만드는 역할도 한다. 본질이 의심인 법관의 메타인지는 결연한 각오 없이는 자신이 직접 붙인 품질보증서가 있는 제품을 더 이상 분해하지 않는다.

요 약

형사소송의 사실인정을 위하여 법관은 사건을 (1) 이해하고, 실체를 (2) 판단한다. 이해는 "무엇이 사실인가?"의 의문에서 출발하고, 판단은 "그것이 진실(유죄 혹은 무죄)인가?"의 의심에서 출발한다. 사건의 이해가 획득되는 메커니즘은 뇌신경의 정합성 혹은 제약만족 원리이고, 진실을 판단하는 메커니즘은 의심과 메타인지다. 이해의 재료는 법관의 뇌에 새로이 입력된 생경한 정보, 증거와 오래전에 이미 입력되어 숙성된 정보, 경험칙이다. 버무려진 이해는 '사건(event)'에 대한 이해이므로 물질이나 개념에 대한 이해와 달리, 시간차원을 가진다. 누가, 어디서, 무엇을, 어떻게, 왜에 모순이 없어야 할 뿐만 아니라, 그것들이 모두 '언제(when)'로 일관되게 꿰어져야 한다. 사건이해 속에 시간적 모순은 절대로 있어서는 안 되기 때문에 법관의 이해는 당연히, 저절로 에피소드 혹은 기승전결이 있는 이야기의 형태를 가진다.

법관의 메타인지는 자신의 뇌가 방영하는 드라마 속에서 단 하나의 유일무이한 판단을 발굴한다. 메타인지가 사용하는 주 도구는 의심의 방법, 논리칙이다. 대한민국 「형사소송법」은 실체진실주의의 엄한 지도를 받아 만들어진 까닭에 법관의 메타인지가 자신의 이야기 속에서 발굴하는 판단이 실체진실이기를 요구한다. 그 요구를 프랑스에서는 '깊은 내면의 확신(Intime Conviction)'이라고 불렀고, 독일에서는 '높은 가능성'이라고 표현했다. 표현된 형질(phenotype)이 달라도 본연의 성질(genotype)은 모두 같다. 법관도 "죄 지은 자를

풀어 주는 것이 절대 아니고, 죄 없는 자를 처벌하는 것이 절대 아
닌" 확신감을 약속하였다. 그 대신 자유를 준다고 했기 때문이다. 그
러나 그 약속은 불공정 계약이다. 화려한 계약서 뒷면에 법관의 메
타인지가 실체진실을 발견하기 어렵게 만드는 중대한 예외조항들
을 법관은 미처 보지 못하였다. 혹은 보았어도 그 예외조항들의 실
체를 제대로 발견하지 못하였다. 자기가 본 것을 외우기는 했지만,
의심하지 않아서다. 실체진실주의와 계약을 맺은 법관은 자기 계약
의 실체를 발견하지 못했어도 남의 일에서 그것을 발견해야 한다.

🕮 미 주

1) 이 장은 Posner(1990)의 관점에서 법관의 사실인정(fact-finding)이 이루어지는 정보처리과정을 인식론적 추론(epistemic reasoning)과 실용적인 추론(practical reasoning)으로 구분된 과정으로 가정하고, 그 추론과정을 이론적으로 설명한다. 미국연방 항소법원 판사이며, 시카고대학 로스쿨 교수인 Richard A. Posner는 법관의 사실인정의 본질을 '실용적인 추론'이라고 불렀다. 실용적인 추론이란 행동을 결정하기 위한 추론과정을 말한다(Thagard, P., 2004. What is doubt and when is it reasonable? *Canadian Journal of Philosophy*, *34*, 391-406). 반면에 인식론적 추론은 진실규명을 위한 혹은 무엇이 진실인가를 파악(인식)하기 위한 추론이다. 법관의 사실인정은 이해나 파악에 그치지 않고, 더 나아가서 행동을 목표로 이루어지는 추론과정이다. 단순히 사실을 파악하기 위한 것이 아니고, '판단'의 형태로 이루어지는 행위선택을 목표로 하며, 그 행위의 이유를 설명하는 논증과정이다(Posner, R. A., 1990. *The Problems of Jurisprudence*. Cambridge, MA: Harvard University Press). 이 장에서 '사실인정'은 유무죄 판단을 의미한다. 사실인정, 사실판단, 유무죄 판단이 혼용되고 있다.

2) 새로운 사건을 배당받은 법관이 경험하는 초기 혼돈과 같은 상황을 예민하게, 그리고 수학적(객관적) 영감으로 잘 표현한 픽션이 영국의 수학자 Charles Lutwidge Dodgson이 1865년에 Lewis Carroll이라는 필명으로 발표한 『이상한 나라의 앨리스(Alice's adventures in wonderland)』다.

3) 일례로, 1920년에 미국에서 살인 혐의로 기소된 무정부주의자 사코와 반제티(Sacco and Vanzetti) 사건(이 사건 재판에서의 오판은 전 세계적으로 널리 알려졌다. https://en.wikipedia.org/wiki/Sacco_and_Vanzetti)에서는 재판에 제시된 증거들을 분석하여 300개가 넘는 쟁점과 관련법들을 가

려냈다. 검찰은 139개의 증거들을 가지고 있었고, 피고인 측은 199개의 증거들을 갖추고 있었다. Kadane, J. B., & Schum, D. A. (1996). *A Probabilistic Analysis of the Defense's Case*. New York: John Wiley & Sons.

4) Llewellyn, K. N. (1960). *The Common Law Tradition: Deciding Appeals*. Boston: Little, Brown; Schauer, F. (2008). Why precedent in law (and elsewhere) is not totally (or even substantially) about analogy. *Perspectives on Psychological Science, 3*, 454-460.

5) Simon, D. (2002). Freedom and constraint in adjudication: A look through the lens of cognitive psychology. *Brooklyn Law Review, 67*, 1097-1139; Simon, D. (1998). A psychological model of judicial decision making. *Rutgers Law Journal, 30*, 1-141; Posner, R. A. (1995). Judges' writing styles (and do they matter?). *University of Chicago Law Review, 62*, 1421-1441.

6) Thagard, P., & Verbeurgt, K. (1998). Coherence as constraint satisfaction. *Cognitive Science, 22*, 1-24. 제약만족 원리는 제약만족 문제를 해결하는 방법적 원리다. 제약만족 문제의 예는 "다리가 없고, 냉혈이고, 육식성인 동물은 뱀일까, 지렁이일까?"와 같은 문제 혹은 스무고개 문제 등이다. 제약만족 문제의 해답은 모든 조건의 제약을 만족시켜야 한다. 스무고개 문제는 해답을 제약하는 조건들을 확인해 가며 해답가능성 범위를 좁혀 가는 게임이다. 그런데 신경망의 제약만족 원리는 조건들이 해답을 제약할 뿐만 아니라, 해답이 또한 조건들을 제약하기도 하는 원리다. 만약 지렁이가 해답이 되기 위해서는 '육식성'이라는 조건이 제거되어야 한다. 쌍방향의 제약이 만족되기 위해서는 문제에 포함된 조건과 가능한 해답이 고정되어서는 안 되고 상호제약을 통해 역동적으로 변해야 한다. 제약만족 원리는 문제를 구성하는 요소들(조건과 해답)이 역동적으로 상호작용하여 결국 모든 제약을 만족시키는 해법을 구하는 원리다. 이 원리는 뇌신경망의 작동에만 국한된 원리가 아니고, '최적의 해법(optimal solution)'을 찾는 시스템의 일반 원리이며, 사회집단에서 의견과 태도가 점차로 양극단으로 대립하게 되는 집단극화(group polarization) 현상과

같이 망(network)의 형태를 가지고 역동적으로 변해 가는 많은 자연계 현상들에서 공히 발견되는 원리로 생각된다.

7) Thagard, P. (2000). *Coherence in Thought and Action.* Cambridge, MA: MIT Press; Holyoak, K. J., & Simon, D. (1999). Bidirectional reasoning in decision making by constraint satisfaction. *Journal of Experimental Psychology: General, 128,* 3; Simon, D., Pham, L. B., Le, Q. A., & Holyoak, K. J. (2001). The emergence of coherence over the course of decisionmaking. *Journal of Experimental Psychology: Learning, Memory & Cognition, 27,* 1250-1260; Simon, D., & Holyoak, K. J. (2002). Structural dynamics of cognition: From consistency theories to constraint satisfaction. *Personality & Social Psychology Review, 6,* 283; Schultz, T. R., & Lepper, M. R. (1996). Cognitive dissonance reduction as constraint satisfaction. *Psychological Review, 103,* 219; Thagard, P., & Millgram, E. (1995). Inference to the best plan: A coherence theory of decision. In A. Ram & D. B. Leake(Eds.), *Goal-Driven Learning, 439,* 449-453; Kunda, Z., & Thagard, P. (1996). Forming impressions from stereotypes, traits, and behaviors: A parallel-constraint-satisfaction theory. *Psychological Review, 103,* 284-304; Thagard, P., & Kunda, Z. (1998). Making sense of people: Coherence mechanisms. In S. J. Read & L. C. Miller(Eds.), *Connectionist Models of Social Reasoning and Social Behavior.* New York: Lawrence Erlbaum.

8) Simon, D. (2004). A third view of the black box: Cognitive coherence in legal decision making. *The University of Chicago Law Review, 71,* 511-586; Amaya, A. (2007). Formal models of coherence and legal epistemology. *Artificial Intelligence and Law, 15,* 429-447; Amaya, A. (2012). Ten theses on coherence in law. In M. Araszkiewicz & J. Savelka(Eds.), *Coherence: Insights from Philosophy, Jurisprudence and Artificial Intelligence,* Law and Philosophy Library 107; Soriano, L. M. (2003). A modest notion of coherence in legal reasoning: A model for the European court of justice. *Ratio Juris, 16,* 296-323.

9) Rumelhart, D. E., McClelland, J. L., & the PDP Research Group. (1986).
*Parallel Distributed Processing: Explorations in the Microstructure of
Cognition. Volume 1: Foundations.* Cambridge, MA: MIT Press;
McClelland, J. L., Rumelhart, D. E., & the PDP Research Group. (1986).
*Parallel Distributed Processing: Explorations in the Microstructure of
Cognition. Volume 2: Psychological and Biological Models.*
Cambridge, MA: MIT Press; Pinker, S., & Mehler, J. (1988). *Connections
and Symbols.* Cambridge, MA: MIT Press; Jeffrey, L. E., Bates, E. A.,
Johnson, M. H., Karmiloff-Smith, A., Parisi, D., & Plunkett, K. (1996).
Rethinking Innateness: A Connectionist Perspective on Development.
Cambridge, MA: MIT Press; Marcus, G. F. (2001). *The Algebraic Mind:
Integrating Connectionism and Cognitive Science (Learning,
Development, and Conceptual Change).* Cambridge, MA: MIT Press.

10) 정신모형은 외적 현실에 대한 내적(심리적 혹은 정신적) 표상을 의미하
는 개념이다(Johnson-Laird, P.N., 1983. *Mental Models: Towards a
Cognitive Science of Language, Inference, and Consciousness.*
Cambridge, UK: Cambridge University Press). 즉, 현실계에 대한 일종의
정신적 시뮬레이션을 말한다. 외적 현실에서 사물/객체들이 가지는 공
간, 시간적 관계구조를 정신적으로 재현하는 것이다. 예를 들어, 자동차
사고를 목격한 사람의 기억은 실제 자동차 사고가 발생한 사건과 동일한
시공간적 구조를 가지는 '정신적 영화'의 형태로 이루어진다. 인간의 사
유 혹은 이성은 대부분 상징/형식논리나 확률개념이 아니라 정신모형에
의존해 이루어지는 것으로 믿어진다. 유아가 1+1=2와 같은 시간적 상
징관계(더하기 혹은 빼기)에 익숙해지기 위해서는 '사탕 한 개를 병에 넣
고, 또 한 개를 넣으면 병 안에 사탕이 두 개'와 같은 정신적 시뮬레이션,
즉 정신모형을 먼저 습득해야 한다. 일단 습득된 정신모형은 2+1=3과
같은 새로운 추론을 위해 사용된다. 정신모형의 일반적 특성은, (1) 소수
의 기본전제 혹은 공리에 기초하고, (2) 그것을 구성하는 각 요소가 외적
현실에서의 요소와 1:1로 대응되고, (3) 주어진 조건과 제약을 포섭하는
'가능성', 즉 설명 혹은 이해를 표상한다는 것이다.

11) Peirce, C. S. (1992). *Reasoning and the Logic of Things*. Cambridge, MA: Harvard University Press; Targard, P. (2010). How brains make mental models. In L. Magnani, W. Carnielli & C. Pizzi(Eds.), *Model-Based Reasoning in Science & Technology*. Berlin Heidelberg: Springer-Verlag.

12) 증명력은 관찰된 현상, 데이터, 증거가 원인, 이론, 숨겨진 사실을 입증 (지지)하는 정도다.

13) Bechtel, W., & Abrahamsen, A. (1991). *Connectionism and the Mind: An Introduction to Parallel Processing in Networks*. Cambridge, MA: Basil Blackwell.

14) 뇌신경망 뉴런의 이러한 특징을 '시냅스 가소성(synaptic plasticity)'이라 고 부른다. 뉴런들을 연결하는 시냅스는 쉽게 강해지거나 약해지고, 새 로 생기기도 하고, 사라지기도 한다. 시냅스 가소성에 의해 기억과 학습 이 이루어진다(Kandel, E., 2004. The molecular biology of memory storage: A dialog between genes and synapses. *Bioscience Reports*, *24*, 4-5).

15) Shannon, C. E. (1948). A mathematical theory of communication. *Bell System Technical Journal*, *27*, 379-423; Machta, J. (1999). Entropy, information, and computation. *American Journal of Physics*, *67*, 1074-1077. 엔트로피 개념은 열역학, 정보이론, 수학, 통계학, 양자역학, 화학, 천체물리학 등에서 조금씩 다르게 정의된다. 엔트로피는 열역학에서 '특 정 온도에서 흩어지는 에너지'를, 정보이론에서 '특정 상태를 정확히 파 악하기 위해서 필요한 정보의 양'을 의미한다. 엄밀하게는 엔트로피 (entropy)와 불확실성(uncertainty)은 동의어가 아니다. 예를 들어, "세 개 의 가능성 A, B, C 중 무엇이 사실일까?"라는 문제가 있고, 각각의 가능성 이 사실일 확률을 $P(A)=0.3$, $P(B)=0.2$, $P(C)=0.5$라고 가정하자. 이 문제 의 불확실성은 $\log_2 3 = 1.59$이고, 엔트로피는 $-[0.3\log_2 0.3 + 0.2\log_2 0.2 + 0.5\log_2 0.5] = 1.486$이다. 가능성의 개수가 늘어나면 불확실성과 엔트로피 가 모두 증가한다. 엔트로피는 확률정보를 이용하므로 그것을 이용하지 않는 불확실성보다 항상 작다. 확률정보가 없을 때에는 불확실성과 엔트

로피가 같다. 따라서 정확히 표현하면, 특정한 상태의 불확실성은 그 상
태가 가지는 최대의 엔트로피이고, 엔트로피는 불확실성의 한 지표(측정
치)다.

16) Twining, W. (2006). *Rethinking Evidence: Exploratory.* Cambridge,
UK: Cambridge University Press.

17) Pennington, N., & Hastie, R. (1988). Explanation-based decision
making: Effects of memory structure on judgment. *Journal of
Experimental Psychology: Learning, Memory, and Cognition, 14,*
521-533; Pennington, N., & Hastie, R. (1992). Explaining the evidence:
Tests of the story model for juror decision making. *Journal of
Personality and Social Psychology, 62,* 2, 189-206.

18) 미국에서는 사건현장에서 발견된 범인의 DNA와 피고인의 DNA가 서로
불일치한다는 감정 결과가 법정에서 명백히 제시되었음에도 불구하고,
그 피고인을 범인으로 지목하는 목격자의 증언에 의해 유죄판결을 받은
실제 형사재판 피고인들이 상당수 알려졌다. 그 피고인들은 유죄판결을
받고 몇 년씩 복역하던 중 DNA가 일치하는 진범이 밝혀진 후에야 비로
소 석방되었다. Garrett, B. L. (2011). *Convicting The Innocent: Where
Criminal Prosecutions Go Wrong.* Cambridge, MA: Harvard University
Press.

19) Smith, V. L. (1991). Prototypes in the courtroom: Lay representations of
legal concepts. *Journal of Personality and Social Psychology, 61,*
857-872.

20) Koppen, P. J., & Crombag, H. F. M. (1993). *Anchored narratives: The
psychology of criminal evidence.* New York: St. Martin's Press.

21) Allen, R. J. (1994). Factual ambiguity and a theory of evidence.
Northwestern University Law Review, 84, 604; Pardo, M. S. (2000).
Comment, juridical proof, evidence, and pragmatic meaning: Toward
evidentiary holism. *Northwestern University Law Review, 95,* 399-441;
Old Chief v United States, 519 US 172 (1997).

22) 다음에서 설명될 예정이지만, 법관의 최종 사실인정(유무죄 판단)은 정

합성추론에 의한 사건이해와 그 이해에 대한 메타인지의 감찰, 검증, 확인에 의해 이루어지는 것으로 생각된다.

23) 최적의 판단은 주어진 환경과 시간의 제약 내에서 목적을 달성하고, 정확하며, 빠르게 이루어지는 판단으로 정의된다(Einhorn, H. J., & Hogarth, R. M., 1981. Behavioral decision theory: Process of judgment and choice. *Annual Review of Psychology, 32,* 53-88).

24) 정합성추론은 서로 논리적으로 관련되지 않은 일련의 증거들(예를 들면, 차량절도 사건에서 목격자 진술, 피고인의 범행 모티브, 출처가 밝혀지지 않은 현금, 알리바이 주장)이 서로 모순없이 조화롭게 유죄판단, 혹은 무죄판단 중 하나로 수렴되는 '전체(whole)' 혹은 게슈탈트(Gestalt)로 이해되는 경향을 의미한다. 게슈탈트 이해에서는 증거, 정보, 판단들 사이에 모순과 충돌이 있어서는 안 되기 때문에 판단이 증거에 의해 결정될 뿐만 아니라, 반대로 증거가 판단에 의해 해석되기도 하고, 하나의 증거가 그것과 논리적 관계가 없는 다른 증거들의 의미를 변화시키기도 한다. 따라서 법관이 하나의 강력한 유죄증거에 노출되면 모든 다른 증거가 유죄증거로 채색되고, 하나의 강력한 무죄증거에 노출되면 모든 다른 증거들도 무죄판단을 향하는 것으로 보이게 될 수 있다. 예를 들어, 검사측 목격증인이 자신의 증언에 대해 높은 확신감을 표현하면 피고인의 알리바이 주장을 증명하는 피고측 증인의 진술에 대한 신빙성이 낮게 느껴지고 (McKenzie, C. R. M., Lee, S. M., & Chen, K. K., 2002. When negative evidence increases confidence: Changes in belief after hearing two sides of a dispute. *Journal of Behavioral Decision Making, 15,* 1-18), 범인의 몽타주와 피고인이 더 많이 닮은 것으로 보인다(Charman, S. D., Gregory, A. H., & Carlucci, M., 2009. Exploring the diagnostic utility of facial composites: Beliefs of guilt can bias perceived similarity between composite and suspect. *Journal of Experimental Psychology: Applied, 15,* 76-90). 이와 같이, 증거들은 고정된 것이 절대 아니다. 증거들의 심리적 역동성은 법관의 심중에서 무수히 다양한 사건이해, 혹은 이야기를 만들어 낼 수 있다. 더 나아가서, 법관이 어떤 정보와 증거에 먼저 노출되는가에 따라서도 완전히 상반된 이야기가 법관의 심중에 의해

만들어질 수도 있다.

25) Wilson, T. D., & Brekke, N. (1994). Mental contamination and mental correction: Unwanted influences on judgments and evaluations. *Psychological Bulletin, 116*, 117.

26) Hope, L., Memon, A., & McGeorge, P. (2004). Understanding pretrial publicity: Predecisional distortion of evidence by mock jurors. *Journal of Experimental Psychology: Applied, 10*, 111-119.

27) Yiend, J., Savulich, G., Coughtrey, A., & Shafran, R. (2011). Biased interpretation in perfectionism and its modification. *Behavior Research and Therapy, 49*, 12, 892-900.

28) 세간의 주목을 끄는 범죄사건일수록 유죄오판을 범하기 쉽다. 뉴욕의 센트럴파크에서 조깅을 하는 사람들을 무차별적으로 폭행한 혐의로 다섯 명의 무고한 젊은이들이 유죄선고를 받은 사례(Saulny, S., 2002. Convictions and charges voided in '89 Central Park jogger attack. New York Times, December 20); 성폭행과 납치 혐의로 기소된 듀크 대학 라크로스(lacrosse) 팀 사건(Wilson, D., & Barstow, D., 2007. All charges dropped in Duke case. New York Times, April 12); 2001년 치명적인 탄저균 공격에 가담한 것으로 의심을 받은 군 과학자인 스티븐 해필(Steven Hatfill)에 대한 가차없는 추적(Shane, S., & Lichtblau, E., 2008. New details on F.B.I.'s false start in anthrax case. New York Times, November 25); 대만계 미국인 이문화(Wen Ho Lee)를 중국 정부의 스파이로 잘못 의심하여 장기구금한 사건(F.B.I. faulted in nuclear secrets investigation. New York Times, December 13, 2001); 미국 디트로이트에서 알카에다의 일원으로 혐의를 받았던 사람들의 유죄선고가 뒤집혔던 사례(Hakim, D., & Lichtblau, E., 2004. After convictions, the undoing of a U.S. terror prosecution. New York Times, October 7); 9.11 세계 무역 센터 쌍둥이 타워 공격에 가담한 혐의를 받은 압달라 히가지(Abdallah Higazzi)로부터 얻은 허위자백 사건(Dwyer, J., 2007. Roots of false confession: Spotlight is now on the F.B.I. New York Times, October 31); 알래스카 상원의원 테드 스티븐스(Ted Stevens) 기

소 사건(Lewis, N. A., 2009. Tables turned on prosecution in Stevens case. New York Times, April 7) 등 무수히 많은 오판사례들이 사회적 이목을 집중시킨 사건에서 발생하였다.

29) Shultz, T., Katz, J., & Lepper, M. (2001). Clinging to belief: Constaint-satisfaction model. Proceedings of the Annual Conference-Cognitive Science Society, 928-933; Ross, L., Lepper, M. R., & Hubbard, M.(1975). Perseverance in self-perception and social perception: Biased attributional processes in the debriefing paradigm. *Journal of Personality and Social Psychology, 32*, 880-892; Jennings, D. L., Lepper, M. R., & Ross, L. (1981). Persistence of impressions of personal persuasiveness: Perseverance of erroneous self-assessments outside the debriefing paradigm. *Personality and Social Psychology Bulletin*, 7, 257-263; Lepper, M. R., Ross, L., & Lau, R. R. (1986). Persistence of inaccurate beliefs about self: Perseverance effects in the classroom. *Journal of Personality and Social Psychology, 50*, 482-491.

30) 확증편향은 자신의 믿음과 가설을 지지하는 정보를 선호하는 경향을 말한다. 이 경향은 정보수집, 정보해석, 정보기억에서 기존 믿음을 지지하는 정보를 선택적으로 수집하고, 이용하며, 기억하는 불균형으로 나타난다. 확증편향은 자신의 믿음에 대한 과도한 확신감을 초래하여 소위 '응사효과(backfire effect)'를 유발할 수 있다. 응사효과란 자신의 믿음과 위배되는 명백한 증거가 제시되었을 때 원래 믿음이 더 강해지는 효과를 말한다. Nickerson, R. S. (1998). Confirmation bias: A ubiquitous phenomenon in many guises. *Review of General Psychology, 2*, 175.

31) 정합성을 이루어 가는 정신모형은 새로운 정보에 의한 의심에 대해서 매우 저항적이어서 확증편향의 경향을 가지지만, 정합성을 이룬 정신모형에 기초한 '결정(decision)'은 의심에 의해서 매우 쉽게 바뀔 수 있다. '마음 정하기'의 뇌신경 메커니즘과 '마음 바꾸기'의 뇌신경 메커니즘이 다르기 때문이다. 최종 결정이 이루어지기 전에 주어지는 새로운 정보는 '마음 정하기'의 모멘텀이 강한 정신모형을 역전시키기 어렵지만, '마음 정하기'(결정)가 이루어진 후에는 새로운 정보에 의한 '마음 바꾸기'가

쉽게 이루어질 수 있다. 이러한 역설적 현상 때문에 선거전략으로 많이
사용되는 소위 네거티브 캠페인은 유권자들이 투표할 후보를 선택하기
전보다 그 후, 즉 선거일 직전에 하는 것이 효과적이다. 이 현상은 또한
일심재판과 항소재판에서 당사자들의 효과적 소송전략에 대해서 중요한
함의를 가진다. 일심재판의 당사자들은 자신들의 입장을 최대한 부각하
는 전략을 구사하는 것이 효과적이고, 항소재판의 당사자들은 자신들의
입장보다는 일심재판의 판단에 대한 의문을 제기하는 네거티브 캠페인
을 집중적으로 하는 것이 효과적이다.

32) 패턴인식은 주어진 자극들에서 의미 있는 특징들을 포착하여 자극의 정
체를 인식하는 정보처리 양식을 말한다. 캐리커처로 그려진 얼굴 혹은
실루엣 그림자를 보고 인물이 누구인지 인식하는 것이 패턴인식의 한 예
다. 패턴인식은 과거의 경험에 의해 형성된 전형과 새로이 나타난 자극
의 여러 특징들을 평행적으로(한꺼번에, 동시에) 비교하여 그 두 가지가
서로 유사한 정도에 의해 새로운 자극의 의미를 파악하므로 그 속도가
매우 빠르다. 패턴인식의 또 하나 중요한 특징은 새로운 자극에 대한 정
보가 불완전할 때에도 그 정보의 공백을 경험으로 메꾸어 파악하는 것이
다. 예를 들면, 어떤 동물의 코가 덤불에 가려져 있어도 보이는 나머지의
부분이 코끼리의 특징과 유사하면 덤불에 가려진 동물의 코가 코끼리 코
일 것으로 예감하고 그 동물의 의미를 코끼리로 파악한다. 패턴인식은
인간의 면역체계가 외부에서 유입된 물질이나 유기체를 인식하여(의미
를 파악하여) 면역반응을 일으키는 기본적인 원리이기도 하다. 따라서
패턴인식능력은 인간 뿐만 아니라 미생물을 포함한 모든 동물의 생득적
인 능력이다.

33) 직관은 과거 경험으로부터 암묵적 학습을 통해 획득되어 기억에 저장된
전형(prototype)과 현상에 대한 믿음에 기초하여 패턴인식 원리(과거 경
험과 현재 경험의 유사성)에 의해 '의미'를 파악하는 과정이다. 지하철에
서 한 사람이 다른 사람의 주머니에서 지갑을 꺼내는 것을 우연히 보는
순간, 그 의미가 무의식적, 자동적으로 파악된다. 그와 같은 직관적 의미
파악이 가능한 이유는 도둑, 절도, 소매치기 등의 의미가 직간접적 경험
에 의해 기억에 존재하기 때문이다. 직관은 기억된 과거 경험과 현재 경

험의 유사성이 클수록 빠르게 이루어진다. 모든 구름은 서로 다르지만, 그럼에도 불구하고 판단자는 경험을 통하여 구름이라는 사물의 전형적 특성과 요소에 관한 믿음을 형성하고 있어서 전혀 새로운 구름이 하늘에 출현하더라도 어려움 없이 그 물체의 의미를 파악한다. 패턴인식을 기제로 가지는 직관은 인간의 의식, 즉 '깨어 있음'의 상태를 의미하는 기본적이고, 끊임과 멈춤이 없는 정보처리 과정이다. 깨어 있는 동안, 사람은 주변의 사물과 현상의 의미를 끊임없이, 무의식적으로, 그리고 자동적으로 파악한다. 경험에 기초한 직관적 의미 파악과 판단은 사람이 깨어 있는 동안 끊임없이 이루어진다.

34) Newell, A., & Simon, H. A. (1963). GPS, A program that simulates human thought. In E. A. Feigenbaum & J. Feldman(Eds.), *Computers and Thought*. New York: McGraw-Hill; Nilsson, N. J. (1980). *Principles of Artificial Intelligence*. Palo Alto, CA: Tioga.

35) Sloman, S. A. (2002). Two systems of reasoning. In T. Gilovich, D. Griffin & D. Kahneman(Eds.), *Heuristics and Biases: The Psychology of Intuitive Judgment*. Cambridge, UK: Cambridge University Press; Lieberman, M. D. (2000). Intuition: A social cognitive neuroscience approach. *Psychological Bulletin, 126*, 1, 109-137.

36) "The life of the law has not been logic; it has been experience." Holmes, O. W., Jr. (1881). *The Common Law I*. Boston: Little, Brown and Company.

37) 인간이 컴퓨터에 가능성 판단을 위한 알고리듬과 도식을 입력해 주면, 당연히 컴퓨터도 가능성을 판단한다. 그러나 인간이 입력하는 그 알고리듬과 도식은 인간의 경험칙과 이론이고, 컴퓨터의 고유한 이진법 논리가 처음부터 스스로 생성하는 것은 아니다.

38) Falkenhainer, B., Forbus, K. D., & Gentner, D. (1989). The structure-mapping engine: Algorithm and examples. *Artificial Intelligence, 41*, 1-63; Kuehne, S., Forbus, K., Gentner, D., & Quinn, B. (2000). SEQL: Category learning as progressive abstraction using structure mapping. Proceedings of Cognitive Science; Halstead, D., & Forbus, K. (2005).

Transforming between Propositions and Features: Bridging the Gap. Proceedings of AAAI-2005. Pittsburgh, PA.

39) Tversky, A., & Kahneman, D. (1973). Availability: A heuristic for judging frequency and probability. *Cognitive Psychology, 5*, 207-232; Tversky, A., & Kahneman, D. (1974). Judgment under uncertainty: Heuristics and biases, *Science, 185*, 1124-1131.

40) 고정관념(strereotype)은 "특정 집단이나 계층에 속하는 사람에 대한 고착되고, 과일반화된 믿음(A stereotype is ⋯ a fixed, over generalized belief about a particular group or class of people.)"이다(Cardwell, M., 1996. *Dictionary of Psychology.* Chicago, IL: Fitzroy Dearborn). 편견(prejudice)은 사람이나 사물, 사건 등에 관한 정보를 알기 전에 이미 이루어지는 판단을 의미하는데, "사람이나 사물에 대하여 실제 경험 없이 혹은 실제 경험 이전에 가지는 긍정적·부정적 느낌(feeling, favorable or unfavorable, toward a person or thing, prior to, or not based on, actual experience)"이다(Allport, G., 1979. *The Nature of Prejudice.* Cambridge, MA: Perseus Books Publishing). 편견과 고정관념은 세상을 단순하고 일관된 범주체계로 이해하려는 경향을 반영하며, 인류가 진화를 위하여 환경에 적응하는 기제로 발달한 인지특성으로 이해된다(Crisp, R. J., & Meleady, R., 2012. Adapting to a Multicultural Future. *Science, 336*, 853-855). 편견과 고정관념은 사회환경에서의 적응을 위한 순기능을 가지는 반면, 공히 국수주의, 성차별, 인종차별, 계층차별, 언어차별, 종교차별 등의 각종 사회적 차별/박해를 초래하거나 정당화하는 원인으로 인식된다. 편견과 고정관념을 줄이는 가장 효과적인 방법은 집단 간 접촉을 늘리는 것이다. Pettigrew와 Tropp(2008)는 38개 국가에서 총 25만 명의 피험자들을 대상으로 이루어진 515개의 연구들에 대한 메타분석에서 집단 간 접촉이 편견과 고정관념을 줄이는 데 기여하는 세 가지 이유(매개변인)를 발견하였다. 첫째는 타집단에 대한 지식의 증가이고, 둘째는 타집단과의 접촉에 대한 불안의 감소이며, 셋째는 타집단에 대한 공감과 타집단의 관점 취하기(perspective taking)의 증가다. 세 개의 매개변인 중 지식증가가 초래하는 편견과 고정관념의 감소가 불안감소와 공감증가

가 초래하는 그것보다 적다. 그 이유는 편견과 고정관념이 타집단에 대한 인지적(사유적) 믿음보다는 주로 정서적(직관적) 믿음을 형성하기 때문이다(Pettigrew, T. F., & Tropp, L. R., 2008. How does intergroup contact reduce prejudice? Meta-analytic tests of three mediators. *European Journal of Social Psychology, 38,* 922-934). 편견과 고정관념은 사람과 사람의 행동에 대해 주어진 정보를 처리하는 데 관여할 뿐만 아니라 새로운 정보를 탐색하고 찾아보는 데 관여한다(Cameron, J. A., & Trope, Y., 2004. Stereotype-based search and processing of information about group members. *Social Cognition, 22,* 650-672).

41) Brewer, N., Potter, R., Fisher, R. P., Bond, N., & Luszcz, M. A. (1999). Beliefs and data on the relationship between consistency and accuracy of eyewitness testimony. *Applied Cognitive Psychology, 13,* 297-313; Gilbert, J. A. E., & Fisher, R. P.(2006). The effects of varied retrieval cues on reminiscence in eyewitness memory. *Applied Cognitive Psychology, 20,* 723-739.

42) Tomes, J. L., & Katz, A. N. (2000). Confidence-accuracy relations for real and suggested events. *Memory, 8,* 273-283; Leippe, M. R., Manion, A. P., & Romanczyk, A. (1992). Eyewitness persuasion: How and how well do fact finders judge the accuracy of adults' and children's memory reports? *Journal of Personality and Social Psychology, 63,* 2, 181-197.

43) 대한민국 형사재판 판결문에서도 목격자, 피해자, 증인, 피고인의 진술과 주장이 일관되고, 확신에 찼다는 이유로 법관이 그것을 믿는 경우가 예시를 할 필요도 없을 정도로 흔하게 발견된다.

44) LaBine, S. J., & LaBine, G. (1996). Determinations of negligence and the hindsight bias. *Law & Human Behavior, 20,* 501.

45) Rassin, E., Eerland, A., & Kuijpers, I. (2010). Let's find the evidence: An analogue study of confirmation bias in criminal investigations. *Journal of Investigative Psychology & Offender Profiling, 7,* 231.

46) Landsman, S., & Rakos, R. F. (1994). A preliminary inquiry into the effect of potentially biasing information on judges and jurors in civil litigation.

Behavioral Sciences and Law, 12, 113.

47) Von Helversen, B., & Rieskamp, J. (2009). Predicting sentencing for low-level crimes: Comparing models of human judgment. *Journal of Experimental Psychology: Applied, 15,* 375. 이 연구는 독일에서 판사들을 대상으로 '해방가설(Liberation Hypothesis)'을 검증한 것이다. 미국에서 Kelven과 Zeisel(1966)에 의해 등장한 해방가설은 사실판단자가 사실판단(유무죄 판단)과 양형판단에서 증거보다 자신의 가치관과 개인적 믿음에 더 의존하는 경향, 즉 자신의 판단을 증거의 구속으로부터 해방시키는 것이 중죄사건보다 경죄사건에서 더 증가하고, 유무죄가 경합하는 사건에서 더 증가한다는 가설이다 (Kelven, H., & Zeisel, H., 1966. *The American Jury.* Boston: Little, Brown).

48) Enough, B., & Mussweiler, T. (2001). Sentencing under uncertainty: Anchoring effects in the courtroom. *Journal of Applied Psychology, 31,* 1535.

49) Englich, B., Mussweiler, T., & Strack, F. (2006). Playing dice with criminal sentences: The influence of irrelevant anchors on experts' judicial decisionmaking. *Personality & Social Psychology Bulletin, 32,* 188.

50) 논리적이고 분석적인 사고와 직관적이고 감각적인 사고는 서로 영향을 준다 (Evans, J. St. B. T., 2008. Dual-processing accounts of reasoning, judgment, and social cognition. *Annual Review of Psychology, 59,* 255-278). 따라서 논리적인 사고도 피상적인 휴리스틱에 의해 왜곡될 수 있다.

51) 예를 들어, 서울에 거주하는 모든 주민 중에 용산구에 사는 여자의 비율은 용산구 주민의 비율이나 여자의 비율보다 높을 수 없다.

52) Tversky, A., & Kahneman, D. (1983). Extensional versus intuitive reasoning: The conjunction fallacy in probability judgment. *Psychological Review, 90,* 293-315.

53) 일반적으로 증거의 '신뢰도(reliability)'는 반복된 경험의 일관성을 의미하고, '타당도(validity)'는 논리적 요건의 충족을 의미한다. 같은 현상이 반복적으로 경험되면, 그 현상은 신뢰로운 현상이다. 그 현상이 이론적

인(논리적인) 제반 요건들을 모두 갖추고 있으면 그것은 타당한 현상이다. 피고인이 수사기관에서 자백하고, 법정에서도 똑같이 자백하면 그 자백은 신뢰롭다. 피고인의 자백 내용이 마땅히 있어야 할 다른 보강증거들로 뒷받침되면 그 자백은 타당하다. 일반적으로, 신뢰도는 타당도의 전제다. 신뢰롭지 않은 현상은 타당할 수 없다. 그러나 타당하지 않은 현상도 신뢰로울 수 있다. 신뢰로운 자백도 소위 '설득된 허위자백(persuaded false confession)'일 수 있어서 피고인이 수사기관과 법정에서 똑같이 자백하더라도, 그 자백의 타당도는 완벽한 것은 아니다. 스스로의 착각 혹은 수사기관의 암시와 유도에 의한 착오로 자백하는 피고인은 수사기관에서 자백한 것을 그것이 허위임에도 불구하고, 법정에서도 그대로 혹은 더 강력히 반복할 수 있다.

54) 허위자백 중에는 신뢰도(반복경험 가능성)와 타당도(논리적 제반 요건)가 모두 완벽하여 사실판단자가 하자없는 완전한 증거로 여길 수밖에 없는 것도 많다. 사실판단자들이 자백의 타당도를 평가하기 위해 보편적으로 사용하는 단서는 해당 범죄와 범인의 행각에 대해서 일반 대중은 알 수 없는 구체적 사실들에 대한 진술이 자백내용에 포함되는가의 여부다. 허위로 자백하는 사람은 범인이 아니면 알 수 없는 그러한 구체적 사실을 진술할 수 없을 것으로 생각되기 때문이다(Simon, D., 2012. *In Doubt: The Psychology of the Criminal Justice Process.* Cambridge, MA: Harvard University Press; Simon, D., Stenstrom, D., & Read, S. J., 2008. Jurors' background knowledge and beliefs. Paper presented at American Psychology-Law Society annual conference, Jacksonville, FL, March 6-8). 그러나 실제로는 허위자백도 범죄와 범행에 대한 매우 상세한, 완벽한 진술로 가득차 있기 마련이다. 왜냐하면 수사기관에서 용의자가 자신의 범행을 단순히 인정하는 것만으로 자백이 끝나는 것이 아니라, 수사란 그 자체가 범인의 범행인정을 아주 정교하게 구성된 구체적 이야기로 변환시키는 것이고, 그 과정에서 자백내용에 대해 수사관과 피고인 사이에 많은 구체적 대화가 이루어지기 때문이다(Inbau, F. E., Reid, J. E., Buckley, J. P., & Jayne, B. C., 2004. *Criminal Interrogation and Confessions*, 4th ed. Sudbury, MA: Jones and Bartlett). 심지어는 수사관

이 범행을 인정한 용의자를 범행현장으로 데리고 가서 용의자가 범행을 꼬치꼬치 재연토록 하기도 한다. 그래서 현장검증은 용의자가 범행을 치밀하게 숙지하도록 교육시키는 절차가 된다. 미국에서 DNA 검사에 의해 무죄가 밝혀진 40개의 자백사례들 중 38개의 자백이 범죄의 구체적 사실들을 풍부하게, 그리고 아주 자세히 포함하였다. 또한 예외없이 법정에서 검사는 피고인 자백의 구체성과 그 구체적 사실들이 범인이 아니면 알 수 없는 것들이라는 점을 강조하였다(Garrett, B. L., 2011. *Convicting the Innocent: Where Criminal Prosecutions Go Wrong*. Cambridge, MA: Harvard University Press). 한 검사는 "피고인이 그렇게 많은 구체적 사실들을 모두 정확히 추측하는 것은 수학적 불가능"이라고 주장하기도 하였고(Commonwealth of Pennsylvania v. Bruce Godschalk, 00934-87, Montgomery County, Jury Trial, May 27, 1987, pp. 22-23), 또 다른 검사는 "피고인이 구체 사실을 말하고, 또 다른 것을 말하고, 또 다른 것을 말하고, 또 다른 것을 계속 말했다."고 하면서 자신의 자백이 강요된 것이었다는 피고인의 주장을 일축하였다(Leo, R. A., 2008. *Police Interrogation and American Justice*. Cambridge, MA: Harvard University Press). 허위로 자백이 이루어졌음에도 불구하고, 일반 대중이 알 수 없는 구체 사실들이 자백내용에 풍부하게 포함되는 이유는 수사과정에서 수사관에 의해 그 사실들이 용의자에게 주입되기 때문이지만 대부분의 DNA 석방사례들을 분석해 보면, 법정에서 경찰과 검사는 자신들이 범죄와 관련된 사실들을 용의자에게 노출시켰다는 것을 완강히 부인하는 것이 일반적이다. 수사기관은 용의자가 완전한 자유의지에 의해 자백했음을 인정하는 서약을 자백서에 포함하기도 하였다. 그러한 형태로 제시되는 자백증거에 대해서 법정에서 사실판단자가 자백의 신빙성을 의심할 수 있는 여지는 전혀 없을 뿐만 아니라, 설혹 의심한다고 하더라도 구체성 이외에 그 의심을 확인할 수 있는 다른 수단이 없다(Simon, 2012).

55) Pierce의 'abduction'을 한국에서는 '귀추법'으로 번역하기도 한다. 번역이 원어보다 더 어렵다고 생각되어 여기서는 그 용어의 내용적 의미를 의역하였다.

56) 안정호, 이재석. 목격증인의 범인식별진술의 취약성 및 증명력 제고방

안, 사실인정 방법론의 정립. 형사재판편, 법원도서관, 2006 재판자료 제 110집.

57) Dawes, R. M., Mirels, H. L., Gold, E., & Donahue, E. (1993). Equating inverse probabilities in implicit personality judgments. *Psychological Science, 4*, 396-400.

58) 유일한 지문증거에 의해 무고한 사람이 사형선고를 받을 뻔 했던 유명한 사건이 미국과 스페인에서 2004년에 알려졌다. 미국 오레곤 주에 거주하는 은퇴한 변호사 브랜든 메이필드(Brandon Mayfield)는 이슬람 극단주의 단체인 알카에다(Al Qaeda)에 의한 마드리드 통근열차 폭파사건의 주범으로 미국에서 검거되었다. 이슬람교도인 메이필드 변호사가 주범 용의자가 된 유일한 이유는 FBI에 의해 이루어진 지문감정 때문이었다. 폭파현장에서 발견된 범인의 지문과 메이필드의 지문을 미국 내 여러 곳의 연구소와 경력 30년이 넘는 FBI 감정 전문가들이 감정한 결과, 15개의 유사한 특징점이 발견되었고, 재판 당시 법원에서 지정한 지문감정 전문가도 같은 유사점들을 발견하였다. 재판에서 사형선고를 받기 직전에 스페인 경찰에 의해 알제리(Algeria) 국적의 다우드 아후네인(Daoud Ouhnane)이 체포됨으로써 메이필드는 극적으로 사형선고를 면하였다. 이 사건에 대한 사후분석에 의해 알려진 바에 의하면(Stacey, R. B., 2004. A report on the erroneous fingerprint individualization in the Madrid train bombing case. *Journal of Forensic Identification, 54*, 706; Office of the Inspector General of the Oversight and Review Division. 2006. A Review of the FBI's Handling of the Brandon Mayfield Case, Executive Summary. Department of Justice: Washington, DC.), 지문 이외에 메이필드를 송치할 수 있는 다른 보강증거를 찾지 못한 FBI는 메이필드가 스페인에 입국 혹은 출국한 기록을 찾지 못하자, 위조된 가짜 여권을 사용했다고 판단하였고, 오레곤에 있는 메이필드의 자택에서 메이필드의 어린 딸이 학교에서 스페인어 시간에 제출하였던 숙제물들을 발견하곤, 마드리드 열차폭파와 관련된 문건으로 판단하여 "다량의 스페인 문서"를 발견했다고 언론에 발표하기도 하였다.

59) Thagard, P., & Kunda, Z. (1998). Making sense of people: Coherence mechanisms. In S. J. Read & L. C. Miller(Eds.), *Connectionist Models of Social Reasoning and Social Behavior*. New York: Lawrence Erlbaum.

60) Karl Popper의 반증가능성은 다음에서 자세히 설명될 것이다. 다만, 반증가능성이란 틀린 것이 경험(증명)될 수 있는 이론, 가설만 과학적 이론, 과학적 가설이라는 개념이다.

61) 데카르트의 유명한 경구 "나는 생각한다, 고로 나는 존재한다(cogito, ergo sum)."는 자신이 직관적으로 믿는 자신의 존재에 대해 의도적으로 의심한 결과다. 데카르트는 당연한 것으로 믿는 것을 의도적으로 의심하기 위해서 세 가지 기본가설을 사용하였는데, 첫째는 착각(감각편향) 가설이고, 둘째는 꿈 가설이며, 셋째는 사악한 천재(evil genius) 혹은 기만적 신(deceiving God) 가설이다. 이 세 가지 가설들은 순차적으로 더 급진적인 의심들을 만들어 내기 위한 도구다. 가설(1). 사람의 감각기관을 통하여 인식되는 멀리 있는 사물의 현상은(예, 해와 달의 상대적 크기) 실상 편향된 감각기관의 특성이고, 실재하는 객관적 사실이 아닐 수 있다. 그러나 가까이서 세밀하게 감각되는 것(예, 내가 수족과 이목구비가 달린 신체를 가지고 있고, 나의 신체가 현재 의자에 앉아 있다는 직관적 믿음)은 감각의 편향 혹은 착각일 가능성을 초월한다. 가설(2). 가까이서 세밀하게 감각되는 것도 현실이 아니고 꿈일 수 있다. 그러나 $2+2=4$ 혹은 사각형은 네 개의 변을 가진다는 수학적 사실은 꿈일 가능성을 초월한다(즉, 꿈과 현실에서 항상 참이다). 가설(3). 내가 아는 수학적 사실도 나의 이성과 세상의 원리를 모두 조작할 수 있는 기만적 신의 장난일 수 있다. 그러나 수학적 사실이 신의 사술이라고 하더라도, 부존재가 의심(사유)하는 것은 불가능하므로(즉, 기만적 신도 부존재가 의심하게 만들 수는 없으므로) 생각하는 '나'가 존재하는 것은 기만적 신의 사술일 가능성을 초월한다.

이러한 급진적 의심의 방법에 의해 데카르트가 도달한 결론은 의심하는 내가 존재한다는 것은 모든 의심을 초월하는 사실이다. 모든 의심을 초월하는 사실이 발견된 것은 세상에 대한 불가지론(agnosticism)이 틀렸다는 증거다. 따라서 "의심하는 내가 존재한다."는 사실에 기초해서 인간과 세상에 관한 지식이 합리적으로 발굴/구축될 수 있다는 것이다.

62) Maxwell, J. C. (1871). *Theory of Heat*, reprinted(2001). New York: Dover. 물리학에서는 정보처리를 하는 존재를 '작은 존재(finite being)' 혹은 '맥스웰의 악마(Maxwell's demon)'로 표현한다. 측정, 해석, 판단, 행동이 순환하는 악마의 정보처리는 엔트로피를 줄이기 위한 노력, 즉 '일(work)'이지만 궁극적으로는 엔트로피를 줄이지 못한다. 왜냐하면 특정 시스템의 한 측면에서 정보처리가 이루어지면 다른 측면의 엔트로 피가 증가하기 때문이다. 그래서 열역학의 제2법칙("고립된—외부에서 유입되는 에너지가 없는—시스템의 엔트로피는 결코 감소하지 않는 다.")은 항상 유지된다(Szilard, L., 1929. On the decrease of entropy in a thermodynamic system by the intervention of intelligent beings. Translation In H. S. Leff & F. R. Andrew(1990). *Maxwell's Demon: Entropy, Information, Computing.* Bristol, UK: Adam-Hilger.)

63) 메타인지 혹은 초인지는 '생각에 대한 생각'으로 표현되는 정보처리를 말한다. 그 용어는 Flavell(1979)에 의해 처음 사용되었지만, 그 개념은 아리스토텔레스의 저술에서도 발견되었다고 한다(Oxford Psychology Dictionary). 심리학에서는 크게 세 종류의 메타인지가 광범위하게 연구 되었다. 첫째는 '안다는 느낌(Feeling Of Knowing: FOK)'이다. 자신이 알고 있는 단어나 이름이 입에서 맴돌고 정확히 기억해 낼 수 없지만 결 국 기억해 낼 수 있을 것 같은 예감, 즉 자신이 안다는 것을 알고 그것의 실체를 파악할 수 있다는 예감을 의미하는 '혀끝느낌(tip-of-the-tongue feeling)'을 보통의 인지 혹은 일차적 인지(primary cognition)와 구별되 는 메타인지 현상으로 설명한다. 메타인지의 두 번째 종류는 '학습판단 (Judgment Of Learning: JOL)'인데, 학습을 하는 동안 내용을 자신이 이 해할 수 있을지, 그리고 나중에 그 내용을 자신이 얼마나 잘 기억할지에 대한 예감이다. 학습판단은 교육심리학에서 광범위하게 연구되었고, 그 연구결과들이 교육에 활용되고 있다. 메타인지의 세 번째 종류는 자신의 생각, 이해, 판단의 정확성에 대한 확신감(confidence)이다. 확신감은 예 감의 일종인 FOK, JOL과 달리, 후방적(retrospective) 메타인지다. 즉, 이 미 이루어진 자신의 생각과 이해, 판단의 정확성에 대한 평가다. Fleming

과 Dolan(2012)에 의하면 근자의 많은 뇌과학(기능적 뇌영상: fMRI) 연구들이 예감적인 메타인지(FOK과 JOL)는 전전두엽(prefrontal cortex)의 중앙 부분(medial)에서 이루어지고, 후방적 메타인지, 즉 확신감은 전전두엽의 측면 부분(lateral)에서 이루어지는 것으로 수렴되어 가고 있다.

64) Fleming, S. M., & Dolan, R. J. (2012). The neural basis of metacognitive ability. *Philosophical Transactions of the Royal Society B, 367*, 1338-1349; Hart, J. T. (1965). Memory and the feeling-of-knowing experience. *Journal of Educational Psychology, 56*, 208-216; Brown, R., & McNeill, D. (1966). The "tip of the tongue" phenomenon. *Journal of Verbal Learning and Verbal Behavior, 5*, 325-337; Wegener, D. T., & Petty, R. E. (1995). Flexible correction processes in social judgment: The role of naive theories in corrections for perceived bias. *Journal of Personality and Social Psychology, 68*, 36-51; Tiedens, L. Z., & Linton, S. (2001). Judgment under emotional certainty and uncertainty: The effects of specific emotions on information processing. *Journal of Personality and Social Psychology, 81*, 973-988; Petty, R. E., Tormala, Z. L., Briñol, P., & Jarvis, W. B. G. (2006). Implicit ambivalence from attitude change: An exploration of the PAST model. *Journal of Personality and Social Psychology, 90*, 21-41; Petty, R. E., Briñol, P., & Tormala, Z. L. (2002). Thought confidence as a determinant of persuasion: The self-validation hypothesis. *Journal of Personality and Social Psychology, 82*, 722-741.

65) 외부 자극에 대한 결정변인과 달리 내부 자극(생각, 이해 등)에 대한 메타인지 결정변인의 소재는 아직 확실하게 파악되지 않았지만, 많은 기능적 뇌영상 연구들에 의하여 전전두엽의 측면 부분(lateral prefrontal cortex)으로 수렴되어 가고 있다(Fleming & Dolan, 2012).

66) Nisbet, J. & Shuksmith, J. (1984). *The Seventh Sense*. Edinburgh: Scottish Council for Research in Education.

67) Morgan, G., Kornell, N., Kornblum, T., & Terrace, H. S. (2014). Retrospective and prospective metacognitive judgments in rhesus

macaques (Macaca mulatta). *Animal Cognition, 17*, 2, 249-257; Kornell, N. (2009). Metacognition in humans and animals. *Current Direction of Psychological Science, 18*, 1, 11-15; Kornell, N., Hays, M. J., & Bjork, R. A. (2009). Unsuccessful retrieval attempts enhance subsequent learning. *Journal of Experimental Psychology: Learning, Memory, and Cognition, 35*, 4, 989-998; Beran, M. G., & Smith, J. D. (2011). Information seeking by rhesus monkeys (Macaca mulatta) and capuchin monkeys (Cebus apella). *Cognition, 120*, 90-105; Terrace, H. S., & Son, L. (2009). Comparative metacognition. *Current Opinion of Neurobiology, 19*, 67-74.

68) De Martino, B., Fleming, S. M., Garrett, N., & Dolan, R. J. (2013). Confidence in value-based choice. *Nature Neuroscience, 16*, 105-110; Yeung, N., & Summerfield, C. (2012). Metacognition in human decision-making: confidence and error monitoring. *Philosophical Transactions of the Royal Society B: Biological Sciences, 367*, 1310-1321; Graham, G., & Neisser, J. (2000). Probing for relevance: what metacognition tells us about the power of consciousness. *Conscious Cognition, 9*, 193-202.

69) 메타의심—생각에 대한 의심—에 의해 확신감이 낮아지는 현상은 '유창성 원칙(fluency principle)' 때문인 것으로 생각된다. 확신감은 자신의 생각이 경험에 기초한 것일수록, 생각과 이해의 내용이 친숙(익숙)할수록, 그 생각과 이해를 자주 할수록, 동일한 사안에 대해서 판단을 많이 반복할수록, 생각이 세부요소(detail)를 자세히 포함할수록, 다른 사람도 같은 생각과 이해를 할수록 커진다. 일반적으로는 생각과 이해를 구성하는 개별요소들의 중요성이 높고, 중요한 구성요소들이 쉽게 머리에 떠오를수록 자신의 생각과 이해에 대한 확신감이 높아진다. Yzerbyt, V. Y., Schadron, G., Leyens, J., & Rocher, S. (1994). Social judgeability: The impact of meta- informational cues on the use of stereotypes. *Journal of Personality and Social Psychology, 66*, 48-55; Schaefer, P. S., Williams, C. C., Goodie, A. S., & Campbell, W. K. (2004).

Overconfidence and the big five. *Journal of Research in Personality,* *38,* 473-480; Alter, A. L., & Oppenheimer, D. M. (2009). Uniting the tribes of fluency to form a metacognitive nation. *Personality and Social Psychology Review, 13,* 219-235; Busey, T. A., Tunnicliff, J., Loftus, G. R., & Loftus, E. F. (2000). Accounts of the confidence-accuracy relation in recognition memory. *Psychonomic Bulletin and Review, 7,* 26-48.

70) 일반적으로 기억의 정확성에 대한 확신감과는 달리, 옳은 판단/결정을 할 때의 확신감이 틀린 판단/결정을 할 때의 확신감보다 높다. 즉, 판단/결정의 정확성에 대한 확신감과 실제 정확성 사이에 유의미한 상관관계가 있다(Pleskac, T. J., & Busemeyer, J. R., 2010. Two-stage dynamic signal detection: A theory of choice, decision time, and confidence. *Psycholosical Review, 117,* 864-901). 정신물리학 실험패러다임을 사용한 연구에서 그 상관관계는 최대 $r = .69$로 나타난 바 있다(Fleming, S. M., Weil, R. S., Nagy, Z., Dolan, R. J., & Rees, G., 2010. Relating introspective accuracy to individual differences in brain structure. *Science, 329,* 1541-1543).

71) 프랑스「형사소송법」제353조. 중죄법원이 퇴정하기에 앞서 재판장은 다음과 같은 지시사항을 낭독하고 앞의 지시사항은 큰 글자로 써 평의실의 가장 보기 쉬운 장소에 게시한다. 법은 배심원이 범죄를 인정함에 있어서 채택한 방법에 대하여 설명을 요구하지 않으며, 배심원에게 증거가 충분한지 또는 완전한지를 판단할 때 특정 법칙을 따를 것을 요구하지도 않는다. 법은 다만 피고인에 대하여 제출된 증거 및 그 방어방법이 자신의 이성에 어떠한 인상을 주는지 심사숙고하여 스스로 묻고 또 진실한 양심에 따라 탐구할 것을 배심원에게 명할 뿐이다. 법은 배심원에 대하여 "여러분은 내면의 확신을 얻었는가?"라는 하나의 질문을 할 것이고, 이것이 배심원 의무의 전부다(번역: 법무부, 2012)(Avant que la cour d'assises se retire, le président donne lecture de l'instruction suivante, qui est, en outre, affichée en gros caractères, dans le lieu le plus apparent de la chambre des délibérations: "La loi ne demande pas compte aux juges des moyens

par lesquels ils se sont convaincus, elle ne leur prescrit pas de règles desquelles ils doivent faire particuliérement dépendre la plénitude et la suffisance d'une preuve; elle leur prescrit de s'interroger eux-mêmes dans le silence et le recueillement et de chercher, dans la sincérité de leur conscience, quelle impression ont faite, sur leur raison, les preuves rapportées contre l'accusé, et les moyens de sa défense. La loi ne leur fait que cette seule question, qui renferme toute la mesure de leurs devoirs: "Avez-vous une intime conviction?"").

72) 'hoher Grad von Wahrscheinlichkeit'의 영어 번역은 'high degree of probability'다.

73) 독일 「형사소송법」 제261조. 법원은 심리 전체로부터 얻어진 자유로운 심증에 따라 증거조사의 결과에 관하여 재판한다(번역: 법무부, 2011).(Über das Ergebnis der Beweisaufnahme entscheidet das Gericht nach seiner freien, aus dem Inbegriff der Verhandlung geschöpften Überzeugung.)

74) Engel, C. (2008). Preponderence of the evidence versus intime conviction: A behavioral perspective on a conflict between American and Continental European law. *Preprints of the Max Planck Institute for Research on Collective Goods Bonn, 33.* Max Planck Society.

75) Engel, C. (2008). Preponderance of the evidence versus *Intime Conviction:* A Behavioural perspective on a conflict between American and Continental European law. Preprints of the Max Planck Institute for Research on Collective Goods Bonn 2008/33. Max Plank Society.

76) 증거가 희박하거나, 애매하거나, 서로 첨예하게 상충하고, 사실관계가 복잡해서 확실한 사실판단이 어려울 때 사실판단자들은 흔히 거짓말 판단에 의존해서 사실판단을 한다. 피고인, 피해자, 목격자, 증인, 참고인, 전문가 중 누군가를 거짓말한 것으로 판단하고(과학적으로 검증되지 않은 거짓말 단서들을 찾아내고), 그 판단에 의존해서 귀납적으로, 귀납이 논리성이 없는 경우에도 피고인의 유무죄를 판단한다. 누군가가 거짓말을 했다. 증언을 믿기 어렵다고 판단하면 확실한 사실인정을 할 수 없는

불편한 상태를 쉽게 타개할 수 있기 때문이다. 문제는 다음에서 곧 자세히 설명되듯이, 사실판단자들은 거짓말 탐지 능력이 없기 때문에 거짓말 판단이 대부분 '감(感: air of candor)'에 의존해서 이루어지고, 동전던지기에 의한 판단보다 정확성이 높지 않다는 것이다. 누구도 그러한 '감'에 의존한 판단에 대해서 깊은 내면의 확신을 가질 수 없다.

77) Fazio, R. H., & Zanna, M. P. (1981). Direct experience and attitude-behavior consistency. *Advances in Experimental Social Psychology*, *14*, 161–202; Gill, M. J., Swann, W. B., & Silvera, D. H. (1998). On the genesis of confidence. *Journal of Personality and Social Psychology*, *75*, 1101–1114.

78) Haddock, G., Rothman, A. J., Reber, R., & Schwarz, N. (1999). Forming judgments of attitude certainty, intensity, and importance: The role of subjective experiences. *Personality and Social Psychology Bulletin*, *25*, 7, 771–782; Koriat, A., Lichtenstein, S., & Fischhoff, B. (1980). Reasons for confidence. *Journal of Experimental Psychology: Human Learning and Memory*, *6*, 107–118; Shaw, J. (1996). Increases in eyewitness confidence resulting from postevent questioning. *Journal of Experimental Psychology: Applied*, *2*, 126–146.

79) Smalarz, L., & Wells, G. L. (2015). Contamination of eyewitness self-reports and the mistaken identification problem. *Current Directions in Psychological Science*, *24*, 120–124; Wells, G. L., Steblay, N. K., & Dysart, J. E. (2015). Double-bind photo-lineups using actual eyewitnesses: An experimental test of a sequential versus simultaneous lineup procedure. *Law and Human Behavior*, *39*, 1–14; Smalarz, L., & Wells, G. L. (2014). Post-identification feedback to eyewitnesses impairs evaluators' abilities to discriminate between accurate and mistaken testimony. *Law and Human Behavior*, *38*, 194–202; Steblay, N. M., Wells, G. L., & Douglass, A. L. (2014). The eyewitness post-identification feedback effect 15 years later: Theoretical and policy implications. *Psychology, Public Policy, and Law*, *20*, 1–18; Smalarz,

L., & Wells, G. L. (2014). Confirming feedback following a mistaken identification impairs memory for the culprit. *Law and Human Behavior*, *38*, 283-292; Wells, G. L. (2014). Eyewitness identification: Probative value, criterion shifts, and policy. *Current Directions in Psychological Science*, *23*, 11-16; Wells, G. L., Wilford, M. M., & Smalarz, L. (2013). Forensic science testing: The forensic filler-control method for controlling contextual bias, estimating error rates, and calibrating analysts' reports. *Journal of Applied Research in Memory and Cognition*, *2*, 53-56; Wells, G. L., Steblay, N. K., & Dysart, J. (2012). Eyewitness identification Reforms: Are suggestiveness-induced hits and guesses true hits? *Perspectives on Psychological Science*, 7, 264-271.

80) 대한민국의 법리에서 '합리적 의심이 없는 증명' 기준은 유죄판단을 위한 기준이다. 무죄판단에 대해서는 적법절차 원칙에 기초한 판단기준이 없다. 그러나 '죄있는 자를 반드시 처벌한다'는 실체진실주의는 무죄판단에 대해서도 유죄판단과 동일한 판단기준을, 그것이 '깊은 내면의 확신'이든, '높은 가능성'이든, '고도의 개연성'이든 적용하는 개념이다. 대한민국「형사소송법」에 실체진실주의와 적법절차 원칙이 공존하기 때문에 발생하는 가장 큰 모순이다.

81) 충청남도 아산에서 2013년 11월에 오랜 동안 사실혼 관계를 유지하며 함께 살아온 50대 부부가 남편의 재산 분배에 불만을 가진 (사별한 전부인의) 자녀들의 반발로 심적인 고통을 겪고 있던 중, 집에서 남편이 아내와 함께 소주, 맥주, 양주 등을 나눠 마시다 화장실에서 복통과 구토로 쓰러져 병원에 실려 갔고, 5일 후에 병원에서 사망하였다. 부부가 함께 술을 마시던 거실에서 농약이 조금 남아 있는 음료수병이 발견되었는데, 그 병에서 아내의 지문이 검출되었다. 아내는 남편이 화장실에서 옷을 모두 벗고 심한 구토를 하고 쓰러져 병원에 실려 간 후, 술 마시던 거실에 낯선 음료수병이 있는 것을 발견하고 그 병을 손에 들고 쳐다본 적이 있다고 진술하였다. 남편이 사망하기 전, 병원에 누워 있는 남편을 경찰이 방문하여 조사하고, 그것을 녹화하였다. 그 조사에서 경찰이 농약(100cc)을

언제, 어떻게 마셨는지 등을 질문하였지만, 남편은 농약 마신 경위나 상황을 진술하지 못하였다. 검사는 아내를 살인죄로 기소하였고, 일심 재판부는 아내의 유죄를 판결하고 징역 18년형을 선고하였다. 일심 재판부의 유죄 판결 이유는 남편이 자살한 것이라는 증거가 없고, 자살이 아니면 타살이라는 것이다. 즉, 피고인이 무죄가 아니므로 유죄라는 것이다. 경험칙과 논리칙에 기초한 완벽한 판단이 아닐 수 없다. 그래서 일심의 판단(유죄)과 선고(징역 18년형)는 항소심에서도 그대로 유지되었다 (2013고합270). 일심의 판결 이유(무죄가 아니므로 유죄)를 항소심도 그대로 인정한 것이다. 무려 총 6명의 일심과 항소심 합의부 법관들은 피고인이 유죄인지 아닌지를 판단한 것이 아니고, 무죄인지 아닌지를 판단한 것이다. 아마도 원인이 분명하지 않은 죽음에 대해 누군가를 처벌해야 할 필요를 느끼고, 사건 당시 망자와 유일하게 함께 있었던 사람을 가장 자연스러운 처벌 후보자로 느꼈던 것으로 보인다. 이 사건에 대한 일심과 항소심의 판단과 선고는 2년이 지난 후 대법원에서 비로소 파기되었고(2015도119), 파기환송심에서 무죄가 선고되었다(2015노311).

82) 그래서 보통법 전통에서는 '무죄(innocence)' 판단을 하지 않는다. '유죄가 아니다(not guilty)'는 판단을 할 뿐이다.

83) 1982년에 미국 연방대법원(Smith v. Phillips, 455 U.S. 209, 217, 1982)은 적법절차 원칙은 사실판단자에게 있을 수 있는 모든 편파와 편견을 기꺼이 공개적으로 인정하는 것을 전제한다고 판시한 바 있다. 편파와 편견의 가능성을 가진 판단자가 사실판단을 하는 것은 공정한 재판을 받을 피고인의 헌법적 권리, 적법절차를 침해한다는 것이다. 배심원 선정절차 (voir dire)는 일응의 그러한 공개절차다. 지극히 당연한 이 적법절차 원칙을 실체진실주의에 기초한 직권주의제도에서 실천하는 것은 불가능하지는 않더라도 쉽지 않다. 실체진실주의를 구현해야 하는 대한민국의 법관은 자신에게 있을 수 있는 편파와 편견을 공개할 수 있을 정도로 자유롭지 않기 때문이다. 재판장 혹은 재판부 선정을 위한 질의응답 절차 (voir dire)도 존재하지 않는다. 실체진실주의와 직권주의제도는 적법절차 원칙을 외치면서도 법관의 그러한 공개를 원칙적으로 허용할 수 없기 때문이다.

84) Shaw, J. S., & Zerr, T. K. (2003). Extra effort during memory retrieval may be associated with increases in eyewitness confidence. *Law and Human Behavior, 27*, 315-329.

85) Gilbert, D. T. (1991). How mental systems believe. *American Psychologist, 46*, 107-119; Bain, A. (1859). *The Emotions and the Will.* London: Longmans, Green; James, W. (1890). *The Principles of Psychology.* New York: Holt; Stout, G. F. (1999). *Analytic Psychology.* New York: Macmillan; McDougall, W. (1923). *Outline of Psychology.* New York: Scribner; Reid, T.(1895). Inquiry into the human mind. In W. Hamilton(Ed.), *The Philosophical Works of Thomas Reid.* London: Longmans, Green.

86) 법정에서 사실인정에 관여하는 사람들이 일반적으로 가지게 되는 이러한 사회적 역할 혹은 책무에 대한 고양된 의식은 법관은 물론이고, 심지어 법정에서 증언하는 목격자의 목격진술에도 영향을 줄 수 있다. 법정의 증언대에 선 목격자는 법정의 엄정한 물리적 구조와 사회적 분위기 속에서 법을 적용/집행하는 사람들을 대면한 상황에서 자신이 무능하거나, 믿을 수 없거나, 방해가 되는 사람으로 보이는 것을 염려하게 되고(이러한 염려는 피해자가 목격증인인 경우에는 특히 매우 강하다), 사회적 정의를 바로 세우는 데 헌신하려는 의지를 가진다. 그러한 염려와 의지를 가진 검사 측 목격증인은 자신의 경험, 기억, 판단, 범인지목을 과장된 확신감과 단호함을 가지고 진술하고, 목격증인이 법정에서 보이는 과장된 확신감과 단호함은 사실판단자(판사, 배심원)의 신뢰와 신빙성 판단에 강력한 영향을 준다(Mandery, E., 1996. Due process considerations of in-court identifications. *Albany Law Review, 60*, 389-424).

87) Graham과 Neisser(2000)는 메타확신감을 '주관적 예측가능성(subjective predictability)'으로 지칭했다. Graham, G., & Neisser, J. (2000). Probing for relevance: what metacognition tells us about the power of consciousness. *Conscious Cognition, 9*, 193-202.

88) 「형사소송법」의 '신속한 재판' 원칙은 실체진실주의와 양립하지 않는 또 하나의 중요한 모순이다. 심리학에서 '종결욕구(need for closure)' 혹은

'실행의지(implementation intention)'로 부르는 신속한 판단 욕구는 판단 의 부정확성을 초래하는 중요한 요인 중 하나다. Ask, K., & Granhag, P. A. (2005). Motivational sources of confirmation bias in criminal investigations: The need for cognitive closure. *Journal of Investigative Psychology and Offender Profiling, 2*, 43-63.

89) Gollwitzer, P. M., & Schaal, B. (1998). Metacognition in action: The importance of implementation intentions. *Personality and Social Psychology Review, 2*, 124-136.

90) 인지부조화는 도덕을 중시하는 사람이 다소 부도덕한 행동을 스스로 했 을 때와 같이 믿음과 행동의 불일치 때문에 생기는 불편한 심리상태를 일컫는 심리학 용어다. 자신의 믿음과 행동 사이의 불일치는 긴장, 스트 레스, 불안을 유발한다. Festinger, L., & Carlsmith, J. M. (1959). Cognitive consequences of forced compliance. *Journal of Abnormal and Social Psychology, 58*, 2, 203-210.

91) Schultz, T. R., & Lepper, M. R. (1996). Cognitive dissonance reduction as constraint satisfaction. *Psychological Review, 103*, 219.

92) 정확성을 추구하는 자가통제 시스템을 통칭하여 사이버네틱스라고 부른 다. 모든 사이버네틱스는 유지해야 하는 목적 혹은 기준을 가진다. 현 상 태를 그 기준과 비교하여 만약 차이가 있으면 그 차이가 없어질 때까지 현 상태를 바꾸기 위한 활동을 한다. 물리적 시스템 뿐만 아니라 심리적 인 자가통제 시스템도 부적 피드백 메커니즘이 있어야 가능하다. 사람들 의 정서관리, 인상관리, 명성관리는 그러한 부적 피드백 메커니즘에 의 해 이루어진다. Wiener, N. (1948). *Cybernetics, or Communication and Control in the Animal and the Machine.* Cambridge, MA: MIT Press.

93) 일반적으로, 시스템의 출력 정보가 다시 시스템으로 입력되는 것을 의미 하는 피드백은 두 가지 기능이 있다. 하나는 미리 정해진 기준(standard) 과 출력 사이의 차이를 최대화하기 위한 것이고, 다른 하나는 기준과의 차이를 최소화하기 위한 것이다. 전자를 정적 피드백으로 부르고, 후자 를 부적 피드백으로 부른다. 호숫가에 앉아 낚시에 몰두해 있는 용의자

를 체포하기 위해 용의자의 뒤에서 몰래 다가가는 형사는 자신의 발자국
소리에 귀를 기울인다. 부적 피드백이다. 자신의 발자국 소리를 최대한
줄이기 위해서다. 뒤에서 뛰어오는 수사관으로부터 도망치는 용의자는
뛰면서 수시로 수사관과 자신 사이의 거리를 가늠한다. 정적 피드백이
다. 거리를 최대한 늘리기 위해서다.

94) 알려지지 않은 법관의 오판은 한 사람의 법관에 머물지 않는다. 예를 들
어, 법관이 증거의 증명력을 잘못 평가하여 오판을 하면 그 오판이 알려
지지 않는 한, 이후의 사건들에서 수사기관들이 동일한 종류의 증거를
많이 생산하도록 촉진하는 결과를 초래하고, 그래서 많아진 증거는 더
많은 오판들을 발생시킬 수 있다. 목격자의 범인식별 오류를 초래하는
가장 큰 요인은 수사기관이 목격자의 범인식별을 채증하는 관행적 절차
에 포함되는 하자다(Benton, T. R., Ross, D. F., Bradshaw, E., Thomas,
W. N., & Bradshaw, G. S., 2006. Eyewitness memory is still not
common sense: Comparing jurors, judges and law enforcement to
eyewitness experts. *Applied Cognitive Psychology*, *20*, 115-129). 수사
기관에서 이루어지는 범인식별의 절차적 하자를 인식하지 못하거나 간과
하는 법관은 그러한 식별 증거에 기초해서 유죄판단을 할 수 있다(대법원
2005. 5. 27. 선고 2004도7363 판결). 그 유죄판단은 수사기관이 관행적인
범인식별 절차를 계속 사용토록 하는 인센티브가 된다. 따라서 동일한 종
류의 잘못된 증거가 계속 생산되며, 다른 법관들에 의해서도 유사한 오판
이 계속 이루어지는 악순환이 생긴다(Shaw, J. S., III, Garcia, L. A., &
McClure, K. A., 1999. A law perspective on the accuracy of eyewitness
testimony. *Journal of Applied Social Psychology*, *29*, 52-71).

95) 대한민국에서는 중범죄 사건을 중심으로 신중한 판단을 요한다고 생각
되는 사건들은 단독판사가 아닌 합의부에서 판단한다. 그런데도 불구하
고 합의부 판단이 항소심 혹은 상고심에서 번복되거나 파기되는 경우가
종종 생긴다. 대한민국 전 국민의 상위 한 자리 숫자 비율에 속하는 능력
을 가졌다고 알려진 성인 법관 3명이 실체진실주의의 안내와 지도를 받
아 숙고해서 합의한 판단과 결정이 어떻게 단지 몇 개월 후에 번복되고,
파기될 수 있는가? 그것이 인간의 한계 때문이라고, 그래서 어쩔 수 없는

일이라고 편리하게 치부한다면 그건 무슨 뜻인가? 합의부 판단을 번복하거나 파기한 항소심 혹은 상고심 판단은 그 '인간의 한계'를 초월하는가? 합의부 판단에 대한 그런 번복과 파기가 종종 생기는 현실은 현행 합의부 제도에 본질적인 문제가 내재하기 때문이라는 인식을 가져야 하는, 당연시 해서는 안 되는 현실이다. 합의부는 통상적으로 1명의 재판장(부장판사)과 2명의 배석판사로 구성된다. 일반적으로 배석판사는 재판장보다 후배이고, 조직적 서열이 낮다. 그러나 대한민국에서는 합의부 제도의 의미와 목적에 대해서도 합리적이고 과학적인 고찰을 찾기 어렵다. 합의부 제도가 법관 업무의 기계적인, 행정적인 효율성을 높이기 위한 것인지, 아니면 배심재판과 같이 다수의 의견과 판단을 수렴해서 개인이 가질 수 있는 편파성과 오류를 바로잡아 객관적인 판단, 실체진실을 더 정확히 판단한다는 의미인지 모호하다. 다수의 의견과 판단이 숙의 (deliberation)과정을 거쳐 옳은, 정확한, 믿을 수 있는 객관적 판단에 도달하기 위해서는 한 가지 조건이 충족되어야 한다. 합의부 제도의 합목적성을 위한 그 조건도 역시 앞에서 설명한 '자유심증'이다. 즉, 합의부를 구성하는 3명의 법관들의 심증이 서로 독립적이라야 한다. 합의부 법관들의 심증이 서로 종속관계를 가지면, 그래서 자유롭지 않으면 합의부 판단과 단독판사의 판단은 그 질에서 크게 다를 수 없다. 다만, 단위사건 당 판결문을 작성하는 등의 행정절차만 더 효과적일 수 있을 뿐이다. 합의부의 판단이 항소심 혹은 상고심에서 번복되거나 파기되는 경우가 종종 생기는 것을 그냥 '그럴 수 있는' 일로 치부해서는 안 된다. 만약 합의부 제도의 의미가 서로 독립적인 자유심증들의 숙의에 의한 실체진실 발견의 구현이라면, 합의부 판단이 항소심 혹은 상고심에서 번복되거나 파기될 수밖에 없는 경우가 생겨서는 안 된다.

96) 대한민국의 형사사법절차에 일심법관과 이심법관의 능력 차이에 대한 암묵적 가정이 개입되어 있다면, 그 가정의 타당성에 대한 과학적 검토가 이루어져야 한다. 그리고 그 검토는 '증거'의 속성과 메커니즘에 대한 이해에 기초해야 한다. 일심의 판단이 오염, 혹은 왜곡된 증거로 인해 오판이 되는 경우, 그 증거를 이심에서 다시 조사하면 증거의 오염과 왜곡이 교정되지 않고, 오히려 오염과 왜곡이 더 강화되는 경우도 많다. 예를 들어,

경찰단계에서 목격자가 수사관의 유도와 암시에 의해 용의자를 범인으로
지목할 때에는 매우 불확실하고 주저하는 태도로 지목하였더라도, 시간이
흐를수록 검찰의 조사를 거치고 재판에 이르러 법정에서 증인으로 범인을
지목, 진술할 때에는 매우 확신에 찬 모습으로 자신의 기억과 판단에 대해
추호의 의심이나 주저함이 없는 증인으로 변모하고, 법정에서 판사와 배
심원들은 목격증인의 확신에 찬 법정 내 지목/진술을 신뢰한다
(Thompson, C. J., Cotton, R., & Torneo, E., 2009. *Picking Cotton.* New
York: St. Martin's Press; Wistrich, A. J., Guthrie, C., & Rachlinski, J. J.,
2005. Can judges ignore inadmissible information? The difficulty of
deliberately disregarding. *University of Pennsylvania Law Review, 153,*
1251-1345). 마찬가지로, 일심과 이심의 시간 차는 사람에 의해 생성되고
현출되는 증거의 질을 변화시킨다. 실험심리학에서는 시간 차와 반복에
의한 증거의 질 변화를 전이효과(transfer effect), 연습효과(practice effect),
혹은 피로효과(fatigue effect) 등으로 부른다. 증거조사에 의해 증거의 질
이 변하는 일반적 속성 때문에 일심법관은 몰랐던 새로운 증거가 생기거
나 일심의 증거조사에 대한 심각한 결함이 발견되지 않는 경우에는 같은
증거를 가진 같은 사건에서 이심법관의 사실발견 민감성 혹은 진단력이
일심법관의 그것보다 우수하다고 가정하기 어렵다.

97) 외부에서 주어지는 정보를 대상으로 이루어지는 제1차 사유와 내부에서
형성된 정신모형을 대상으로 이루어지는 메타사유의 차이로 인하여 제1
차 사유에는 많이 관여하지 않는 뇌구조, 두정엽(parietal lobe)이 메타사
유에 많이 관여하는 것으로 알려졌다(Falkenstein, M., Hohnsbein, J.,
Hoorman, J., & Blanke, L., 1991. Effects of crossmodal divided attention
on late ERP components, II. Error processing in choice reaction tasks.
Electroencephalography and Clinical Neurophysiology, 78, 447-455).

98) Higgins, R. H., & Rubin, P. S. (1980). Judicial discretion. *Journal of Legal
Studies, 9,* 129-138; Drahozal, C. R. (1998). Judicial incentives and the
appeals process. *Southern Methodist University Law Review, 51,* 469;
Watson, A. S. (1988). Some psychological aspects of the trial judge's
decisionmaking. *Mercer Law Review, 39,* 937; Cohen, M. A. (1992). The

motives of judges: Empirical evidence from antitrust sentencing. *International Review of Law and Economics, 12,* 13.

99) Lerner, J. S., & Tetlock, P. E. (1999). Accounting for the effects of accountability. *Psychological Bulletin, 125,* 255-275; Tetlock, P. E. (2002). Social functionalist frameworks for judgment and choice: Intuitive politicians, theologians, and prosecutors. *Psychological Review, 109,* 451-471.

100) McGarty, C., Turner, J. C., Oakes, P. J., & Haslam, S. A. (1993). The creation of uncertainty in the influence process: The roles of stimulus information and disagreement with similar others. *European Journal of Social Psychology, 23,* 17-38; Visser, P. S., & Mirabile, R. R. (2004). Attitudes in the social context: The impact of social network composition on individual-level attitude strength. *Journal of Personality and Social Psychology, 87,* 779-795.

101) 미국의 일심 양형에서 발견되는 이 현상을 Choi, Gulati와 Posner(2010)는 다음과 같이 표현하였다. "지방법원 판사는 항소심 판사의 정치적 성향에 의해 판단한다(District judges will decide cases on the basis of the political preferences of appellate judges)." Choi, S. J., Gulati, M., & Posner, E. A. (2010). What do federal district judges want?: An analysis of publications, citations, and reversals. University of Chicago Law & Economics, Olin Working Paper No. 508; NYU Law and Economics Research Paper No. 10-06.

102) 만약 베이즈 공리를 이용해서 이심에서 유죄가 판단될 확률을 일심 법관이 추정한다면, 다음과 유사한 방식으로 추정하는 것이다. $P(g|e) = P(e|g)P(g)/P(e)$. 여기서 P=확률, g=유죄판단, e=증거. 이때, $P(g|e)$는 사실관계가 유사하고 해당 사건과 똑같은 증거를 가진 사건들에서 이심판단이 유죄일 확률이고, $P(e|g)$는 이심 판단이 유죄인 유사한 사건들 중에서 해당 사건의 증거가 존재할 확률이고, $P(e)$는 모든 유사한 사건에서 해당 사건의 증거가 존재할 확률이고, $P(g)$는 모든 유사한 사건에서 이심 판단이 유죄일 확률이다. 그 확률들 중, $P(g)$가 사실관계가 유사한 사건에서

이심 유죄판단의 기저율이다. 그 기저율은 해당 사건이 이심에서 유죄로 판단될 확률(P(g│e))과 완전히 다른 확률이다.

103) 대한민국은 무죄가 선고되는 재판의 비율이 보통법 국가들에 비해서 상대적으로 낮은 것으로 알려졌다. 무죄선고율의 분모에 피고인이 유죄를 인정하는 사건을 포함할 것인지, 분자에 일부무죄가 선고된 사건도 포함할 것인지 등에 따라 무죄선고율의 숫자는 크게 달라진다. 각국의 무죄선고율을 표준화된 방식으로 집계하는 통계자료가 존재하지 않기 때문에 대한민국의 무죄선고율이 다른 나라들에 비해서 얼마나 높은지, 혹은 낮은지는 정확히 파악하기 어렵다. 그러나 대검찰청의 통계자료에 의하면, 일심 재판에서 무죄가 선고되는 사건의 비율은 1%가 못 된다 (2011년과 2012년의 경우 각각 0.63%). 반면, 미국의 경우는 주법원에서 무죄선고율이 16~41%에 이르고(Coughlan, P. J., 2000. In defense of unanimous jury verdicts: Mistrials, communication, and strategic voting. *The American Political Science Review, 94*, 375-393), 영국의 경우에는 2009년에 크라운 법정에서 그 비율이 20%였다(BBC, 2012년 1월 6일). 이 비율들이 서로 직접비교가 될 수는 없더라도, 수십 배가 넘는 큰 차이는 대한민국의 무죄선고율이 영미의 그것보다 현저히 낮을 것으로 의심하기에 족하다.

104) 앞서 제7장에서 인용한 Sherif(1936)의 연구는 판단의 사회적 중요성이 높을수록 사실에 부합하는 판단보다 사회규범적인(많은 사람들이 하는) 판단에 동조하는 경향이 높아진다는 것을 보여 주었다.

105) 허위합의 편파(false consensus bias)는 자신의 의견, 믿음, 선호, 가치, 습관 등이 '정상적'이므로 다른 사람들도 자신과 동일하게 생각할 것으로 오인하는 경향성을 일컫는다. 즉, 자신의 생각과 의견 등에 대해서 다른 사람들이 동의하는 정도를 과대평가하는 경향성이다. 예를 들어, 정치인들은 자신의 숨은 지지자가 많다고 생각한다. 그러한 편파가 생기는 기본적인 기제는 다른 사람들의 생각과 의견 등이 '사회적 현실'을 구성한다는 관념이 있고, 그 사회적 현실 속에서 자신의 생각을 다른 사람들의 생각과 비교하여 자신에 대해 현실적 느낌을 가지려는 욕구가 있기 때문이다. 그런데 그 욕구가 강해서 자신의 생각과 의견을 다른 사

람에게 '투사(projection)'하는 경우에 허위합의 편파가 생긴다.
Aronson, E., Wilson, T. D., Akert, R. M. (2005). *Social Psychology*
(7th ed.). Boston: Prentice Hall; Bauman, K. P., Geher, G. (2002). We
think you agree: The detrimental impact of the false consensus effect
on behavior. *Current Psychology, 21*, 293-318; Marks, G., Miller, N.
(1987). Ten years of research on the false-consensus effect: An
empirical and theoretical review. *Psychological Bulletin, 102*, 72-90;
Ross, L., Green, D., House, P. (1977). The false consensus effect: An
egocentric bias in social perception and attribution processes. *Journal
of Experimental Social Psychology, 13*, 279-301.

106) Gennaioli, N., & Shleifer, A. (2008). Judicial fact discretion. *Journal of
Legal Studies, 37*, 1-35; Posner, R. A. (2005). Judicial behavior and
performance: An economic approach. *Florida State University Law
Review, 32*, 1259-1279; Ponzetto, G., & Fernandez, P. (2008). Case
law vs. statute law: An evolutionary comparison. *Journal of Legal
Studies, 37*, 379-430.

107) 여기서의 법적 논증은 판결문에 기재되는 판결 이유가 아니라, 법관의
마음 속에서 이루어지는 정보처리과정의 한 부분을 이루는 논증을 의미
한다.

108) Neuborne, B. (1992). Of sausage factories and syllogism machines:
Formalism, realism and exclusionary selection techniques. *New York
University Law Review, 67*, 419; Dworkin, R. (1986). *Law's Empire*.
Cambridge, MA: Harvard University Press. 삼단논법(syllogism)은 두
개의 전제(A＝B, C＝A)로부터 하나의 결론(C＝B)을 도출하는 추론 방
법이다. 법적 논증의 전제는 법규와 사실이고, 결론은 사실의 법적 의미
다. 예를 들어, 형법 제335조는 절도가 재물의 탈환을 항거하거나 체포
를 면탈하거나 죄적을 인멸할 목적으로 폭행 또는 협박을 가한 때(A),
그것을 준강도죄(B)로 정의한다. 이 형법 조항은 삼단논법의 A＝B에
해당하는 대전제다. 어떤 피고인이 물건을 훔친 후 주인에게 발각되었
고, 소매를 잡은 주인의 손을 뿌리치고 도주하려는 격한 행위로 인하여

주인이 넘어져서 다쳤다(C). 이 사실은 삼단논법의 C＝A에 해당하는 소전제다. 만약, A＝B가 참이고, C＝A가 참이라면 피고인은 준강도죄를 범한 것이다. 즉, C＝B가 참이다. 법적 논증은 대전제(법규)를 확인하고, 소전제(사실)가 참인지 증명하고, 결론의 유도가 논리적으로 타당한지 검증하는 추론을 일컫는다.

109) Skyrms, B. (1975). *Choice and Chance: An Introduction to Inductive Logic*. Belmont, CA: Dickenson; Hurley, P. J. (2008). A Concise Introduction to Logic(10th ed.). Belmont, CA: Thomson Wadsworth.

110) Wróblewski, J. (1988). Response to P. J. van den Hoven & P. Ingram: Analytic and semiotic approaches to justification of legal decision. *International Journal for the Semiotic of Law*, *1*, 71-78.

111) Pleskac, T. J., & Busemeyer, J. R. (2010). Two-stage dynamic signal detection: A theory of choice, decision time, and confidence. *Psycholosical Review*, *117*, 864-901. 이들은 객관성이 높아야 하는 판단(옳고 그름이 명백히 알려지는 판단)일수록 가부 판단을 위해 요구되는 확신감 수준이 높아진다는 것을 뇌신경 기능의 수학적 메커니즘으로 설명한다. 법관의 사실인정은 옳고, 그름이 명백히 알려질 수 있는 판단이 아니지만, 실체진실주의는 마치 그러한 판단인 듯이 높은 확신감을 요구한다.

Chapter **09**

실체진실주의의
실체:
유죄추정의 원칙

*

합리적 오판이론(신호탐지이론), 진화하는 인간/동물의 회피동기 이론(오류관리이론), 적법절차 원칙의 판단기준('합리적 의심이 없는 증명' 기준), 보통 사람들의 사실판단 연구, 그리고 판단자의 자유심증에 대한 뇌신경/심리과학 연구들은 대한민국의 「형사소송법」을 이끄는 최고 지도이념인 실체진실주의가 어떤 이념인지 구체적으로 이해하는 데 큰 도움이 된다.

초두에서 언급하였듯이, 실체진실주의는 객관적 진실을 발견하여 죄 지은 자를 처벌하지 않는 무죄오판과 무고한 사람을 처벌하는 유죄오판을 동시에 완벽하게 피한다는 의지다. 그러한 실체진실주의는 또한 당사자들의 주장이나 당사자들이 제시하는 증거에 구속받지 않고 법원이 주체적으로 객관적 진실을 규명한다는 직권주의 소송절차(inquisitorial procedure) 제도의 이념적 기초이기도 하다. 따라서 직권주의 제도의 많은 절차들이 실체진실주의의 구현을 목적으로, 혹은 전제로 구조화되었다. 즉, 직권주의 절차구조는 실체진실주의를 구현하기 위해서 조성된 소송 현실이다. 형사소송 현실에서 객관적 진실이 어떤 의미로도 존재하지 않는 관념인데도 불구하고, 실체진실주의가 직권주의 절차구조 안에서 그것을 발견할 수 있을까?

현실성

보통의 시력을 가진 사람들 대부분은 비가 오는 날에도 밤과 낮을 혼동하지 않는다. 낮의 밝기(신호)가 밤의 밝기(잡음)보다 거의 항상 현저하게 더 강하기 때문이다. 그래서 "밤낮의 진상을 명백히 하자."는 등의 슬로건이 없어도 사람들이 통상적으로 판단하는 낮과 밤은 객관적 진실이다. 마찬가지로, 죄 지은 피고인의 유죄증거가 무고한 피고인의 유죄증거보다 항상 현저하게 강하다면 어떤 주관을 가진 사람이 주관적으로 판단하든, 그 판단자가 영리하든, 어리석든 오판은 생기지 않는다. 즉, 형사소송에서 증거의 민감성이 크면 객관적 진실은 항상 발견되고, 실체진실주의는 실현된다.[1]

형사소송에서 죄 지은 피고인의 유죄증거가, 무고한 피고인의 유죄증거보다 얼마나 더 강한지 가늠할 수 있는 여러 가지 참조자료들이 있다. 그중 하나가 거짓말 간파 실험이다. 대부분의 사람들은 거짓말하는 사람과 진실을 말하는 사람을 구별하지 못한다. 거짓말하는 사람과 진실을 말하는 사람을 구별하는 실험의 데이터를 신호탐지이론에 적용하여 민감성(d')을 계산하면 거의 0이 산출된다 (DePaulo, Stone, & Lassiter, 1985).[2] 사람들이 거짓말 신호와 거짓말처럼 보이는 잡음을 구별하기 위해 사용하는 직관적인 신호탐지기의 성능이 '동전 던지기'의 성능과 유사하다는 뜻이다. 즉, 사람들에게는 죄 지은 거짓말쟁이와 무고한 피의자를 구별하는 능력이 없다. Kassin과 Fong(1999)[3]은 한 집단의 참가자들을 대상으로 거짓말을 간파하는 훈련을 시킨 후, 모의범죄의 진범(거짓말하는 사람)을 무고한 용의자(진실을 말하는 사람)와 구별하도록 하였다. 또 다른 한 집단의 참가자들에게는 거짓말 간파 훈련을 시키지 않고 모의범죄의 진범을 알아내도록 하였다. 거짓말 간파 훈련을 받지 않은 참가자들 중 55.6%가 거짓말하는 진범을 정확히 지목하였다. 거짓말 신호와 잡음을 동전 던지기로 구별하는 것과 별반 다를 바 없는 비율이다. 거짓말 간파 훈련을 받은 참가자들은 더 열악한 결과를 보여 주었다. 45.6%가 거짓말하는 진범을 지목하였다. 거짓말을 간파하지 못하는 것은 경력이 많은 직업 경찰관도 다를 바 없다(Ekman & O'Sullivan, 1991).[4] 현역 경찰관들을 대상으로 실시된 실험에서도 대동소이한 결과가 도출되었다(Ekman, O'Sullivan, & Frank, 1999).[5]

첨단 전자장치를 이용하여 감추어진 거짓말 신호를 과학적으로 포착하는 폴리그라프의 성능은 사람들이 사용하는 직관적인 탐지기의 성능보다 얼마나 더 우수할까? 많은 연구들이 이루어졌고(예, Szucko & Kleinmuntz, 1981; Swets, 1996; Raskin & Honts, 2000),[6] 지금도 이루어지고 있지만, 폴리그라프의 민감성 d'은 최소 0.1, 최고 2.5 범위에서 나타난다. 최고의 폴리그라프 민감성 $d'=2.5$는, 제2장에 제시된 [그림 2-2]와 같은 중립적인 판단기준을 사용하는 경우, 거짓말하는 진범들 중 무고한 것으로 오판되는 사람의 비율과 무고한 사람들 중 진범으로 오판되는 사람의 비율이 각각 약 11%가 되는 민감성이다.

범죄현장에서 범인을 직접 목격한 후 수사기관이나 법정에서 자신이 목격한 범인을 식별하는 목격증인의 민감성은 얼마나 될까? Shapiro와 Penrod(1986)[7]는 목격증인의 범인식별 정확성을 검증한 실증연구 120개의 자료를 모두 취합하여 목격증인의 민감성을 산출한 결과, 최대 $d'=0.8$이 산출되었다. 목격증인의 최대 민감성은 대한민국 법정에서 증거능력을 인정받지 못하는 폴리그라프의 최대 민감성보다 훨씬 더 열악하다. $d'=0.8$은 중립적인 판단기준을 사용하는 경우, 진범을 범인이 아니라고 오판하는 비율과 엉뚱한 사람을 진범으로 오판하는 비율이 각각 최소 약 34%가 되는 민감성이다.

첨단 과학장비들은 신호탐지 민감성이 얼마나 될까? 뇌손상 여부를 탐지하는 CT 스캔의 민감성은 거짓말을 탐지하는 폴리그라프의 최대 민감성과 유사한 2.4~2.9 정도다(Swets, 1996). 비정상적인 세포와 정상적인 세포를 구별하여 자궁경부암을 진단하는 전자현미경의 진단 민감성은 1.6~1.8 정도다(Bacus et al., 1984).[8] 여성들의 유방암 진단을 위해 광범위하게 사용되는 마모그람의 민감성은 1.3 정도다(Swets, Dawes, & Monahan, 2000).[9] 또한 남성들의 전립선암을 초기에 진단하기 위해 많이 사용되는 혈액검사 PSA(Prostate Specific Antigen)의 민감성은 2.0 정도다(Etzioni, Pepe, Longton, Hu, & Goodman, 1999).[10] 비가 내릴 것인지 여부를 예측하는 일기예보의 민감성은 1.5 정도이고, 미국 뉴멕시코 주의 기온을 예측하는 일기예보의 민감성은 1.7 정도이며, 캔사스 시티의 토네이도 예보의 민감성은 1.0 정도다(Mason, 1982).[11] 또한 호주 캔버라 공항의 24시간 전, 18시간 전, 12시간 전 안개 예보 민감성은 각각 0.8, 1.0, 1.2 정도다(Arkes & Mellers, 2002).[12]

형사재판에서 사실판단을 위해 사용되는 증거의 민감성은 얼마나 될까? Arkes와 Mellers(2002)는 오하이오 주립대학교 학생들 133명에게 형사재판에서 무죄오판(죄 지은 피고인을 무죄로 판단하는 오류)과 유죄오판(무고한 피고인을 유죄로 판단하는 오류)을 얼마나 허용할 수 있는지 질문하였다. 대학생들은 평균적으로 무죄오판은 8%, 유죄오판은 5%까지 용인할 수 있다고 응답하였다. 일반인들의 이러한 통념은 대한민국 「형사소송법」의 실체진실주의와 일맥상통하는 것이다. 무죄오판과 유죄오판은 공히 가능한 한 생겨서는 안 된다는 지당하고 고귀한 통념이다. 대한민국 「형사소송법」의 최고 지도이념인 실체진실주의는 미국 대학생들의 통념보다 조금은 더 고귀할 것이므로 무죄오판과 유죄오판을 공히 5% 이내로 제한하는 이념이라고 가정하자. 그러한 오판율이 가능하려면, 형사재판에서 사실판단을 위해 사용되는 증거의 민감성은 최소 3.2 이상이어야 한다. 만약 실체진실주의가 용인할 수 있는 무죄오판과 유죄오판의 비율이 각각 1% 이하라면, 증거의 민감성은 최소 4.4 이상이 되어야 한다.

　형사재판의 실제 무죄오판율과 유죄오판율을 알 수 있다면, 형사재판의 증거 민감성을 정확히 산출할 수 있다.[13] 그러나 그것을 정확히 산출할 필요는 없다. 그 정확한 민감성이 무엇이든 간에 거짓말이 상존하고, 목격자의 기억이 불완전하며, 증인의 진술이 모호하고,[14] 물증들이 오해되거나, 오염되거나, 조작될 수 있고, 혐의를 촉발한 사실이 그 혐의를 증명하는 증거로 사용되고, 피고인이 허위로 자백할 수 있고, 사실판단자가 편향/편파될 수 있으며,[15] 심지어는 핵심증거가 없기도 하는 형사재판의 증거 민감성이 전자현미경, CT 스캔, 수퍼컴퓨터를 사용하는 일기예보의 민감성보다 더 높을 수 없다. 이 주장은 따로 증명할 필요가 없다. 과학자들이 지능을 측정하거나, 자궁경부암을 진단하거나, 뇌손상을 탐지하거나, 날씨를 예보하기 위해 재판을 하지 않는다는 사실이 그 증명이다. 따라서 형사재판의 민감성이 최소한 3.2, 혹은 4.4 이상일 것을 요구하는 실체진실주의는 현실의 법정에서 구현되는 것이 불가능한 판타지다.

공정성

형사소송에서 실체진실주의를 실현하기 위해서는 형사재판의 증거 민감성이 거의 완벽해야 한다. 증인이 진실을 말하고, 목격자가 진범을 식별하며, 물증은 타당하고, 무고한 피고인이 범행을 부인하고, 진범은 자백하며, 판단자가 공정하고, 모든 증거는 그것의 타당도(validity)를 증명하는 보강증거를 수반할 때, 실체진실주의는 실현된다. 증거 민감성이 완벽하지 않고, 잡음과 신호가 혼동되는 현실에서는 한 개의 판단기준 β를 사용하여 그 의지를 실현하는 방법은 없다.

증거 민감성이 완벽하지 않을 때, 실체진실주의를 실현하기 위해서는 최소한 두 개의 판단기준이 필요하다. 그 자명한 이유는 무죄신호와 유죄 신호는 동일한 종류가 아니기 때문이다. 특별히 신뢰할 수 있는 상황에서 이루어진 자백은 유죄 증거가 될 수 있지만, 특별히 신뢰할 수 있는 상황에서 이루어진 범행 부인이 무죄를 증명하는 증거는 아니다. 범죄발생 시 텔레비전 생방송에 출연한 것은 무죄증거가 될 수 있지만, 생방송에 출연하지 않은 것이 유죄증거는 아니다. 무죄증거가 유죄증거의 부재나 반대가 아니고, 무죄증거의 부재나 반대가 유죄증거가 아니기 때문에 무죄판단과 유죄판단은 별개 차원의 다른 판단들이다. 의심의 여지가 없는 무죄판단을 위해서는 무죄를 증명하는 증거들이 필요하고, 의심의 여지가 없는 유죄판단을 위해서는 유죄를 증명하는 증거들이 필요하다. 별개 차원에서 각각, 그리고 모두 정확한 판단을 하기 위해서는 각 차원마다 엄격한 판단기준을 가져야 한다.

실체진실주의는 두 개의 판단차원을 전제한다. 하나는 무죄추정 (presumption of innocence)을 전제하는 차원이고, 또 하나는 유죄추정(presumption of guilt)을 전제하는 차원이다. 무죄추정 차원에는 무고한 사람을 처벌하지 않기 위한 엄격한 판단 역치가 있어야 하고, 유죄추정 차원에는 진범을 놓치지 않기 위한 엄격한 판단 역치가 있어야 한다. 실체진실주의는 "무죄인가?"와 "유죄인가?"의 두 가지 물음에 답해야 하는 이념이고, 그 물음들에 답하기 위해서는 두 개의 증명기준(판단역치)이 있어야 한다. 따라서 실체진실주의는 형사소송에서 이중잣대(double standards)를 사용하여 판단한다는 의지와 다름 아니다. 무죄추정 원칙에 기하여 피고인이 의심의 여지없이 유죄일 때에만 유죄판단을 하는 동시에, 유죄추정 원칙에 기하여 의심의 여지없이 무죄일 때에만 무죄판단을 한다는 의지다. 따라서 실체진실주의를 실현하려는 국가의 의지가 진정성을 가진 것이라면, 두 종류의 검찰청이 있어야 한다. 피고인의 유죄를 입증할 책임을 가진 검사가 당연히 있어야 하듯이, 무죄를 입증할 책임을 가진 검사가 당연히 따로 있어야 한다.[16] 국가는 무죄입증책임 검사에게 유죄입증책임 검사보다 수십 배 더 강력한 법적, 인적, 물적 지원을 해 주어야 한다. 왜냐하면 무죄를 의심의 여지없이 입증하는 것은 유죄를 입증하는 것보다 훨씬 더 어렵기 때문이다(다음의 '과학성' 참조).

각각의 엄격한 이중잣대는 동시에 공존할 수 없다. 이중의 기준을 사용하는 판단은 반드시 '판단불능'의 경우에 봉착하게 되기 때문이다. 증거 민감성이 열악한 형사소송의 현실에서는 엄격한 이중기준이 모두 만족되지 못하는 소송들이 필연적으로 매우 많이 생긴다. 그 자명한 이유 또한 무죄를 증명하는 증거와 유죄를 증명하는 증거가 별개이기 때문이다. 엄격한 유죄판단 기준을 충족하지 못하는 유죄증거들은 무죄증거가 아니기 때문에 당연히 엄격한 무죄판단 기준도 충족하지 못하고, 그 반대도 마찬가지다. 유죄증거가 거의 완벽하거나 무죄증거가 거의 완벽한 소송을 제외한 대부분의 나머지 소송들에서는 이중기준에 의존하여 사실(유무죄)판단을 할 수 없다. 만약 그러한 자충을 무릅쓰고 판단을 한다면, 이중잣대로 이루어지는 판단은 그 자체만으로 불공정한 판단이다.

과학성

피고인의 유죄가 의심의 여지없이 증명되었을 때에만 유죄판단을 하고, 무죄가 의심의 여지없이 증명되었을 때에만 무죄판단을 하는 이중기준이 존재할 때, 진실로 무고하지만 완벽한 알리바이(alibi)[17]가 없는 피고인은 결코, 영원히 '무죄!'로 단정될 수 없다. 어떤 피고인도 완벽한 알리바이가 없는 한, 절대로 자신의 무죄를 의심의 여지없이 입증할 수 없고, 검사의 주장을 반증할 수 없기 때문이다. 입증이란 이론, 가설, 의심이 옳다는 것을 증명하는 것을 말한다. 반증이란 반대 가능성을 관찰/경험하여 가설이나 의심이 틀렸음을 증명하는 것이다. 일반적으로, 무엇인가가 '없다'는 주장이나 의심은 입증가능성이 없는 반면, 반증가능성(falsifiability)이 있다. 반대로, '있다'는 주장이나 의심은 입증가능성이 있는 반면 반증가능성이 없다. 예를 들어, '귀신은 없다'는 진술은 반증가능성이 있다. 그 진술이 틀렸다면 언젠가는 귀신을 관찰/경험하여, 즉 귀신의 존재를 입증하여 그 진술을 기각할 수 있기 때문이다. 그러나 '귀신은 있다'는 진술은 반증가능성이 없다. 귀신이 없다는 것을 확정적으로 관찰/경험하는 것, 귀신의 부존재를 입증하는 것이 불가능하기 때문이다.

Karl Popper(1902~1994)는 반증가능성을 실증과학의 요체로 생각하였다.[18] 과학적인 이론, 가설은 그것이 틀렸다는 것을 경험하여 기각할 수 있어야 한다는 것이다. 그래서 실증과학자들은 입증을 통해서가 아니라 반증을 통해서 사실을 발견한다. 실증과학자들이 가설검증을 통해 발견하는 사실의 핵은 소위 기무가설 혹은 '영가설(null hypothesis)'이다. 과학적 가설검증의 시작과 과정, 그리고 결론과 해석은 영가설을 중심으로, 영가설에 의해서, 그리고 영가설에 대해서 이루어진다. 영가설은 무언가가 없다는 가설이다. 영가설이 강력한 증거에 의해 기각되면, 그 무언가의 존재를 인정할 수 있는 기본조건이 구비되고, 사용된 증거에 대한 다른 하자나 결함이 없을 때 그 존재가 사실로 인정된다.

무죄추정은 죄가 없다는 추정이다. 그래서 무죄추정은 입증될 수 없다. 반증될 수 있을 뿐이다. 반면에 유죄의심은 입증될 수 있지만 반증될 수 없다. 결국 완벽한 알리바이가 없는 형사피고인은 자신의 무죄를 입증할 수 없고, 검사의 유죄주장을 궁극적으로 반증할 수도 없다. 반면에 검사는 자신의 유죄의심을 입증할 수 있고, 피고인에 대한 무죄추정을 반증할 수도 있다. 그래서 형사재판은 시작부터 피고인에게 논리적, 실질적, 절대적으로 불리하다.

문제는 거기에서 그치지 않는다. 입증 혹은 반증 시도가 실패한 추정이나 의심은 최소한 다음 시도까지는 계속 추정 혹은 의심의 상태로 유지된다. 즉, 사실 혹은 비사실의 뚜렷한 지위를 획득하지 못한다. 무죄추정이 반증되면 피고인은 유죄다. 반증되지 않으면 피고인은 계속 무죄로 추정된다. 반면에, 유죄의심이 입증되면 피고인은 사실적으로 유죄이지만, 유죄의심이 입증되지 않으면 계속 유죄로 의심될 뿐이다. 그래서 유죄의심으로 시작된 형사재판에서는 알리바이가 없는 피고인이 그 의심에서 벗어날 길은 없다. 이것이 대한민국에서 일사부재리의 원칙(double jeopardy)에도 불구하고 무죄판결을 받은 피고인이 검사에 의해 항소되고(「형사소송법」 제338조),[19] 검사의 항소를 많은 사람들이 당연한 것으로 보는 근본적인 이유다. 또한 「형사소송법」(제298조)이 검사의 공소로는 피고인의 유죄를 판단할 수 없을 때, 판사가 검사에게 공소장 변경(공소사실 또는 적용법조의 추가, 철회, 변경)을 요구할 것을 요구하는 것("법원은……. 요구해야 한다.")도 같은 이유에서다. 「형사소송법」에 유죄가 의심되는 피고인은 반드시 처벌한다는 실체진실주의가 무죄추정의 원칙과 더불어 함께 살아 있기 때문이다. 의심의 입증을 위해 고안된 절차가 초래하는 이러한 인식론적 현상을 미국의 William Overton 판사는 1982년에 McLean vs. Arkansas 재판에서 다음과 같이 표현하였다. "미리 정해진 결론이 어떠한 증거에 의해서도 바뀔 수 없다면 그(사실 발견) 방법은 과학적이라고 할 수 없다."[20] 무죄추정의 원칙과 실체진실주의의 공존은 비과학적이다.

비과학적인 공존은 유지될 수 없다. 일찍이 대한민국은 실체진실주의를 구현하고자 소송의 사실판단 책무와 권리를 법관의 자유심증에 위임하였다. 소위 직권주의 제도다. 그런데 주지하다시피 대한민국에서도 '합리적 의심이 없는 증명' 기준(PBRD 기준)은 '법(law)'이 되었다.[21] 그래서 그 기준은 모든 형사법정의 사실판단 기준이 되었고, 실체진실주의 마당에 꽂힌 판단 이정표가 되었다. 대한민국은 PBRD 기준을 마당에 꽂으면서 무고한 사람을 처벌하면 안 된다는 적법절차 원칙을 명시적으로 선택하였지만, 죄 지은 자를 놓치지 않으려는 본능적 동기를 포기하지는 않았다. 또한 무죄추정 원칙을 선택하였지만, 무죄오판을 두려워하는 원초아를 비장하게 내치지는 않았다. 무죄추정과 유죄추정이 공존하고, 적법절차와 실체진실 발견의 의지가 공존하는 모순 때문에 법관의 자유심증이 너무 혼란스러워질 것을 염려하여, 적법절차 원칙이 실체진실주의와 '모순되는 것은 아니다'라는 위로의 말도 잊지 않았다.[22]

　'법'이 아니더라도 말은 사람을 움직인다. 그 말이 아주 틀린 것이 아닐 때에는 더욱 그렇다. 적법절차 원칙이 실체진실주의와 '모순되는 것은 아니다'라는 위로의 말은 아주 틀린 것은 아니다. 왜냐하면 실체진실주의는 당연히 무죄추정과 적법절차를 포함하기 때문이다. 그래서 그 말은 법관에게 실제로 위로가 된다. 그러나 실체진실주의는 무죄추정 때문이 아니라, 그것이 포기할 수 없는 유죄추정 때문에 적법절차 원칙과 모순된다. 적법절차 원칙은 한 명의 무고한 사람을 처벌하지 않기 위해서 열 명의 무죄오판을 회피하지 않는 비장한 결단이다. 죄 지은 자를 반드시 처벌해야 하는 실체진실주의는 무죄오판의 회피를 포기할 수 없기 때문에 그 원칙과 함께 공존할 수 없다.

투명성

실체진실주의 때문에 이중기준이 존재하고, 증거가 무죄판단 기준과 유죄판단 기준을 모두 초과하지 못하여 객관적 진실이 무엇인지 판단할 수 없을 때, 사실판단자는 두 가지 스탠스 중 하나를 선택해야 한다. 첫 번째 스탠스는 두 개의 기준들 중 하나를 포기하는 것이다. 즉, 객관적 진실의 발견을 포기하는 것이다. 보통법 전통에서 발전한 당사자주의 소송제도에서는 오랜 역사에 걸친 시행착오를 통하여 결국 유죄추정 원칙, 엄격한 무죄판단 기준, 그리고 객관적 진실의 발견을 포기하고, 엄격한 유죄판단 기준만 사용하는 결단을 하였다. 그 단일의 판단기준이 '합리적 의심이 없는 증명'이다. 그런데 그 기준의 이름은 너무 어렵다. 어렵다기보다는 좀 이상하다. 사람들은 이상한 것을 믿지 않는다. 그래서 신호탐지이론이 학계에 나타나기 훨씬 전인데도 불구하고, William Blackstone 판사는 그 기준을 "한 명의 무고한 사람을 처벌하는 것보다 열 명의 죄인을 놓치는 것이 더 좋다."[23]고 설명하였다. 유죄오판을 회피하기 위해 무죄오판을 범해야 한다면, 진실발견에 집착하지 말고 기꺼이 그렇게 하라는 뜻이다.

엄격한 이중기준이 판단불능 상황을 초래하는 데에도 불구하고 실체진실주의를 포기할 수 없을 때, 판단불능 상황을 타개하기 위해서 사실판단자가 취할 수 있는 스탠스는 두 개의 기준들을 서로 타협시켜서 제3의 기준을 만들고, 그 제3의 기준으로 사실을 판단하는 것이다. 그러나 지당한 포부를 가지고 실체진실주의를 장엄하게 공표했던 판단자는 이중기준들의 타협을 공개적으로 행하기 어렵다. 더 큰 문제는 실체진실주의를 포기할 수 없는 판단자는 이중기준의 타협과 포기를 스스로 용인할 수 없다. 자존감이 손상되기 때문이다. 다행히 판단자에게는 이럴 때 활용할 수 있는 놀라운 능력이 한 가지 있다. 이중기준의 타협을 자기 자신이 모르게 물 밑에서 순식간에 이루는 것이다.

미국 연방대법원은 1966년에 유명한 미란다 사건의 판결 (Miranda vs. Arizona, 384 U.S. 436, 448)에서, "사적 상황은 비밀을 초래한다 (Privacy results in secrecy)."고 하였다. 실체 진실주의가 살아 있을 때, 사실판단자의 무의식에서는 무죄오판의 회피와 유죄오판의 회피가 항상 갈등하고, 그래서 항상 타협해야 한다. 더 정확히 말하면, 실체진실주의 때문에 무의식적 갈등이 초래되고, 갈등 때문에 원초아와 초자아 사이에 협상이 필요해진다. 그 두 개의 회피동기 중 어느 쪽이 자신의 엄격한 기준을 양보하여 협상이 마무리되든 그 협상은 실체진실주의가 희망하고 정의하는 실체적 진실의 발견 혹은 객관적 사실의 발견과는 거리가 먼 것이다. 모르긴 해도, 실체적 진실이나 객관적 사실은 협상과 타협으로 발견되지는 않을 것이기 때문이다.

합리성

딜레마와 불확실성이 상존하는 현실계에서 합리성의 요체는 각 오판이 초래하는 비용과 손해를 계산하고, 상대적으로 덜 비싼 오판은 회피하지 않는 것이다. 모든 유죄오판이 초래하는 총비용(기대비용)과 모든 무죄오판이 초래하는 총비용(기대비용)의 균형점을 찾아서 궁극적으로 손해의 총량을 최소화하는 것이다.

죄 지은 자를 반드시 처벌하고, 무고한 사람을 절대로 처벌하지 않는다는 실체진실주의는 유죄오판과 무죄오판의 폐해와 비용이 같거나 엇비슷하다고 보는 관념이다. 대한민국은 그 비용계산을 어떻게 한 것일까? 실체진실주의를 「형사소송법」의 최고 지도이념으로 추앙하는 다른 국가들에서는 무죄오판과 유죄오판의 상대적 비용을 어떻게 계산했을까? 그 계산서에는 무죄오판이든, 유죄오판이든 오판에 의해 범죄통제가 실패하는 비용, 유죄오판에 의해 적법절차가 실패하는 비용, 유죄오판에 의해 시민권리가 붕괴위험에 몰리는 비용은 당연히 포함되어야 할 것이다. 그 비용들을 계산에 포함하고도 유죄오판과 무죄오판의 총액을 엇비슷한 것으로 계산하는 데에는, 뭔가 심대한 다른 항목이 있어야 한다.[24] 그 블랙홀과 같은 거대한 항목이 무엇인가? 보통법 전통의 당사자주의 제도가 오판비용의 계산에서 간과하거나 빠뜨린, 무죄오판에 의해 초래되는 엄청난 숨은 비용이 따로 존재하는 것일까, 아니면 대한민국에서는 유죄오판에 의해 붕괴되는 시민권리의 단가가 매우 저렴한 것일까?

적법절차 원칙과는 달리, 시민법과 직권주의 전통의 역사적인 고전이나 현대의 저명한 저술 등에서는 실체진실주의의 구체적 오판비용 계산서를 찾아보기 어렵다. 아마도 구체적 계산을 해 본 바가 없을 것이다. 실체진실의 발견이 목적인 바에는 오판비용을 왜 계산하는가? 기왕이면 금을 찾는 것이 좋은 광부와는 달리, 반드시 금을 찾아야 하는 광부에게는 금을 놋쇠로 오판하거나, 놋쇠를 금으로 오판하는 것은 차이가 없다. 실체진실의 발견을 기치로 세우고, 그 밑에서 오판비용을 계산한다는 것은 위선이다. 그래서 대한민국도 그러한 계산 따위에 진정한 관심을 가져본 바가 없다. 그런데 오판비용을 계산하지 않는 것이 바로 '비합리성'의 정의다.

만약 증거의 민감성이 항상 완벽하고 유죄와 무죄가 항상 완벽하게 증명될 수 있으면, 혹은 과거의 객관적 사실이 직접 경험될 수 있거나 그것에 대한 사람들의 동의가 변하지 않는다면, 어떤 오판이 덜 비싼지 계산해서 그것을 범하는 비장한 합리성은 필요 없다. 그래서 오판비용의 상대적 경중을 계산할 필요도 없고, 만에 하나 실수로 생길지도 모르는 오판의 비용은 다만 규범적으로 공평하게 선언되어도 좋다.

형사소송 현실을 그와 같이 결함 없는 낙원으로 보는 것은 합리적인가? 이 세상에는 비합리도 난무하므로, 그래도 세상이 망하지 않으므로 이 질문을 위해 심각한 표정을 지을 필요가 없는지도 모른다. 그러나 실상 이 질문은 매우 심각한 질문이다. 왜냐하면 세상은 망하지 않을 것이지만, 그 세상에서 합리적이지 않은 것은 진화하지 않고, 진화하지 않으면 도태되기 때문이다. 완벽한 증거 민감성과 이중의 판단기준을 전제하는 실체진실주의는 하나의 오판을 회피하면 다른 오판을 범해야 하는 세상의 딜레마를 모른다. "피고인이 무죄인지, 무죄가 아닌지는 판단하지 말라."는 무죄추정의 원칙과 William Blackstone 대법관의 충고를 이해하지 못한다. 그래서 합리성을 모른다. 딜레마를 모르고 합리성을 모르기 때문에 유죄오판과 무죄오판의 상대적 비용을 계산하지 않고 무조건 모든 오판을 회피하려는, 고귀하지만 순진한 의지를 가지고 불완전한 세상으로 걸어나오는 순간 도태될 운명에 놓이게 되었다.

대한민국 대법원은 1960년대 중반부터 반복적으로 '합리적 의심이 없는 정도의 증명'을 형사소송의 사실판단 기준으로 정립하였다 (1965도370, 1982도263, 1997도974, 2004도2221). 또한 2007년에는 「형사소송법」 제307조로 그 기준이 명문화되었다. 대한민국 법 현실의 이러한 변화는 인정을 하든, 안 하든 실체진실주의의 도태가 진행되고 있다는 것을 의미한다. 그러나 직권주의 소송절차의 이념적 토대인 실체진실주의가 그 소송절차의 일대 변혁없이 완전히 바뀌기 어렵다. 그 한 가지 이유는 대한민국의 형사소송 절차의 구조가 처음 조립될 때, 각 절차들이 실체진실주의라는 상표의 독일제 접착제로 견고하게 연결되었기 때문이다. 그런데 실체진실주의가 완전히 도태되기 어려운 더 중요한 이유는 따로 있다. 사람들의 본능적 동기다.

실체진실주의의 의지는 앞에서 인용한 미국 오하이오 주립대학 학생들과 같이, 형사소송에서 종류를 막론하고 오판하지 말아야 한다는 사람들의 직관적 통념과 잘 부합한다. 사람들이 그러한 직관적 통념을 가지는 이유 중의 하나는 위험한 범죄자를 간과하지 않으려는 당연한 동기, 무죄오판의 회피동기가 진화과정에서 인간에게 체화된 본능이기 때문이다. 앞에서 필요 이상으로 장황하게 설명하였지만, 그 본능은 위험한 절벽 위에서 발을 헛딛지 않으려는 동기와 똑같아서 의식하기도 어렵고, 의식되더라도 의지로 극복하기 어려운 것이다. 그 본능 때문에 실체진실주의는 판례와 성문의 법 현실에서 터전을 잃게 되더라도, 정직하고, 청렴하며, 양심적인 사실판단자들의 무의식 속에서 살아 작동할 수 있다. 서로 대립하는 원초아와 초자아가 자아의 중재에 의해 타협하며 존재하는 무의식의 원리들은 합리성이 필요한 현실 세상의 원리와 다르기 때문에 무의식 속에서는 실체진실주의가 건재할 수 있다. 다만, 무의식에 숨은 실체진실주의는 진짜가 아닐 가능성이 높다. Park 등(2016)의 연구가 보여 주듯이, '합리적 의심이 없는 정도의 증명' 기준을 피해서 무의식에 숨은 실체진실주의가 발견한 사실은 무죄오판의 회피동기와 유죄오판의 회피동기가 타협한 결과일 가능성이 높다. 모든 증거조사가 종결된 후에 이루어지는 그 타협은 더 이상 증거에 의하지 아니한다. 증거에 의해서가 아니라, 갈등하는 동기들의 타협에 의해 사실을 판단하기 때문에 그것은 때에 따라 달라지는 오판일 가능성이 높다. 무죄오판의 회피동기가 그것의 엄격성을 포기하면 무죄오판일 가능성이 높아지고, 유죄오판의 회피동기가 그것의 엄격성을 포기하면 유죄오판일 가능성이 높아진다. 어떤 쪽이든 실체진실과는 거리가 먼 판단이다. 두 종류의 오판을 모두 회피하고, 그래서 객관적 진실을 발견하려는 의지가 오히려 가짜 사실을 발견할 가능성을 높이는 이상한 현상은 두말할 필요도 없이 그 의지가 비합리적이기 때문이다.

진실성

실체진실주의는 법관이 항상 실체진실을 발견할 것으로 믿지 않는다. 두 가지 이유 때문이다. 첫째 이유는 법관의 판단이 실체진실이라고 믿을 수 있는 논리적 근거가 없기 때문이다. 둘째 이유는 법관의 심증에 사이버네틱스 장치가 없고, 그래서 연습과 훈련을 할 수 없는 것이 자명하기 때문이다. 첫째 이유 때문에 실체진실주의는 법관의 심중에 '깊은 내면의 확신'이라는 족쇄를 채웠다. "죄 지은 자를 놓치는 것이 절대 아니고, 죄 없는 자를 처벌하는 것이 절대 아니다."는 확신에 의해 실체진실을 발견하라는 족쇄다. 실체진실을 발견했다면, 당연히 그런 확신을 가져야 한다. 둘째 이유 때문에 실체진실주의는 법관에게 공개적 법적 논증의 족쇄를 또 채웠다. 법적 논증이 공개되어야 법관의 심중이 문제제기 대상이 될 수 있다.

그런데 「형사소송법」은 법관과 적법절차 계약 또한 체결하였다. 그 계약은 법관이 '합리적 의심이 없는 증명'에 의해 사실판단을 하라는 계약이다. "죄 지은 자를 놓치는 것인지는 몰라도, 죄 없는 자를 처벌하는 것은 아니다."라는 확신에 의해 판단하라는 반쪽의 족쇄다.

법관이 「형사소송법」과 체결한 '합리적 의심이 없는 증명' 계약은 유죄판단을 위한 조건이다. 무죄판단을 위한 조건은 적법절차 계약에 없다. 그래서 적법절차 계약 상 법관의 무죄판단은 자유로워야 한다. 마음을 비우고 할 수 있어야 한다. 그러나 「형사소송법」과 이중계약에 묶인 법관은 무죄판단을 위해서 마음을 비울 수 없다. 실체진실주의 계약 때문에 대한민국의 법관은 "죄 지은 자를 놓치는 것이 절대 아니다."는 확신이 있을 때에만 무죄판단을 해야 한다. 피고인의 무죄에 대해서 '깊은 내면의 확신'이 있어야 한다.

자유롭게 무죄판단을 할 수 있는 심증이 세상에 존재하기는 할까? 일부 보통법 국가에서는 법의 간섭 뿐만 아니라, 명예와 권위의 무게로부터도 자유로운 심증에 사실판단을 이관하였다. 소위 배심원이다. 또한, 뇌신경의 제약만족 원리 때문에 배심원의 심증도 생리적으로 구속될 것을 우려하여 10명 전후의 동료 배심원들이 서로의 그리고 자신의 이해를 진정으로 의심하고 치열하게 따지지 않으면 안 되는 만장일치(unanimous) 평의제도를 채택하였다. 한 개의 뇌에 형성되는 사건이해를 10개 전후의 서로 독립적인 메타인지가 달려들어 의심하고 분해토록 하였다.

얻을 것이 없으므로 잃을 것도 없고, 서로 누군지도 모르고, 아래위도 없고, 그래서 이해관계나 존경심이나 두려움도 없고, 앞으로 다시 보게 될 가능성도 현실적으로 없고, 그래서 나중을 걱정할 필요가 없고, 어떠한 종류의 기대도 받거나 주는 사람이 없기 때문에 서로 칭찬하거나 비난할 필요도 없고, 제3의 다른 주체의 판단을 상상할 필요가 없는 10명 전후의 사람들이 노골적인 말다툼 끝에 전원합의에 이른다. 전원합의란 사회적 인지부조화가 없다는 뜻이므로 나중에라도 그들의 양심을 의심할 필요가 없다. 또한 혼자만의 판단이 아니고, 삼단논법을 사용한 것도 아니기 때문에 판단의 이유를 설명할 수도 없고, 설명할 필요도 없다. 이러한 사실판단 제도가 가지는 본질적 의미는 무엇일까? 그 본질적 의미는 배심원들의 전원합의된 결론이 논리적이든 아니든, 경험한 바(판례)가 있든 없든, 이치에 맞든 안 맞든, 그리고 실체진실이든 아니든, 인식론적 의미(사회적)의 객관적 진실이라는 것이다. 적어도 형식논리적으로는 대법원의 전원합의제와 마찬가지로, 혹은 그보다 더 메타인지의 자유가 극대화된 구조 안에서 이루어진 사실판단, 일종의 '신의 한 수'다.

깊은 내면의 확신을 가져야 하고, 판결이유를 써야 하며, 그래서 법적 논증을 해야 하는 법관의 심중에 「형사소송법」이 준 자유는 실체진실의 발견을 위한 자유라기보다는 정확성이 분명하지 않은 다른 법관의 판단[25]에 대한 상상의 자유다. 자신이 이해한 사건을 남

의 머리에 투사하고, 그 투사된 형상을 상상해서 찾은 진실은 아마
도 실체진실이 아닐 것이지만,[26] 「형사소송법」과 계약을 맺은 법관
으로서는 어쩔 수 없는 일이다. 유죄판단은 몰라도 최소한 무죄판단
은 마음을 비우고 할 수 있어야 하지만, 대한민국의 법관은 결코 그
럴 수 없다. 그것은 법관의 잘못이 아니다. 법관에게 권위와 명예와
자유를 준 대가로 실체진실주의가 강요하는 것이다.

책임성

앞에서 인용한 Engel(2008)은 미국의 법은 무책임하고(irresponsible), 유럽의 법은 비합리적(irrational)이라고 했다. 미국 법은 무죄오판
을 많이 범하고, 유럽 법은 실현이 불가능하다는 뜻이다. 양비론은 건
설적이지 않으므로 Engel(2008)의 말을 거꾸로 하면, 미국 법은 합리
적이고, 유럽 법은 책임감이 강하다는 뜻이다. 미국 법은 유죄오판을
범하지 않기 위해서 무죄오판을 감수하므로 합리적이고, 유럽 법은
실체진실주의를 구현하기 위해 어떠한 오판도 범하지 않으려는 가상
한 노력을 경주하므로 책임감이 강하다는 뜻이다.

역시 양비론은 건설적이지 않으므로 근자에 대한민국 「형사소송
법」은 미국 법의 합리성과, 유럽 법의 책임성을 섞었다. 멀리서 선한
눈으로 보면 그 둘이 모두 훌륭한 가치를 가진 것으로 보이기 때문
에 미국과 유럽에서 고상해 보이는 것을 모두 가져와 「형사소송법」
을 조립하였다. 그래서 「형사소송법」은 이념적으로 비만해졌고, 구
조적으로 복잡해졌다. 공룡이 되었다. 그런데 그것은 합리성을 위해

서는 무책임해져야 하고, 책임성을 위해서는 비합리적일 수밖에 없으므로 둘 중에 하나를 선택해야 한다는 것을 보지 못했거나 외면한 결과다. 자신이 사는 세상의 딜레마를 신중히 살피지 않고 유통가치와 보존가치에 대한 치밀한 계산 없이 직관에 의해서만 이루어진 큰 오산이다.

　보존가치가 서로 다른 것들을 섞으면 나쁜 것만 유통되고, 좋은 것은 유통되지 않는다. 이 원리를 경제학자들은 '그레셤(Gresham)의 법칙'(Tamari, 1982)[27] 이라고 부른다. 앞서 살펴본 신호탐지이론의 지혜를 빌려 보면, 실체진실주의는 유통가치가 큰 반면, 보존가치가 적고, 적법절차 원칙은 유통가치가 적은 반면, 보존가치가 큰 원칙이다. 사회적 비용을 초래하는 어떠한 오류도 범하지 않겠다는 실체진실주의는 손해와 비용을 무조건 싫어하는 사람들 사이에서 잘 유통된다. 유통가치가 크다. 그러나 오래 사용하면 모든 사람에게 큰 누적손해를 초래하는 의지다. 보존가치가 적다. 반면에 적법절차 원칙은 무죄오판에 의해 초래되는 비용은 기꺼이 감수한다는 원칙인 까닭에 손해보기 싫어하는 사람들이 좋아하지 않고, 그래서 유통가치가 적다. 그러나 오래 사용하면 결국 모든 사람의 총 누적손해를 최소화하는 원칙이다. 그래서 보존가치가 크다. 따라서 미국 법의 합리성과 유럽 법의 책임성을 섞으면 유통가치가 더 적고, 보존가치가 더 큰 합리성은 세상에서 유통되기 어렵다. 합리성은 전시용으로 전락하고, 책임성만 세상에서 널리 유통된다. "죄 지은 자를 반드시 처벌"하려면 꼭 필요한 유죄추정의 원칙만 널리 유통된다.

　심지어는 부부관계에서도 합리성과 책임성을 그냥 섞으면 안 된다. 부부관계에서는 책임성이 합리성보다 당연히 더 우선이다. 아내

와 남편 중 일방의 외도가 다른 일방의 외도보다 더 비싸거나 싼 것
이 아니기 때문이고, 남편이 외도하지 않으려면 아내가 외도를 많이
해야 하는 것은 아니기 때문이다. 그래서 합리성은 없어도 된다. 또
한 아내와 남편이 모두 외도하지 않으려는 책임감은 부부의 해로에
득이 되고, 자녀의 '최선의 이익'에도 보탬이 된다. 그래서 합리성은
없어야 한다. 그러나 형사소송의 사실판단은 부부관계와 당연히 다
르다. 그래서 형사소송을 부부관계 보듯 공자와 맹자의 눈으로 보아
서는 안 된다.

　부부관계와 형사소송은 무엇이 다른가? 첫째, 부부관계와 형사소
송은 생산하는 것이 다르다. 부부관계는 존재론적 실체진실을 생산
할 수 있는 관계이고, 형사소송의 사실판단은 존재론적 진실은 고사
하고 어떠한 의미의 객관적 진실도 생산할 수 없다. 둘째, 외도와 오
판은 초래하는 비용의 성격이 다르다. 부부 일방의 외도는 공히 그
관계에 손해를 초래하지만(중국에서 유래된 과거 유교사회에서는 계산
법이 많이 달랐고, 그래서 계산법이 달라진 사회에서는 도태되고 있다.),
형사소송의 오판은 종류에 따라 초래하는 손해가 크게 다르다. 셋
째, 외도와 오판은 그 본질이 다르다. 남편이나 아내의 외도는 제정
신이라면 의식없이 자기도 모르게 생길 수 없지만, 제정신이더라도
형사소송의 오판은 의식없이 생길 수 있다. 넷째, 원초적으로 각기
다른 인간의 본능이 외도와 오판에 관여한다. 진화된 인간의 외도본
능은 번식본능이지만, 형사소송에서 잠재적 위험을 회피하려는 본
능은 생존본능이다. 번식본능은 다음 기회를 기대하며 통제하는 것
이 가능하지만, 다음을 기대하는 것이 뭔지 모르는 생존본능은 스스
로 통제하기 어렵다. 다섯째, 부부관계는 그 자체가 목적이지만, 형

사소송은 그 자체가 목적이 아니다. 악법도 법이라 해도, 아무도 형사소송을 목적으로 살지는 않는다. 장래희망이 형사소송이라고 말하는 아동은 없다. 이미 이룬 목적은 책임감을 가지고 지켜야 하지만, 다른 목적을 이루기 위한 수단은 합리적이라야 한다.

이와 같은 원초적 · 본질적 · 궁극적 차이를 무시하고, 형사소송을 부부관계와 같다고 보는 것은 도덕적인 책임성과는 그 거리가 멀다. 의지가 아무리 강해도 그 책임성을 책임질 수 없다. 그래서 그것은 진짜 책임성이 아니다.

결 론

대한민국 「형사소송법」의 최고 지도이념인 실체진실주의는 증거와 그 증거를 평가하는 사람이 완벽하다고 가정하므로 비현실적이고, 이중잣대를 사용하므로 불공정하고, 손해와 이익을 계산할 줄 모르므로 비합리적이고, 자신이 얼마나 틀릴지 모르고, 알려고도 하지 않으므로 비과학적이고, 무의식 속에서 아무도 모르게 활동하므로 불투명하고, 사실판단의 주체인 법관의 심증을 구속시켜 놓고도 자유를 주었으므로 실체진실을 발견하라고 내몰아야 하므로 기만적이고, 다할 수 없는 책임을 약속하므로 무책임한 의지다.

그렇게 많은 결함 투성이의 이념이나 의지가 이 세상에는 별로 없다. 그런데도 불구하고, 그 이념이 「형사소송법」의 최고 지도이념으로 건재하는 것은 딱 한 가지, 더 이상 중언부언 논하는 것이 무의미한 이유 때문이다. 그것은 실체진실주의에 내재된 원초아, 무죄오판

을 회피하려는 동기, 즉 유죄추정의 원칙이다. 반증가능성이 없는
비과학적인 추정의 원칙이다.[28] 버려야 한다는 것을 알면서도 차마
버리지 못하는 우유부단한 욕망이다.

미 주

1) 증거가 유무죄의 여부를 확실하게 드러내는 재판에서는 사실판단에 판단
자의 주관이 개입되기 어렵다. 배심원과 판사가 공히 사실판단과 양형판단
에서 증거보다 자신의 가치관과 개인적 믿음에 의존하는 경향은 중죄사건
보다 경죄사건에서 더 증가하고, 유무죄 가능성이 서로 경합하는 사건에서
증가한다는 가설을 '해방가설(liberation hypothesis)'이라고 부른다
(Kelven, H., & Zeisel, H., 1966. The American Jury. Boston: Little,
Brown). 그러한 사건에서 사실판단자가 자신의 판단을 증거의 구속으로
부터 해방시킨다는 의미다. 이 가설은 여러 실증연구들에 의해서 지지되었
다 (Smith, B. L., & Damphousse, K. R., 1998. Terrorism, politics, and
punishment: A test of structural-contexual theory and the "Liberation
Hypothesis". *Criminology*, *36*, 1, 67–92; Spohn, C., & Cederblom, J.,
1991. Race and disparities in sentencing: A test of the liberation
hypothesis. *Justice Quarterly*, *8*, 3, 305–327; Devine, D. J., Buddenbaum,
J., Houp, S., Studebaker, N., & Stolle, D. P., 2009. Strength of evidence,
extraevidentiary influence, and the Liberation Hypothesis: Data from the
field. *Law and Human Behavior*, *33*, 136–148; Hester, R., & Hartman, T.
K., 2016. Conditional race disparities in criminal sentencing: A test of the
Liberation Hypothesis from a non-guidelines state. *Journal of
Quantitative Criminology*, doi:10.1080/07418829100091071).

2) DePaulo, B. M., Stone, J. I., & Lassiter, G. D. (1985). Deceiving and
detecting deceit. In B. R. Schlenker(Ed.), *The Self and Social Life*. New
York: McGraw-Hill.

3) Kassin, S. M., & Fong, C. T. (1999). "I'm innocent!": Effects of training
on judgments of truth and deception in the interrogation room. *Law*

and Human Behavior, 23, 499-516.

4) Ekman, P., & O'Sullivan, M. (1991). Who can catch a liar? *American Psychologist, 4,* 6, 913-920.

5) Ekman, P., O'Sullivan, M., & Frank, M. G. (1999). A few can detect a liar. *Psychological Science, 10,* 263-266.

6) Szucko, J. J., & Kleinmuntz, B. (1981). Statistical versus clinical lie detection. *American Psychologist, 3,* 6, 488-496; Swets, J. A. (1996). *Signal detection theory and ROC analysis in psychology and diagnostics: Collected papers.* Mahwah, NJ: Erlbaum; Raskin, D. C., & Honts, C. R. (2000). The comparison question test. In M. Kleiner(Ed.), *Handbook of Polygraph Testing.* San Diego, CA: Academic Press.

7) Shapiro, P. N., & Penrod, S. (1986). Meta-analysis of facial identification studies. *Psychological Bulletin, 100,* 139-156.

8) Bacus, J. W., Wiley, E. L., Galbraith, W., Marshall, P. N., Wilbanks, G. D., & Weinstein, R. S. (1984). Malignant cell detection and cervical cancer screening. *Analytical and Quantitative Cytology, 6,* 121- 130.

9) Swets, J. A., Dawes, R. M., & Monahan, J. (2000). Psychological science can improve diagnostic decisions. *Psychological Science in the Public Interest, 1,* 1-16.

10) Etzioni, R., Pepe, M., Longton, G., Hu, C., & Goodman, G. (1999). Incorporating the time dimension in receiver operating characteristic curves: A case study of prostate cancer. *Medical Decision Making, 19,* 242-251.

11) Mason, I. (1982). A model for assessment of weather forecasts. *Australian Meteorological Magazine, 30,* 291-303.

12) Arkes, H. R., & Mellers, B. A. (2002). Do juries meet our expectations? *Law and Human Behavior, 26,* 625-639.

13) $d' = Z_{1-p(FA)} - Z_{p(FC)}$. p(FA)은 무죄오판을 범할 확률이고, p(FC)은 유죄오판을 범할 확률이다. 1-p(FA)은 죄지은 자에게 유죄판단(옳는 판단)을 하는 확률이다. $Z_{1-p(FA)}$은 정규밀도함수 곡선에서 누적확률이 1-p(FA)에 해

당하는 표준점수다. $Z_{p(FC)}$은 정규밀도함수 곡선에서 누적확률이 p(FC)에 해당하는 표준점수다.

14) 수사과정과 재판준비절차를 거치는 동안, 증언은 훼손되고, 오염되며, 정확도가 많이 저하된다. 그 한 가지 이유는 증인의 초기 생진술(raw statement)이 수사기관을 거쳐 법정에 이르는 동안, 법정에 적합한 형태로 합성되는 방식으로 변화하기 때문이다. 그 '합성'에는 검사와 변호사도 많이 기여한다. 검사 혹은 변호사의 명시적·암묵적 코치에 의해 증인들의 증언은 피고인 혹은 피해자 어느 한쪽으로 점점 더 치우치게 되고, 포괄적 형태로 변화하며, 더 확고해지는 경향이 있다. 다투어지는 사건에 대한 엇갈리는 증언으로부터 옳은 판단을 추론해 내는 일은 가장 이상적인 조건에서도 결코 쉽지 않은 일이다. 하물며, 이러한 합성된 현실(만들어진 현실)로부터 실체진실을 해독해 내는 것은 믿을 수 있는 일이 못된다.

15) 사실판단자가 가질 수 있는 편파는 무수히 많다. 이 책에서 언급된 경험적·인지적 편파들 외에 현대사회에서 존재하는 또 다른 중요한 편파는 언론매체에 의해 초래되는 편파다. 형사사건들 중 사건내용이 재판 전에 언론에 보도되는 것들이 많다. 그 언론보도들은 보도의 공정성 여부와 상관없이 피고인에 대한 유죄 믿음(예단)을 사람들에게 심어 준다. 재판 전에 언론보도에 많이 노출된 사실판단자는 재판에서 유죄오판을 범할 수 있다. 오클라호마 주에 사는 팀 더함(Tim Durham)은 범죄가 일어난 시각에 다른 도시 (달라스)에 있었고, 그 알리바이를 증명하는 증인들이 11명이나 있었음에도 불구하고, 유죄판결과 사형선고를 받았다. 그 범죄사건은 재판이 시작되기 전에 언론에 많이 보도된 것이었는데, 오클라호마 TV방송국에서 실시한 여론조사에서 응답자의 68%가 팀 더함을 유죄로 믿는다고 응답하였다. 유죄판결과 사형선고를 받은 팀 더함은 10년을 복역한 후에 DNA검사로 무죄가 밝혀져서 석방되었다(Dwyer, J., Neufeld, P., & Scheck, B., 2000. *Actual Innocence: Five Days to Execution and Other Dispatches from the Wrongfully Convicted.* New York: Doubleday; McAllister, H. A., & Bregman, N. J., 1989. Juror underutilization of eyewitness nonidentifications: A test of the

disconfirmed expectancy explanation. *Journal of Applied Social Psychology, 19,* 20-29.) 대한민국에는 법관이 배심원들보다 여론에 덜 휩쓸릴 것으로 추정하는 사람들이 많다. 실증적인 연구는 발견하기 어렵지만, 법관은 언론의 영향을 받지 않은 순진한 사람들의 여론, 즉 소위 '건전한 사회통념'에는 영향받지 않을 가능성도 실제로 있다(그 가능성 때문에 대한민국에도 2008년에 국민참여재판이 도입되었다.). 언론에 반영되지 않는 여론을 법관이 알 수 없기 때문이다. 그러나 법관의 판단이 언론이 대변하는 여론처럼 보이지만 실은 언론이 만든 여론에 대해서도 굳건할 수 있을 것으로 믿기는 어렵다. 사실판단에 대한 재판 전 언론보도의 편파적 영향은 앞서 제8장에서 설명한 뇌의 정합성 추론 경향과 출처감시(source monitoring, 자신이 알고 있는 정보의 출처를 정확히 기억하고, 인식하는 능력)의 실패 때문에 생기는 것이다(Ruva, C., McEvoy, C., & Bryant, J. B., 2007. Effects of pre-trial publicity and jury deliberation on juror bias and source memory errors. *Applied Cognitive Psychology, 21,* 45-67; Ruva, C. L., & McEvoy, C., 2008. Negative and positive pretrial publicity affect juror memory and decision making. *Journal of Experimental Psychology: Applied, 14,* 226-235.). 즉, 언론보도는 사실판단자에게 무의식적으로 편파적 영향을 준다. 무의식적 영향은 배심원 뿐만 아니라, 법관도 의식적으로 통제하기 어렵다.

16) 대한민국「형사소송법」(제424조)에 의하면, 검사는 피고인의 재심을 청구할 수 있다(심지어는 피고인이 아니라 검사가 제1순위 재심청구권자다). 검사의 이 권한은 검사가 피고인을 위하여 항소할 수도 있다는 것으로 해석되고, 더 나아가서 검사는 공익을 대표하여 실체진실주의를 실현하기 위하여 피고인의 정당한 이익을 옹호해야 할 의무를 가지며, 따라서 검사가 수사와 공판과정에서 피고인에게 유리한 증거를 발견하게 되었다면 피고인의 이익을 위하여 그 증거를 법원에 제출하여야 한다고 해석된다(대법원 2002. 02. 22. 선고 2001다23447 판결). 그러나「형사소송법」제424조의 검사 권한/의무는 실체진실주의의 실현에 대한 진정성을 담은 것이 아니다. 피고인의 무죄를 입증할 책임과는 거리가 먼 것이기 때문이다. 실체진실주의를 버리고 피고인의 무죄를 입증할 필요가 없다

(무죄추정 원칙)는 적법절차 원칙만 충실히 지키면 '검사가 피고인의 이익을 옹호한다'는 어색한 권한/의무 개념은 필요하지 않다.

17) 알리바이 증거의 기능은 Simon(2012)에 잘 일별되었다(Simon, D., 2012. *In Doubt: The Psychology of the Criminal Justice Process*. Cambridge, MA: Harvard University Press). 알리바이는 피고인에게 씌인 범죄혐의를 '폭파'해서 일거에 없애는 폭탄이 될 수 있지만, 실제로는 무고한 피고인이 스스로를 파멸시키는 폭탄이 되는 경우도 많다. 심대한 처벌 가능성에 직면한 사람이 정말 무고하다면, 범죄 발생 시점에 자기가 어디서 무엇을 했는지를 정확하게 밝히는 것이 당연한 일이라는 믿음을 사실판단자들이 가지고 있기 때문에 확실한 알리바이가 없는 것, 혹은 알리바이 입증에 실패하는 것이 심리적으로 유죄증거가 되기 때문이다. 알리바이는 검사의 증거와 대척되는 반대 증거 혹은 구성요건을 부정하는 탄핵증거다. 시간과 공간으로 이루어진 사차원의 세상에서 신뢰로운 알리바이는 중력과 마찬가지로 결코 예외나 오차가 있을 수 없는 물리법칙에 기초한다. 그 법칙은 한 개의 사물이 두 개의 공간을 동시에 점유할 수 없다는 것이다. 따라서 신뢰로운 알리바이는 타당도가 거의 완벽한 무죄증거다. 그러나 범죄혐의를 받는 무고한 사람이 자신의 알리바이 증거를 확실하게 확보하는 것은 매우 어려운 일이고, 대부분은 운이 정말 좋아야 가능한 일이다. 인간의 기억이 가지는 속성이 그 첫 번째 이유다. 범죄행위는 범인에게도 일상적으로 행하는 평범한 행위가 아니다. 그래서 범인은 나중에도 범행의 때와 장소 등에 대해 잘 기억한다. 그러나 그때에 평범한 일을 무심히 하고 있었던 무고한 사람은 나중에 때와 장소에 대해서, 그리고 그 정황과 상황에 대해서 기억해야 할 이유가 없다. 인색한 뇌는 쓸데없는 것을 잘 기억하지 못한다. 일 이년만 지나면 기억에서 새카맣게 사라지기도 한다. 또한 인간의 기억은 시간의 흐름을 그대로 따라가지 않는다. 기억 속에서는 사건들의 앞뒤가 바뀌거나 건너뛰는 경우가 비일비재하다. 그래서 특히 일정한 직업이 없거나, 불규칙한 생활을 하거나, 일정한 거처와 가족이 없는 사람일수록 범죄혐의를 받기 쉽고, 알리바이를 기억해 내기가 어렵다. 수년 혹은 수십 년을 감옥에서 보내다 여러 가지 연유로 누명을 벗은 사람들 중에도 범죄가 있었던 당시의

자신의 알리바이를 누명을 벗은 후에라도 기억해 낸 사람은 많지 않다 (Garrett, B. L., 2011. *Convicting the Innocent: Where Criminal Prosecutions Go Wrong.* Cambridge, MA: Harvard University Press). 무고한 사람은 알리바이 기억이 희미하거나 없는 것이 보통이지만, 범죄 혐의를 받는 상황에서는 추정에 의한, 애매한 알리바이라도 그 자리에서 제시해야 할 것 같은 압박감을 느낀다. 그래서 스스로 확신할 수 없는 알리바이를 성급하게 제시하면("아마⋯⋯ 였을 거예요."), 경찰의 조사에 의해 사실이 아닌 것으로 판명되거나, 맞는지, 틀리는지, 미궁에 빠지기 십상이다. 알리바이가 경찰의 조사로 확인되지 않으면, 혹은 사실이 아닌 것으로 확인되면, 그 자체가 범행을 은폐하려는 의도로 간주되고, 범행을 증명하는 증거처럼 취급된다(McAllister, H. A., & Bregman, N. J., 1989. Juror underutilization of eyewitness nonidentifications: A test of the disconfirmed expectancy explanation. *Journal of Applied Social Psychology, 19,* 20-29). 또한 어떤 무고한 용의자는 처음에는 틀린 알리바이 정보를 제시하였으나, 이후에 정확한 알리바이 정보가 생각나서 자신의 처음 진술을 번복하는 경우도 있다. 이때에도 무고한 용의자는 '진술이 오락가락하는' 믿을 수 없는 사람으로 간주되기 쉽다. 설혹 무고한 사람이 자신의 알리바이를 명확히 기억하고, 진술하는 경우에도 그 진술을 객관적으로 뒷받침할 수 있는 경우는 드물다. 알리바이 주장을 뒷받침하는 보강증거는 승차권, 영수증, CCTV 자료 등이지만, 그런 물증들을 만약을 대비해서 보관하거나 편철해 두는 경우가 거의 없기 때문이다. 미국에서 유죄오판에 의해 복역 중 DNA 검사로 무죄가 밝혀진 사람들의 68%는 재판에서 알리바이를 주장한 사람들이다(McAllister & Bregman, 1989). 그들은 자신의 알리바이 주장을 뒷받침하는 보강증거를 확보하지 못했던 것이다. 미국과 캐나다에서 피고인이 알리바이를 주장하는 사건 125개를 조사한 결과, 물증으로 알리바이 주장이 입증된 경우는 1/10이 못되었다(Burke, T. M., & Turtle, J. W., 2004. Alibi evidence in criminal investigations and trials: Psychological and legal factors. *Canadian Journal of Police & Security Services, 1,* 286-294). 일기, 장부, 영수증 등의 물증이 있는 경우에도, 만약 무고한 피고인을 범인으로 지목하는 편향된 목격자나 제보자가 있는 경우에는 그런 물증은 매우 쉽게 조작, 위조된 것으로 간주될 수 있다(Bustillo, M., 2007. Texas men's innocence puts a county on trial. Los Angeles Times, April. 9.). 무고한 사람의 알리바이 주장을 물증이 아닌 다른 사람(목격증인)이 확인해 주어야 하는 경우가 많다. 그 목격증인이 상점 점원이나 지역 주민 등 피고인을 모르는 사람인 경우에는 유죄판결 확률을 낮출 수 있다. 그러나 만약 가족, 친구 등의 지인인 경우에는 그렇지 않고, 오히려 피고인에게 불리한 영향을 줄 수 있다(Lindsay, R. C. L., Lim, R., Marando, L., & Cully, D., 1986. Mock-juror evaluations of eyewitness testimony: A test of metamemory hypotheses. *Journal of Applied Social Psychology, 16*, 447-459; Hosch, H. M., Culhane, S. E., & Hawley, L. R., 2003. Effects of an alibi witness' relationship to the defendant on mock jurors' judgments. *Law and Human Behavior, 35*, 127-142). 그런데 대부분의 실제 알리바이 주장(125개 중 123개)을 뒷받침할 수 있는 목격증인은 피고인의 지인들이다(Burke & Turtle, 2004). 그 이유는 대부분의 사람들이 혼자 있지 않는 시간에는 대부분 지인들과 함께 보내기 때문이다. 알리바이 주장을 뒷받침할 수 있는 목격증인이 피고인과 낯선 사람인 경우에도 그 목격증인도 무고한 피고인과 마찬가지로, 자신이 그때 어디서, 누구와, 무엇을 했는지 명확하게 기억하지 못하는 것이 현실이다. 그래서 그 목격증인이 무엇인가 세밀한 주변 정보에 대해 틀린 진술을 하면, 그 증인의 진술 전체가 불신의 대상이 되고, 무고한 피고인의 알리바이 주장을 입증하는 능력(증명력)을 상실하게 된다.

18) Popper, K. (1959). *The Logic of Scientific Discovery*. New York, NY: Basic Books.

19) 대한민국 「형사소송법」이 일사부재리 원칙에도 불구하고, 일심 무죄사건에 대한 검사의 항소를 허용하는 기본원리는 검사는 형사재판의 대등한 한쪽 당사자이므로 피고인과 공평해야 한다는 논리, 그리고 일심과 이심이 하나의 재판이라는 논리다. 첫 번째 논리는 형법상 입증책임 등의 중요한 적법절차 원칙들과 명백히 모순되고, 두 번째 논리는 기속력을 가진 판단을 두 번 하는 것이 하나의 재판이라는 이상한 논리다. 이상하든, 이

상하지 않든 그 논리는 일심 무죄사건에 대한 검사의 항소를 허용하는 것과 논리적 관련성이 없다. 두 번째 논리(일심과 이심이 하나의 재판)를 수용한다고 해도 일사부재리의 원칙이 깨지는 것에는 변함이 없기 때문이다. 소위 '하나의 재판'으로 일거에 그 원칙을 훼손하는 것 뿐이다.

20) McLean vs. Arkansas 재판은 미국 알칸소 주의 공립학교에서 기독교를 '창조과학(creation science)'으로 가르쳐도 되는지 여부가 쟁점이 된 사건이다. 이 재판에서 종교는 반증가능성이 없다는 것에 근거하여 Overton 판사는 종교를 과학으로 가르쳐서는 안 된다는 판결을 하였다. 참고로, Overton 판사는 성공회의 '주교위원회(Bishop's committee)' 위원이었다.

21) 한국의 판례법리에서 PBRD가 유죄판단 기준으로 형성되어 온 경과는 김상준(2013)의 박사학위 논문 '무죄판결과 법관의 사실인정에 관한 연구: 항소심의 파기자판 사례들을 중심으로'(pp. 235-238)에 일별되어 있다. 한국에서 최초로 PBRD가 형사재판의 사실판단 기준으로 언급된 것은 1965년 6월 22일 대법원 판결(65도370)이지만, 그 기준의 정의가 최초로 제시된 것은 1997년 7월 25일 대법원 판결(97도974)로 알려졌다(김상준, 2013; 강동우, 2013, 형사법상 합리적 의심에 관한 연구. 홍익법학 제14권, 제1호, pp. 419-443). 대법원은 97도974 판결에서 "형사재판에 있어서 공소사실에 대한 거증책임은 검사에게 있는 것이고, 유죄로 인정하기 위한 증거의 증명력은 논리와 경험칙에 따른 객관적이고 합리적인 증거평가의 결과 합리적인 의심을 배제할 정도의 확신을 가져올 수 있는 것이어야 하나, 여기서 합리적인 의심이라 함은 모든 의문, 불신을 포함하는 것이 아니라 논리와 경험칙에 기하여 요증사실과 양립할 수 없는 사실의 개연성에 대한 합리성 있는 의문을 의미한다."고 판시하였다. 그 후, 대법원은 2004년 6월 25일 2004도2221 판결에서 그 정의를 더 구체적으로 표현하였는데, "증거의 증명력은 법관의 자유판단에 맡겨져 있으나 그 판단은 논리와 경험칙에 합치하여야 하고, 형사재판에 있어서 유죄로 인정하기 위한 심증형성의 정도는 합리적인 의심을 할 여지가 없을 정도여야 하나, 이는 모든 가능한 의심을 배제할 정도에 이를 것까지 요구하는 것은 아니며, 증명력이 있는 것으로 인정되는 증거를 합리적인

근거가 없는 의심을 일으켜 이를 배척하는 것은 자유심증주의의 한계를
벗어나는 것으로 허용될 수 없다 할 것인바, 여기서 말하는 합리적 의심
이라 함은 모든 의문, 불신을 포함하는 것이 아니라 논리와 경험칙에 기
하여 요증사실과 양립할 수 없는 사실의 개연성에 대한 합리성 있는 의
문을 의미하는 것으로서, 피고인에게 유리한 정황을 사실인정과 관련하
여 파악한 이성적 추론에 그 근거를 두어야 하는 것이므로 단순히 관념
적인 의심이나 추상적인 가능성에 기초한 의심은 합리적 의심에 포함된
다고 할 수 없다."고 판시하였다.

22) 이 견해를 소극적 실체진실주의라고 부른다. 「형사소송법」의 실체진실
주의는 적법절차 원칙의 다른 표현이라는 것이다.

23) "It is better that ten guilty persons escape than that one innocent
suffer." William Blackstone 판사의 이 유명한 경구는 한국에서 미묘하게
자의적으로 해석되어 알려졌다. Blackstone 판사의 경구는 '무고한 사람
을 처벌하지 말라.'는 의미도 있지만, '죄인을 기꺼이 놓쳐라.'는 의미도
있다. 후자의 의미가 그 경구의 본질이다. 후자의 의지가 없으면, 전자가
성립하지 않기 때문이다. 한국에서는 전자의 의미만 유통되고, 후자의
의미는 마치 언급된 바가 없는 것처럼 유통되지 않는다. 그 경구가 전 세
계적으로 유명한 이유는 그것의 진의가 5살짜리도 이미 알고 있는 진리
를 새삼 역설했기 때문이 아니고, 오판들 중에는 안 하는 것보다 경우에
따라서 하는 것이 더 좋은('better') 합리적 오판도 있다는 지혜를 함축하
기 때문이다.

24) 유죄오판과 무죄오판의 사회적 비용이 궁극적으로 차이가 없다고 주장하
는 사람들은 흔히, 피해자 인권의 보호 혹은 복구를 중요한 가치로 내세
운다. 피해자 인권은 국가가 보호해야 하고, 그것의 침해는 국가가 막아
야 할 중요한 손해이자 비용이다. 그러나 피해자 인권의 침해는 두 종류
의 오판에 의해 공히 초래되는 비용이고, 따라서 상대적 비용의 계산에서
상쇄되는 항목이다. 잡아놓은 범인을 놓치는 무죄오판을 범하면 피해자
가 일종의 이중피해를 당한다. 범인을 찾지 못하고 엉뚱한 사람을 처벌하
는 유죄오판도 마찬가지다. 더 나아가서, 피해자 인권의 침해는 무죄오판
과 유죄오판의 상대적 비용을 계산할 때 고려되는 유일한 항목이 아니다.

25) 미국의 '결백사업(innocence project)'에 의해 유죄오판이 명백히 알려진
사건들 중 69건에서는 피고인 측이 일심재판에서 증거불충분
(insufficient evidence)을 이유로 판사의 직권에 의한 기소취하 명령
(dismiss)을 요구한 바 있다. 그 재판들에서도 검사는 강력한 유죄증거들
뿐만 아니라 다양한 보강증거들을 제시하였다. 나중에 알려진 것이지만,
그 유죄증거와 보강증거들은 모두 수사기관과 증인들의 허위, 착오, 혹
은 실수에 의해 생겨난 것들이었다. 그런데도 불구하고, 피고인 측의 증
거불충분 주장은 받아들여지지 않았고, 결국 유죄 판결이 이루어졌다.
더 중요한 것은 일심에서 진실한 증거없이 이루어진 유죄판결들이 항소
심과 판결 후의 절차(post-conviction process)가 법관들에 의해서도 반
복적으로 인정되고 추인되었으며, 피고인 측의 증거불충분 주장은 여러
명의 고위 법관들에 의해 지속적으로 무시되었다는 사실이다. Garrett,
B. L. (2011). *Convicting the Innocent: Where Criminal Prosecutions
Go Wrong*. Cambridge, MA: Harvard University Press; Simon, D.
(2012). *In Doubt: The Psychology of the Criminal Justice Process*.
Cambridge, MA: Harvard University Press.

26) 미국의 대법원은 Victor vs. Nebraska(1994) 재판에서 상상된 의심은 합
리적 의심이 아니라고 판시한 바 있다. "A reasonable doubt is an actual
and substantial doubt … as distinguished from a doubt arising from
mere possibility, from bare imagination, or from fanciful conjecture."

27) 그레셤의 법칙은 '악화가 양화를 구축한다.'는 명제로 알려진 경제 현상
이다. 두종류의 100원짜리 동전이 있다고 하자. 한 종류는 금으로 만든
동전이고, 다른 것은 니켈로 만든 동전이다. 두 종류의 동전은 유통가치
가 동일하지만, 니켈 동전만 유통된다. 금 동전은 보존가치가 커서 사람
들이 사용하지 않기 때문이다. Tamari, B. (1982). Gresham's law.
Economics Quarterly, 115(Translated by Liat Etta in 2011).

28) 유죄추정이 반증되려면 무죄가 입증되어야 한다. 그러나 무죄는 입증될
수 없다(누구나 항상 어딘가에 죄를 숨겨 놓았을 가능성이 완전히 사라
질 수 없다.). 따라서 유죄추정은 반증가능성(falsifiability)이 없는 비과학
적인 추정이다.

Chapter **10**

회 귀

*

이 책은 대한민국 「형사소송법」의 최고 지도이념, 실체진실주의
에 대한 합리적 의심이다. 그 의심은 형사소송에 객관적 진실이 존
재하지 않는다는 다소 어설픈 철학적 사유(제1장)에서 비롯되었다.
객관적 진실이 존재하지 않을 때, 실체진실주의에 남는 것은 죄 지
은 자를 처벌하기 위한 유죄추정과 죄 없는 자를 처벌하지 않기 위
한 무죄추정의 공허한 공존이다. 모순되는 추정들의 허망한 공존에
의해 「형사소송법」과, 특히 법관의 사실판단에 많은 내적 모순이 초
래된다는 것이 이 책의 골자다.

객관적 진실이 형사소송에 존재하지 않는다는 철학적 사유에 하
자가 있으면, 결론을 비롯한 이 책의 모든 것은 확증편향에 의한 것
이고, 그래서 물거품일 수 있다. 더군다나 아무리 철학이더라도, 형
사소송에 객관적 진실이 존재하지 않는다는 것은 사람들이 받아들
이기 참으로 어려운 것이다. 그래서 책을 덮기 전에 처음의 사유로
다시 회귀하여 철학이 아닌 다른 방법으로 그것을 재심해 보는 것도
의미가 있을 것이다.

앞서 Park 등(2016)의 연구를 장황하게 설명하였다(제5장 원초아
vs. 초자아). 그 연구의 골자는 실체진실을 발견하려는 의지를 가진
판단자의 무의식 속에서 무죄추정의 원칙과 유죄추정의 원칙이 타
협하여 사실판단을 한다는 것이다. 그런데 그 실증연구의 정말 중요
한 결과는 따로 있다. 그것이 그 연구를 이 책에서 자세히 설명한 진
짜 이유다. 참가자들은 인위적으로 조작된 실험에 참여하여 사실판

단자의 입장을 연기하며 가상재판의 가상적인 피고인에 대해 누구에게도 현실적 의미가 없는 유죄, 무죄 여부를 판단하였다. 그런데 가짜 현실의 가상 피고인에 대한 판단을 분석해 보면, 참가자들이 가상의 재판사건에 대해서 무작위로 아무렇게나 반응한 것이 아니고, 객관적 진실을 발견하려는 의지를 가지고 판단하였다는 것을 알 수 있다. 즉, 실험 참가자들은 무죄오판과 유죄오판을 모두 회피하려는 동기를 가지고 판단하였다. 아무런 실체적 사실도 존재하지 않는, 존재할 수 없는 가짜 현실이라는 것을 뻔히 알면서도 말이다. 존재할 수 없는 객관적 진실을 어떻게 찾으려 한 것인가? 무엇을 찾아내든 그것은 결코 객관적 진실일 수 없다는 것을 뻔히 알면서 도대체 왜 그것을 찾으려 했는가? 어이없다고 지나쳐 버릴 수도 있지만, 실험 참가자들의 진실발견 의지는 결코 이상하거나 웃을 일이 아니다.

인간(아마 동물도)의 뇌에는 그 소유자가 직/간접으로 경험한 세상이 존재한다. 뇌 속의 세상은 생명의 스위치가 꺼지는 순간, 흔적도 없이 사라지는 실체 없는 가상현실이다. 하지만 뇌의 소유자에게는 그 세상이 자신이 살고 있는 유일한 진짜 세상이다. 그 이외에 뇌 소유자가 알고 있는 다른 진짜 세상은 없다. 그래서 뇌 속의 세상이 다만 가상현실이라는 것을 참으로 믿기 어렵다. 뭔지는 모르겠지만 형태없는 영혼이라도 존재해야 한다.

인간의 심리에 대해 대부분의 심리학자들이 공통적으로 가지는 한 가지 확신이 있다. 사람들은 주어진 정보에 만족하지 않는다는 것이다. 세상을 이해하려는 보편적인 욕구 때문에 사람들은 거의 언제나 주어진 정보를 넘어서 세상을 이해하려고 한다.[1] 형사소송의 현실에 객관적 진실이 어떤 의미로도(형이상학적, 물리적, 사회적으로) 존재하지 않더라도, 인간의 뇌 속에는 존재할 수 있다. 그런 것을 관념이라고 부른다. Park 등(2016)의 연구에서 나타난 참가자들의 반응이 그 증거다. '객관적 진실'을 비롯한 거의 모든 추상적 관념은 뇌에서 일단의 신경세포들이 패턴을 이루어 뜬금없이 전기화학적으로 켜졌다 꺼지기를 반복하는 고장난 네온사인이다. 이론적으로, 뇌신경들로 대략 $2^{(100)10000000000}$개의 앙상블을 만들어 낼 수 있는 인간의 뇌는 우주에 없는 것도 표상할 수 있다.[2] 그렇다 하더라도, 실재하지 않는 것이 어떻게 뇌 속에 존재할 수 있을까?

환경에 대한 적응을 통해 진화해 온 뇌는 세상을 질서정연하고, 수미가 일관되며, 예측과 판단이 가능한 것으로 조직화하여 표상하려는 강한 경향을 가진다. 뇌과학자들이 '제약만족 원리'라고 부르는 그 경향은 뇌신경들이 세상을 표상하는 신경생리적 혹은 물리적 원리이며, 살려는 욕구나 성욕, 혹은 모발이 끊임없이 자라는 것과 마찬가지로 의지와 상관없이 무의식적, 자동적으로 부침하는 욕구며 동기다. 그래서 인간들은 자기도 모르게 모든 현상을 설명하고 싶어 하고, 끊임없이 새로운 정보를 갈구하며, 정보의 의미를 판단하고, 정보의 의미를 통해 세상을 단순한 형태로 이해할 수 있는 규칙과 법칙을 찾는 것에 지대한 열정을 가진다. 간단히 말해서, 규범과 진실을 발견하는 것에 몰두한다. 뇌의 그러한 강력한 욕구 때문에 정보가 없거나, 법칙이 불명이거나, 설명이 안 되거나, 판단이 서지 않는 경험에 직면하는 인간은 노심초사하게 되고, 불안과 스트레스에 시달리게 된다. 아마도 사람들이 죽음을 두려워하는 것도 그 때문이다.

객관적 진실은 현실계에서 존재하지 않더라도, 뇌 속에는 존재한다. 그것이 잠잘 때조차 깨어 있는 뇌가 살아가는 방식이다. 그런데 뇌의 욕구와는 상관없이 세상은 실제로 훨씬 부조리하고, 정보는 언제나 부족하며, 의미는 언제나 모호하고, 판단은 언제나 불확실하다. 즉, 실제 현실계는 뇌 속의 세상보다 비교할 수 없이 훨씬 큰 자유도(degrees of freedom)를 가진다.[3] 그래서 뇌가 애써서 찾은 모든 규범은 항상 도처에서 깨지고, 모든 규칙에는 불규칙이 생겨나고, 모든 이론에는 항상 예외가 생겨나며, 모든 '정상'에는 항상 '비정상'이 생겨나고, 모든 평균은 항상 새로운 데이터와 다르고, 모든 데이터는 항상 오차를 포함하며, 심지어 그 오차들도 모두 서로 다르다. 현실계의 자유도가 뇌 속 세상의 그것보다 훨씬 더 큰 것은 세상이 이상해서가 아니다. 뇌가 이상해서 그렇다. 처음부터 자유로운 세상이 요지경이 아니라, 처음부터 경직된 뇌가 요지경이다.

그러한 세상에서 뇌가 욕구를 충족하는 방법은 두 가지가 있다. 그 중 어려운 방법은 세상을 규범과 규칙과 이론과 '정상'과 평균에 맞도록, 그래서 단순명료하도록 바꾸는 것이다. 그러나 그것은 설혹 가능하더라도, 하나의 뇌가 혼자 할 수 없는 일이다. 하나의 뇌가 혼자서도 할 수 있는 훨씬 쉬운 방법은 신경망에 존재하는 가상현실을 단순하고, 질서정연하며, 수미가 일관된 형태로 조작하는 것이다. 실제 세상이 어떻든, 그 가상현실이 뇌의 소유자가 살아가는 유일한 세상이므로 뇌는 그 소유자가 자신이 살고 있는 세상이 조작된 것이라는 사실을 모르게 하면 된다. 즉, 가상현실의 조작을 소유자의 무의식 속에서 하면 된다. 그래서 세상이 아니라, 뇌가 요지경이다.

Park 등(2016)의 연구 참가자들과 마찬가지로, 실제 현실의 사람들은 객관적 진실을 발견했다고 느낄 때, 확신감을 가지기도 하고, 그것에 실패했을 때 좌절하기도 하며, 좌절하지 않기 위해 판단기준을 하향 조정하기도 한다. 심지어는 역시 자신의 뇌에만 존재하는 체면, 자존감, 양심의 손상을 회피하기 위해 그 모든 것을 무의식에 의존해서 자기가 모르게 하기도 한다. 무죄추정의 원칙을 노골적으로 단순명료하게 무시하는 명칭, '미결수'로 불리는 피고인이 죄 지은 자의 상징인 수의를 입은 채 앉아 있고, 실제 피해자가 초췌한 얼굴로 울고 있고, 화난 표정의 실제 증인이 격앙된 목소리로 증언하는 법정이 실제상황일지라도, 법관이 판단하는 그 현실은 객관적 현실이 아니다. 다만, 심리학 실험실보다 법정이 더 리얼하게 느껴질 뿐이다.[4] 법정이 아무리 리얼해도 법관은 실제 피해자, 실제 피고인, 실제 증인과 아무 상관없는 자신의 욕구, 자신의 동기, 자신의 추상적 개념, 자신의 어린 시절, 자신이 읽은 책, 자신의 동료, 자신의 가족에 대한 기억과 경험에 의해 자신의 뇌 속에서 만들어진 실체 없는 가상현실을 판단할 뿐이다. 이것을 거부감이 조금 덜 생기게 표현하면, Park 등(2016)의 연구 참가자들과 전혀 다를 바 없이, 법관은 자신이 이해하는 이야기(story)를 판단할 뿐이다.[5] 실험 참가자와 법관의 차이는 이야기 속에서 실체적 진실을 발견하려는 법관의 의지가 어쩔 수 없이 더 결연하고 강한 것 뿐이다. 실체적 진실 발견의 의지가 더 강하기 때문에 법관이 마음을 비우기가 더 어려운 것 뿐이다. 마음을 비우기 더 어렵기 때문에 법관의 심증이 더 자유롭지 못한 것 뿐이다.

  사실판단을 하는 법관의 자유심증에 대한 가장 큰 구속은 '깊은 내면의 확신(intime conviction)'을 갖지 못하는 것에 대한 두려움이다. 다른 사람은 법관의 깊은 내면을 모르지만, 신은 그것을 바닥까지 안다. 그러니까 신이다. 그래서 신의 심판이 또한 무서웠던 17세기 유럽에서는 깊은 내면의 확신을 가질 수 없는 사실판단자가 유죄판단을 너무 두려워한 까닭에 명백히 죄 지은 자도 처벌할 수 없었다. 그래서 답답했던 당시 검사들에 의해 '합리적 의심이 없는 증명', PBRD 기준이 만들어졌다(Whitman, 2008).[6] 유죄심증에 합리적 의심이 없다면, 다른 사람을 단죄해도 지옥에 보내지 않는다는 신의 보증을 받아온 것이다. 그래서 깊은 내면의 확신이 없어도 되는 유죄판단이 한결 편안해졌다. 그러나 아직 무죄판단의 문제가 남았다. 검사들이 받아왔다는 신의 보증서에는 무죄판단에 대한 언급이 없다. 무죄판단은 여전히 깊은 내면의 확신이 있어야 한다. 사실판단자들은 무죄에 대해서 그런 확신을 가질 수 없다. 그래서 무죄오판은 여전히 너무 두려운 것으로 남았다.

사실판단자들이 무죄판단을 두려워하고, 유죄판단은 별로 두려워하지 않은 결과, 무고한 자도 쉽게 처벌하는 바람에 모든 사람이 억울한 처벌의 위험에 직면하였을 뿐만 아니라, 마녀도 많이 생겨났고, 이유를 묻지 말라는 범죄자도 많이 생겨났고, 반역자도 많이 생겨났고, 아예 국가를 통째로 전복하려는 음모가 도처에서 많이 발견되었다. 즉, 판단의 주체와 객체를 막론하고, 만인이 잠재적 피해자로 전락하였고, 그래서 세상이 '암흑시대'로 불릴 정도로 어두워졌다. 사실판단자들의 의도는 세상의 위험인자를 박멸하고, 자신과 시민의 안위와 번영을 보장하여, 깨끗하고 순수한 밝은 세상을 만들려는 것이었지만, 불행히도 자유도가 엄청난 세상의 원리는 그들의 단순한 의도와 너무 달랐다.

그래서 유럽의 일부 국가에서는 초심으로 돌아가기로 하였다. 이 번에는 신의 심판이 두려워서가 아니라, 시행착오를 통해서 합리적 이 되기로 하였다. 실체진실을 포기하고 적법절차를 선택하였고, 유 죄추정을 포기하고 무죄추정을 선택하였다. 그런데 그 초심의 선택 은 순탄하지 못하였다. 죽기 살기로 이루어진 선택이었다. 신이 떠 나버린 법정에서 무죄추정의 원칙을 선택하기 위해서는 유죄추정 의 본능을 죽이지 않으면 안 되었기 때문에 실체진실의 발견을 포기 할 수밖에 없었던 비장한 선택이었다. 실체진실이라는 피같이 소중 한 가치를 투쟁에서 흘려 버려야만 했다.

초심으로 회귀하는 그 선택의 이유를 잘 아는 대한민국의 「형사 소송법」도 그 합리적 선택을 수용하였다. 그래서 실체진실주의의 마당에 무죄추정의 원칙 깃발을 또 꽂았다. 「형사소송법」과 계약을 맺은 법관도 당연히 그랬다. 그러나 「형사소송법」과 법관은 그 깃발 을 죽기 살기로 선택한 것은 아니었다. 인격적인 동양선비의 정신으 로 음양이 서로 조화해야 한다는 관념으로, 혹은 'win-win' 해 보자 는 선량한 의도로, 적절한 타협과 중재를 한 것이었다. 그래서 실체 진실의 발견이 포기되지 않았고, 그 대신 유죄추정이 살아 있는 채 로 이루어진 공존이 되었다.

공존할 수 없는 원칙들의 공존은 절차에 많은 형식적·심리적 모 순과 부조화를 초래한다(예, Amaya, 2013).[7] 그 근본적인 이유는, 두 말할 필요도 없이, 하나의 원칙에 위배되는 절차, 평가, 판단, 행위 가, 그 원칙과 모순되는 또 하나의 원칙에 의해 항상 정당화되기 때 문이다. 실체진실주의의 구현에 실패하면 적법절차원칙으로 그 실 패를 정당화하고, 적법절차 구현에 실패하면 실체진실주의로 그것을 정당화한다. 그래서 모순되는 법원칙들의 공존은 법을 제정, 적용, 집행하는 사람들의 정서, 사고, 그리고 행동에 무원칙, 임기응변, 변덕, 표리부동, 이율배반, 인지부조화, 그리고 분열을 초래할 수 있다.

모순과 부조화로 점철된 절차는 어떤 오류를 만들어 낼지 예측할 수 없다. 대한민국의 「형사소송법」, 그리고 법관은 오판이 불가피하다는 것을 인정하고,[8] 실체진실에 집착할수록 오판은 더 많아지고, 사회가 지불해야 하는 비용은 더 커진다는 것을 인지해야 한다. 또한 오판 중에는 안 하는 것보다 경우에 따라 하는 것이 더 좋은 합리적 오판도 있다는 것을 인식하고, 피고인의 유무죄를 판단하듯 그렇게 단호하게 자기의 판단에서도 어떤 실체진실을 포기할지 결단해야 한다. 즉, 형사소송에서 무죄오판을 피할 것인지, 아니면 유죄오판을 피할 것인지를 선택하고, 선택하지 않은 회피를 결연히 그리고 완전히 포기해야 한다. 어차피 다른 것에는 몰라도 형사소송에는 실체진실이 존재하지도 않는다. 존재하더라도 발견할 수 없다.

에덴에서는 뱀에게도 여권을 발급해 주었다. 인간을 타락시킨 뱀을 석방한 이유가 있을 것이지만, 분명하게 논증되지는 않았다. 뱀에게 발급된 여권은 경험칙과 논리칙 등의 이치로는 설명할 수 없는 '신의 한 수'다. 긍정적으로 추정컨대, 여권이 취소된 공룡과 달리 뱀은 징그러울 정도로 없어도 좋은 것이 하나도 없는 파시모니(parsimony)의 현신이고, 그래서 비장한 합리성의 상징이기 때문이다. 예쁘지만 둔감한 감각기관을 가진 탓에 자기가 신인지 뭔지 분간을 못하는, 바로 코 앞에 있는 사람의 벌거벗은 실체도 정확히 볼 수 없는, 순진한 인간의 주변에서 인간이 자신과 다른 사람을 명확히 볼 수 있는 과학성과 합리성을 잊지 않도록 항상 일깨우기 위함일 것이다. 어쨌든 그래서 뱀도 인간과 함께 생태계로 나왔다. 그 뱀이 구멍 투성이 제주도에는 유독 많다. 제주도민들이 옛부터 뱀을 중히 여겼기 때문이기도 하다. 뱀에 물리면서도 뱀과 합리적으로 공생해 온 것은 제주도민들이 어리석었기 때문이 절대 아니다. 유엔(UNESCO)에서도, 한반도에서 남한과 북한을 통틀어 유일하게 제주도를 인류가 보존해야 할 자연유산으로 등재하였다. 한반도가 콘크리트 벙커로 깔끔하게 뒤덮여도 제주도는 뱀이 살도록 놔두자는 뜻이다. 에덴의 공무원이 뱀을 판단한 것과 같이, 보존가치가 크다는 뜻이다. 남들도 아끼는 것을 정작 대한민국은 보존할 의지가 별로 없어 보인다. 독사는 유통가치가 없다는 이유에서다. 독사를 그냥 놔두고는 살기 힘들다는 이유에서다. 그럴수록 더 많은 사람들이 점점 더 살기 힘들어진다는 것을 사람들에게 납득시키는 것은 참으로 어려운 일이다.

실체진실주의의 취소를 위해 헌법소원심판을 청구해도 승산은 전혀 없다. 만에 하나 승소하면 정말 큰일 난다. 하나하나의 형사소송에서 조금씩 취소해야 한다. 그것은 배심원과 법관만 할 수 있다.

📚 미 주

1) Bruner, J. S. (1957). Going beyond the information given. In J. S. Bruner, E. Brunswik, L. Festinger, F. Heider, K. F. Muenzinger, C. E. Osgood, & D. Rapaport, (Eds.), *Contemporary Approaches to Cognition* (pp. 41-69). Cambridge, MA: Harvard University Press.

2) 서로 연결되어 있는 일단의 뉴런들이 자동적인 발화패턴을 형성하는 것을 '앙상블(ensemble)'이라고 부른다. 앙상블을 형성하는 뉴런들은 하나가 발화하면 자동적으로 특정한 패턴을 이루면서 발화한다. 앙상블 혹은 뉴런들의 '패턴발화'는 뇌가 특정한 것을 표상하는 신호다. 서로 연결된 2개의 뉴런들은 $2^2 = 4$개의 앙상블(00, 10, 01, 11)을 형성할 수 있고, 서로 연결된 3개의 뉴런들은 $2^3 = 8$개의 앙상블을 형성할 수 있다. 각 뉴런이 1초에 100번 발화할 수 있을 때, 한 사람의 뇌는 엄청나게 많은 앙상블을 형성할 수 있는데($2^{(100)10000000000}$), 가능한 앙상블의 수는 우주 전체의 기본물질의 수(10^{80})보다 훨씬 많다. 그래서 이론적으로는 인간의 뇌가 우주에 없는 것도 표상할 수 있다.

3) 많은 소설을 남긴 Mark Twain은 1897년에 출판된 논픽션 여행기 『적도를 따라서: 세계일주 여행(Following the Equator: A Journey Around the World)』에서 "진실은 소설보다 더 이상하다(낯설다)(Truth is stranger than fiction)"고 말했다.

4) 심지어는 법정에 제시되는 대부분의 증거도 리얼리티와 거리가 멀다. 지문의 일치도도 감정에 사용되는 기준이 바뀌면 달라진다. 그래서 같은 지문을 여러 군데의 감정분석기관에서 분석하면 미세하나마 일치도가 모두 다르다. 진실만을 말할 것을 선서한 증인의 진술도, 인간 기억의 불완전성은 차치하더라도, 경찰, 검사, 변호사의 사전준비, 조언, 권유, 암시, 칭찬 등에 의해 소위 '합성(synthesize)'되어 증인의 生경험(raw experience)과

조금씩 다르다(Simon, D., 2012. *In Doubt: The Psychology of the Criminal Justice Process*. Cambridge, MA: Harvard University Press). 소위 포토샵이라고 불리는 컴퓨터 소프트웨어가 있다. 디지털 사진이나 도안을 만들고, 보정하는 프로그램이다. 이 프로그램으로 디지털 사진의 명암, 대비, 색 등을 수학적으로 극히 미세하게 조금씩 변화시키면, 원본 사진과는 완전히 다른 느낌을 준다. 마찬가지로, 형사재판의 각 증거들이 사람들이 인지하지 못할 정도로 미세하게 리얼리티와 괴리되면, 그것들을 모두 통합해서 하나의 전체로 이해해야 하는 사실판단자에게는 실제와 완전히 다른 스토리를 말해 줄 수 있다.

5) Twining, W. (2006). *Rethinking Evidence: Exploratory*. Cambridge, UK: Cambridge University Press.

6) Whitman, J. Q. (2008). *The Origins of Reasonable Doubt: Theological Roots of the Criminal Trial*. New Haven: Yale University Press.

7) Amaya, A. (2013). Ten theses on coherence in law. In M. Araszkiewicz & J. Savelka(Eds.). *Coherence: Insights from Philosophy, Jurisprudence, and Artificial Intelligence*. London: Springer.

8) 경찰과 판사들은 적어도 그들의 관할권 내에서는 유죄오판이 없다고 믿는 경향이 있다. Ramsey, R. J., & Frank, J. (2007). Wrongful conviction: Perceptions of criminal justice professionals regarding the frequency of wrongful conviction and the extent of system errors. *Crime & Delinquency, 53*, 436–470; Zalman, M., Smith, B., & Kiser, A. (2008). Officials' estimates of the incidence of "actual innocence" convictions. *Justice Quarterly, 25*, 72–100.

부 록

합리적 의심의 의미

*

합리적 의심이 없는 증명(Proof Beyond a Reasonable Doubt: PBRD) 기준은 영국과 미국에서 18세기에 형사재판의 사실인정(유무죄 결정) 기준으로 사용되기 시작하였다. 형사재판에서 PBRD 기준이 최초로 사용된 사례에 대해서는 두 가지 견해가 있는데, 첫째는 1798년의 아일랜드 반역사건 재판이라는 것이고(May, 1876),[1] 둘째는 그보다 앞선 1770년의 보스톤 학살사건 재판이라는 것이다(Morano, 1975).[2] 아일랜드의 Rex vs. Finney(1789) 재판에서 피고측 변호인이 "진실을 말할 것을 선서한 증인의 진실성에 대하여 배심원이 합리적 의심을 가질 때에는 무죄를 결정하는 것이 법의 지배(rule of law)일 것이다."는 언급을 한 기록이 있는데, 변호인이 그러한 언급을 하였다는 것은 '합리적 의심'의 개념이 그전부터 이미 법정에서 사실인정 기준으로 사용되고 있었다는 것을 암시한다. 아일랜드 재판보다 앞서, 보스턴 학살 사건 재판에서 증거가 합리적 의심을 초월하면 피고인들의 유죄를 결정해야 하지만, 합리적 의심을 초월하지 못하면 무죄를 결정해야 한다는 취지의 발언을 원고(영국 왕)측 변호인이 배심원에게 한 기록이 있다.

18세기에 사용되기 시작했을 것으로 추정되는 PBRD 기준이 피고인의 유죄를 결정하기 위해 필요한 의심의 정도에 대한 표준으로 정립되어 미국의 모든 형사재판에서 적용된 것은 19세기 중반인 것으로 알려지고 있다(Kenney, 1995).[3] 특히 판례법 전통과 배심재판이 광범위하게 사용되고 정교하게 발전해 온 미국에서는 판사들이 배심원들에게 사실인정 기준을 설명해야 하는 필요성에 의해서 PBRD 기준이 모든 주법원에서 빠른 속도로 정립된 것으로 생각된다(Morano, 1975). 미국과 영국에서 근 200년 가까이 판례적 지위를 갱신해 오던 PBRD 기준이 헌법적 지위를 획득한 것은 비교적 뒤늦은 20세기 중후반에 들어서다. 1970년에 미국 연방대법원은 *In re Winship* 재판에서 "(헌법의) 적법절차 조항은 피고인이 기소된 범죄를 구성하는 모든 사실이 합리적 의심을 초월하지 않는 한 유죄결정으로부터 피고인을 보호한다."고 천명하여 PBRD 기준에 대해 헌법적 지위를 부여하게 되었다.

질적 의미

합리적 의심 기준의 질적 의미에 대한 실증과학 연구들은 1990년대에 들어 그 기준을 어떻게 배심원들에게 이해시키고 설명해야 되는지에 관한 미국 법원의 위헌논쟁에 의해 촉발되었다. 그 기준의 질적 의미가 무엇인가의 문제는 법적 정의(헌법에 합치하는 정의)의 문제이기도 하다.

　루이지아나 일심법원에서 일급살인죄로 기소된 피고인에게 사형이 선고되었다(Cage vs. Louisiana, 1990). 일심법원의 유무죄 판단 단계에서 판사는 배심원들에게 합리적 의심 기준을 사용할 것을 설시하면서 '합리적 의심'을 "심대한 불확실성(grave uncertainty)을 일으키는 의심"과 "실재하고 실체적인(actual substantial) 의심"이라고 정의하였다. 이 사건은 결국 연방대법원까지 가게 되었는데, 연방대법원은 심대한 불확실성을 일으키는 의심과 실재하고 실체적인 의심은 형사피고인의 무죄를 결정하는 데 요구되는 의심보다 훨씬 강한 의심을 암시하기 때문에 루이지아나 일심법원 판사의 설명이 합리적 의심 기준을 적절하게 표현하지 못했다고 판시하였다. 즉, 합리적 의심은 루이지아나 일심법원 판사가 정의한 것과 같은 강력한 의심을 의미하지 않기 때문에 결국 루이지아나 일심법원은 유죄판단을 위한 증명력 역치(standard of proof)를 낮추는(즉, 유죄 판단을 하기 쉽게 만드는) 잘못을 범했다는 것이다. 이후, Sullivan vs. Louisiana (1993)재판에서도 합리적 의심에 대한 동일한 설명이 사용되었는데, 이 재판에 대해서도 연방대법원은 합리적 의심 기준에 대한 일심판사의 설명이 수정헌법 제5조(적법절차)와 제6조(배심원에 의한 재판을 받을 권리)를 위반했다고 판시하였다. 반면, Victor vs. Nebraska (1994) 재판에서 합리적 의심을 "실재하고 근거 있는 (혹은 실질적) 의심"으로 설명한 것에 대해서는 연방대법원이 합헌 판단을 하였는

데, "근거 있는 혹은 실질적(substantial)"이라는 형용사가 질을 나타
내는 단어이지, 양을 나타내는 단어가 아니기 때문이고, Cage(1990)
에서와는 달리 Victor(1994)에서는 실재하고 실질적인 의심이 단순
가능성, 상상, 공상에 의한 의심과 비교되어 설명되었으며, Victor
(1994)에서는 합리적 의심에 대한 또 다른 정의인 "행동을 주저하게
만드는 의심(doubt that causes one to hesitate to act)"이 함께 설명에
포함되었기 때문이다. Sandoval vs. California(1994) 재판에서는 판
사가 합리적 의심을 "단순가능성에 불과한 의심이 아닌(not a mere
possible doubt)" 의심으로 정의한 것이 무죄판단을 위해 필요한 의심
의 정도를 초과했다는 피고인의 주장을 연방대법원이 기각하였는
데, 그 이유는 배심원들이 '단순가능성에 불과한 의심'을 상상해 낸
(imaginary) 의심 혹은 공상적인(fanciful) 의심 등의 의미로 이해할 것
이지 이성(reason)에 기초한 의심으로 이해하지는 않을 것이기 때문
이다.

　Victor(1994) 재판에서 Ginsburg 대법관은 별도로 작성한 의견을
통해서 일심법원이 합리적 의심 기준에 관해 사용한 설명이 전체적
으로 합헌이라는 다수의견에는 동의하였으나, 그 설명에 사용된
"행동을 주저하게 만드는"과 "양심적 확실성(moral certainty)" 등의
구체적 표현들에 대하여 문제를 제기하였다. 그러면서 Ginsburg 대
법관은 연방사법센터(Federal Judicial Center: FJC)가 1987년에 제안한
설명을 합리적 의심 기준에 관한 가장 분명하고 정확한 설명으로 적
시하였는데, FJC가 제안한 설명의 핵심은 "합리적 의심을 초월하는
증명이란 피고인의 죄를 확고하게 납득케 하는 증명을 말한다(Proof
beyond a reasonable doubt is proof that leaves you firmly convinced of

the defendant's guilt)."는 것이다. FJC가 제안한 이 설명을 흔히 '확고한 납득(firmly convinced)' 설명이라고 부른다.

합리적 의심 기준의 의미와 설명 방법에 대한 미국 연방대법원의 판시에는 몇 가지 경향들이 포착된다. (1) 유죄판단을 위해 필요한 증거의 증명력에 대하여 실질적 확실성(substantial certainty)보다 낮은 수준의 확실성을 의미하는 설명은 대법원이 위헌판단을 할 가능성이 높다. (2) 그럼에도 불구하고 대법원은 비교되는 의미맥락이 충분히 함께 제공되는 경우에는 합리적 의심에 대해 모호한 용어와 표현이 사용된 정의에 대해서도 허용적이다. (3) 대법원은 합리적 의심 기준에 대한 판사의 설명을 판단 당사자인 배심원들이 어떻게 이해하고 받아들이는가에 대해서는 임의적인 속단(경험적 확인없이 짐작에 의한 판단)을 한다.

합리적 의심 기준에 관한 다양한 설명을 듣는 사람이 미국 연방대법원이 임의적으로 단정하는 바와 같이 그 기준을 이해하는가? 이 실증적 질문에 답하기 위하여 Horowitz와 Kirkpatrick(1996)[4]은 검사측 증거가 강한 사건 시나리오와 약한 사건 시나리오를 이용하여 합리적 의심에 대한 각기 다른 정의에 대해 일반인들이 어떻게 다르게 반응하는지 알아보기 위한 실험을 하였다. 그 실험에서는 합리적 의심을 따로 정의하지 않은 경우(무정의)를 포함하여 다섯 가지의 정의가 사용되었다. (1) 확고한 납득(firmly convinced), (2) 양심적 확실(morally certain), (3) 긴가, 아닌가 하지 않는(not wavering or vacillating), (4) 이성과 상식, 그리고 공정한 고려에서 비롯된 '현실적 의심'이 없는(having no real doubt based upon reason, common sense and impartial consideration), (5) 무정의: "검사는 합리적 의심을 초월하는 정도로 배심원을 납득시켜야 한다(The prosecution must convince jurors beyond a reasonable doubt)". 만약 합리적 의심 기준이 적절히 사용된다면, 검사측 증거가 강한 경우에 비해서 약한 경우에 피고인에 대한 유죄판단을 하는 사람이 현저히 적어야 한다. 이 실험에서 검사측 증거가 강할 때에는 합리적 의심 기준이 어떻게 정의되든 유무죄 판단에서 차이가 생기지 않았다. 그러나 검사측 증거가 약한 경우에는 그 차이가 나타났는데, '확고한 납득' 설명으로 정의되었을 때에는 유죄판단이 전혀 없었고(0%), 나머지 정의들로 합리적 의심 기준이 설명된 경우에는 평균 47% 정도의 유죄판단 비율이 나타났다. 특히, 합리적 의심 기준에 관해서 별도의 정의가 제공되지 않은 무정의 조건과 '합리적 의심의 초월'을 피고인의 유죄에 대한 긴가, 아닌가 하지 않는 안정된 믿음으로 정의한 조건에서는 증거강도에 따른 유무죄 판단 차이가 나타나지 않았다. 반면, 합리적 의심의 초월을 '확고한 납득(FJC 정의)'으로 정의한 조건과 '현실적 의심이 없는'으로 정의한 조건에서는 증거강도에 따른 유무죄 판단의 차이가 크게 나타났다. 이 실험에서 참가자들은 또한 유죄판단을 할 수 있는 최소한의 유죄심증을 0%와 100% 사이에서 '피고인이 유죄일 확률'로 평정하였다. '확고한 납득' 설명을 들은 참가자들은 유죄판단을 위한 최소한의 유죄심증을 평균 81%로 평정한 반면, 다른 네 가지 정의 조건의 참가자들은 그보다 훨씬 낮은 확률(평균 50~64%)로 평정하였다.

Koch와 Devine(1999)[5]은 Horowitz와 Kirkpatrick(1996)에서 나타난 FJC 정의(확고한 납득)의 우수성을 더 구체적으로 파악하기 위하여 그 정의가 무정의에 비해서 가능한 처벌이 달라지는 경우에도 합리적 의심 기준을 일관되게 사용하는 데 기여하는지를 알아보기 위한 실험을 하였다. 합리적 의심 기준이 FJC 정의로 설명된 조건에서는 유죄가 결정되면 피고인이 고의적 살인(murder)으로 처벌받을 것이라고 참가자들에게 알려준 경우와 고의적 살인 혹은 과실치사(manslaughter)로 처벌받게 된다고 알려준 경우에 참가자들의 유무죄 판단에서 차이가 나타나지 않았다. 그러나 합리적 의심 기준에 대한 별도의 정의가 설명되지 않은 무정의 조건에서는 피고인이 살인 혹은 과실치사로 처벌받는다고 알려준 경우의 유죄판단 비율(64%)이 살인으로 처벌받는다고 알려준 경우의 유죄판단 비율(8%)보다 무려 8배 높게 나타났다. 이 결과는 합리적 의심 기준을 적절하게 정의하여 설명하지 않으면 특정 사건에서 가능한 처벌의 강도 혹은 피고인이 받는 혐의의 심각성에 따라 그 기준의 적용이 크게 가변할 수 있다는 것을 보여 준다. 즉, 유죄가 선고되는 경우에 피고인이 받게 될 처벌이 심각할수록 판단자는 유죄오판을 범하지 않으려는 동기를 강하게 가지게 되어 합리적 의심 기준을 더 엄격히 적용해서 판단하는 경향이 있다.

또한 Horowitz(1997)[6]는 참가자들에게 범주적인 유무죄 판단을 하는 대신 피고인의 '유죄 정도'를 1점부터 6점까지의 리커트 척도[7]에 따라 평정토록 하였다. 이 실험에서 합리적 의심 기준에 관한 FJC의 설명(확고한 납득)을 들은 참가자들의 '유죄 정도' 평정치가 다른 종류의 설명을 들은 참가자들의 평정치보다 적은 변산(variability)을 보였다.[8] 즉, 합리적 의심 기준을 FJC의 정의로 설명하였을 때 그 판단기준을 모든 사람이 서로 가장 유사하게 이해하고 균일하게 적용한다는 것이다.

Horowitz와 Kirkpatrick(1996)연구와 Koch와 Devine(1999), 그리고 Horowitz(1997)의 연구는 합리적 의심 기준의 질적 의미에 대하여 두 가지 중요한 함의를 제공하였다. 첫째는 '합리적 의심의 초월' 개념이 고도로 추상적이어서 그 의미에 대한 이해와 적용이 사람들마다, 그리고 사건마다 현저히 달라질 수 있으므로 그 기준을 구체적이고 정확히 정의하는 것이 필요하다는 것이다. 둘째는 합리적 의심의 초월에 대하여 FJC가 제안한 정의인 '확고한 납득'이 그 기준의 법적 의미에 가장 근접하고, 그 기준을 사용하는 법 이념(적법절차)을 가장 일관되게 구현할 가능성이 높다는 것이다.

형사재판에서 피고인의 유무죄 여부를 판단하는 사실판단자가 합리적 의심 기준을 어떻게 이해하는지 파악하는 또 다른 방법은 사실판단자가 그 기준을 다른 법적 판단기준들과 어떻게 다르게 사용하는지를 파악하는 것이다. 민사재판에서 사용되는 판단기준은 '증거의 비교우위(preponderance of evidence)' 기준이다. 이 기준은 민사재판에서는 형사재판에서와는 달리 판단오류로 인한 비용/손실이 원고와 피고에게 동등하다는 가정에 기초한다(Santosky vs. Kramer, 1982). 따라서 비교우위 기준은 원고(혹은 피고)의 주장이 상대방의 주장에 비하여 사실일 가능성이 조금이라도 더 높으면 원고(혹은 피고)의 승소를 판단하는 기준으로 이해된다(McCauliff, 1982; Simon, 1969; United States vs. Fatico, 1978).[9] 다시 말해서, 서로 상반된 주장을 하는 당사자들의 주장 중에서 사실일 확률이 50%가 넘는 주장을 옳은 주장으로 판단한다(McCauliff, 1982; Simon, 1969; United States vs. Fatico, 1978). 민사재판에서 사용되는 또 하나의 판단기준은 '명확하고 수긍되는(clear and convincing)' 기준이다. 이 기준은 정부가 개인

을 상대로 소를 제기하는(정부가 원고인) 민사사건 혹은 준형사사건
(quasi-criminal case)에서 피고의 자유가 구속될 수 있거나, 피고에게
사회적 불명예 혹은 낙인이 생길 수 있을 때 사용된다. '명확한 수
긍' 기준은 원고(혹은 피고)의 주장에 대하여 비교우위 기준보다는 높
고 합리적 의심의 초월 기준보다는 낮은 증명력을 요하는 기준인데,
원고(혹은 피고)의 주장이 사실일 확률이 최소한 70~80% 이상일 때
원고(혹은 피고)의 주장이 옳다는 판단을 하는 기준이다(McCauliff,
1982; United States vs. Fatico, 1978).

　Kagehiro는 일련의 실험연구들(Kagehiro, 1986; Kagehiro & Rosen,
1986; Kagehiro & Stanton, 1985; Kagehiro, 1990)[10]을 통해서 사람들이
'합리적 의심' 기준과 '명확한 수긍' 기준을 잘 구별하지 못한다는
것을 보여 주었다. 이 실험들에서는 참가자들에게 세 종류의 판단기
준(합리적 의심, 명확한 수긍, 비교우위) 중 한 가지를 알려 주고, 그 기
준에 의해서 민사재판 시나리오의 피고에 대한 판단을 하도록 하였
다. 전체적으로 참가자들이 피고 승소를 결정한 비율이 합리적 의심
기준을 사용하도록 지시한 경우와 명확한 수긍 기준을 사용하도록
지시한 경우에서 차이가 없었다. 심지어 일부 실험에서는 합리적 의
심 기준과 비교우위 기준 사이에도 차이가 나타나지 않았다. 그런데
Kagehiro와 Stanton(1985)은 세 번째 실험에서 세 가지 판단기준 각
각을 다섯 개의 다른 방법으로 설명해 주었는데, 합리적 의심 기준
에 대해서는 FJC 설명(확고한 납득)을, 명확한 수긍 기준에 대해서는
캔사스 일심판사협회(Kansas District Judges' Association)가 만든 모범
설시 설명(1997)을, 비교우위 기준에 대해서는 연방 모범설시 설명
(Devitt & Blackmar, 1977)[11]을 사용한 경우에서는 판단기준들 사이에

유의미한 차이가 나타났다.

합리적 의심 기준의 설명/해설 방법에 관한 미국연방대법원의 규범적 논의와 그 기준이 사실판단자의 인식체계에서 피고인의 유무죄 판단에 실제로 적용되는 양상에 관한 경험적 연구들을 종합하여 Stoffelmayr와 Diamond(2000)[12]는 합리적 의심 기준에 대한 설명(배심설시)이 필수적으로 갖추어야 할 네 가지 요건을 명시하였는데, 이 네 가지 요건들은 합리적 의심 기준의 질적 의미를 구성하는 내용이기도 하다.

1. 형사재판에서 피고인의 유죄를 판단하기 위해서 증거가 모든 의심을 초월하는 절대적 확실성(absolute certainty)을 가져야 하는 것은 아니다(Gilbert, 1756; Morano, 1975).[13]
2. 유죄판단을 하기 위해서는 사건의 모든 핵심적 요소('each and every essential element')에 대한 증거가 높은 수준의 역치를 능가하는 증명력을 지녀야 한다(*In re* Winship, 1970; Sullivan vs. Louisiana, 1993).
3. 합리적 의심 기준이 그보다 낮은 기준들(예, '증거의 비교우위' 기준, '명확한 수긍' 기준 등)과 명시적으로 명확히 구별되어야 한다.
4. 합리적 의심의 의미가 사실판단자의 도덕 관념과 개인적 경험에 따라 달리 해석/적용되어서는 안 된다(즉, '양심적 확실성' 혹은 '거의 확실' 등의 표현으로 정의되어서는 안 된다).

Stoffelmayr와 Diamond(2000)는 합리적 의심 기준의 네 가지 의미 요소를 갖춘 설명으로 미국연방사법센터(Federal Judicial Center: FJC)

가 1987년에 제안한 설명을 적시하였다. 그러나 Stoffelmayr와 Diamond(2000)는 FJC의 설명에 다섯 번째 요건을 추가할 것을 제안하였는데, 그들 스스로 논란이 될 수 있다는 단서를 붙이면서 제안한 다섯 번째 요건은 "판단오류에 수반되는 손실/비용에 따라서 합리적 의심 기준의 수위를 적절하게 조절할 수 있는 여지(room for flexible tailoring of the standard to the costs of error)가 있어야 한다."는 것이다. Stoffelmayr와 Diamond(2000)는 합리적 의심 기준이 모든 형사사건에서 균일한 의미로 적용되는 것은 불합리한데, 그 이유는 피고인이 유죄 선고를 받는 경우 피고인에게 과해지는 처벌의 심각성이 사건마다 달라서 유죄 선고가 오류인 경우에 발생하는 비용(손실)도 사건마다 다르기 때문이다. 앞서 설명한 바와 같이 형사재판에서 유죄판단을 할 수 있는 증명력의 역치를 합리적 의심의 여지가 없는 정도까지 높게 설정하는 이유는 불가피하게 발생하는 판단오류로 인한 손해 및 폐해를 최소화하기 위해서다. 피고인이 중범죄로 기소된 사건에서 유죄오판이 이루어지는 경우에는 피고인이 부당하게 감수해야 할 비용이 매우 크다. 특히 사형이 가능한 재판에서의 유죄오판은 그 부당한 비용의 규모를 가늠하기 어렵다. 법에 의해 허용가능한 처벌이 심각할수록 유죄오판이 발생해서는 더욱 안 되므로 중범죄로 기소된 피고인에게는 합리적 의심 기준이 특별히 더 엄격하게 적용될 때, 그 기준의 기본적인 기능과 헌법 이념이 더 잘 달성될 수 있다는 것이다. 이러한 관점에서 Stoffelmayr와 Diamond(2000)는 배심재판의 경우, 해당 사건에서 피고인이 유죄 선고를 받는 경우에 가능한 처벌이 무엇인지를 판사가 배심원들에게 사전에 미리 알려줄 것을 함께 제안하였다.[14)]

Stoffelmayr와 Diamond(2000)는 합리적 의심 기준에 관한 1987년 FJC 설명의 문구를 실증연구 결과들을 수렴하여 부분적으로 보강하고, 그들이 새로이 제안한 다섯 번째 요건을 추가하여 다음과 같은 설명을 제안하였다.

"정부(검사)는 피고인이 유죄라는 것에 합리적 의심이 없을 정도로 증명해야 할 입증책임을 가집니다. 민사사건에서는 사실일 가능성이 사실이 아닐 가능성보다 큰 정도로만 증명하면 입증책임이 충족됩니다. 하지만 형사사건에서는 정부(검사)의 증명이 그보다 더 강력해야 합니다. 형사재판에서 정부(검사)의 증명 정도는 믿게 만드는 설득력이 있다는 의미의 '명백하고 수긍되는' 증명보다도 더 강력해야 합니다. 본 사건에서 정부(검사)의 증명은 합리적 의심을 넘는 정도라야 합니다. 합리적 의심이 없는 증명이란 피고인이 유죄라는 것을 귀하가 확고하게 납득하도록 만드는 증명입니다. 이 세상에는 완벽하게 확실한 것이 극히 드물기 때문에 형사사건에서 모든 가능한 의심을 배제하는 정도의 증명을 법이 요구하지는 않습니다. 배심원 여러분이 모든 증거를 고려했을 때 기소된 범죄에 대해서 피고인이 유죄라는 것을 확고하게 납득하였다면, 여러분은 피고인의 유죄를 결정해야 합니다. 반면에 피고인이 유죄가 아닐 현실적인 가능성이 존재한다고 생각되면, 여러분은 피고인에게 유리하도록 판단하여 무죄를 결정해야 합니다. 배심원 여러분은 이제 매우 중요한 결정을 하려 합니다. 만약 여러분이 피고인의 유죄를 결정하면 본 법정은 법에 의하여 피고인에게 최저 ___ 이상, 최고 ___ 이하의 형을 언도해야 한다는 것을 알려드립니다."[15]

양적 의미

법이 의도하는 합리적 의심 기준의 정확한 정의가 무엇인지 규명하기 어렵고, 그 때문에 사실판단자에 따라서, 그리고 사건의 내용에 따라서 그 의미가 달리 해석/적용될 가능성이 높기 때문에 그 기준을 숫자로 표현되는 확률개념으로 정의하는 것이 바람직하다는 의견들(예, Kagehiro & Stanton, 1985)이 나타났다. 일부 판사들은 합리적 의심을 초월하는 믿음을 '사실일 확률이 90~95%인 믿음'으로 해석하기도 하였다(McCauliff, 1982; Simon, 1969; United States vs. Fatico, 1978). 그러나 합리적 의심 기준을 그와 같이 양적으로 정의하는 것에 반대하는 견해도 함께 나타났는데, McCullough vs. State(1983) 재판에서 네바다주 대법원은 일심법원의 판사가 배심원에게 0부터 10까지의 척도에서 증거의 비교우위 기준은 5에 해당하고, 합리적 의심 기준은 7.5에 해당한다고 설명한 것이 잘못되었다는 이유로 일심판결을 파기하였다. 그러한 설명이 잘못된 이유는 각 기준에 해당하는 숫자의 크기 때문이 아니라, 법적 판단기준들은 본질에 있어 질적인 개념이므로 양적으로 정의할 수 없기 때문이라는 것이다.[16]

법적인 유무죄 판단은 질적, 범주적인 양단 간의 판단이다. 그러나 그 판단을 위한 기준('합리적 의심')은 단적으로 정의되지 않는 소위 '퍼지개념(fuzzy concept)'이다. 즉, 외적 진실(실제 유죄 혹은 실제 무죄)은 확률적 사건이 아니지만, 그 판단은 확률적 기준에 의해 이루어진다. 모든 디지털 신호가 아날로그 신호로 표상될 수 있고, 그 반대도 가능하듯이, 질적이고 범주적인 판단은 양적이고 연속적인 판단으로 변환될 수 있고, 그 역도 마찬가지다. Dunbar vs. United States(1895) 재판과 Victor vs. Nebraska(1994) 재판에서 각각 판사가 배심원에게 PBRD 기준이 '강한(유죄) 확률(strong probabilities)'을 의미하는 것으로 설명한 것이 위헌이라는 주장이 제기되었지만 미국 연방대법원은 그 주장들을 기각한 바 있다(Kenny, 1995).[17]

　법적인 '유죄' 개념을 양적으로 정의하는 한 방법은 '검사측 증거 혹은 기소사실에 의거해 피고인이 유죄일 사후-(조건)확률(posterior probability)'을 사용하는 것이다(Dawid, 2005).[18] 그 사후확률은 모든 증거를 고려한 후에 피고인이 유죄일 조건확률인데, 0과 1 사이의 범위 내에서 숫자로 정의되는 $P(G|E)$로 표기할 수 있다(P=확률, G=유죄, E=증거). 사후확률 $P(G|E)$은 주관적 확률이며, 검사측 증거 혹은 증명된 사실을 전제로 피고인의 유죄에 대한 믿음의 정도(the degree of belief)로 해석된다. 사후확률 혹은 사후믿음을 수학적으로 정의한 것이 베이즈 공리(Bayes's theorem)다. 베이즈 공리에 의해 $P(G|E)$를 추정하기 위해서는 다음과 같은 정보가 필요하다. (1) $P(E|G)$, 피고인이 실제로 유죄일 때 검사가 제시하는 증거가 나타날 확률(다시 말해서, 실제로 유죄인 피고인을 검사가 기소할 확률). 검사기소와 검사측 증거의 정확성을 반영하는 이 확률을 '민감성(sensitivity)'이라고 부른다. (2) $P(E|N)$, 피고인이 실제로 무죄일 때 검사의 증거가 나타날 확률(실제로 무죄인 피고인을 검사가 기소할 확률). 검사기소와 검사측 증거의 부정확성을 반영하는 이 확률을 '비특정성(non-specificity)'이라고 부른다. (3) $P(G)$, 피고인의 유죄에 대한 증거 전 믿음(검사측 증거를 보기 전 피고인의 유죄에 대한 선험적 믿음). 판단자의 주관적인

이 선험적 믿음을 '사전확률(prior probability)' 혹은 '기저율
(baserate)'로 지칭한다. 이 정보들을 이용하여 '검사측 증거 혹은 기
소사실에 의거해 피고인이 유죄일 사후(조건)확률' P(G|E)는 다음과
같이 정의된다.

$$P(G|E) = \frac{P(E|G)\,P(G)}{P(E|G)P(G) - P(E|N)[1 - P(G)]}$$

검사증거(기소)의 민감성과 비특정성의 비율 P(E|G)/P(E|N)을
'진단성(diagnosticity)'이라고 부른다. 즉, 검사의 증거 혹은 기소사
실이 피고인의 유죄 여부를 정확히 진단하는 정도다. 민감성이 비특
정성에 비해 클수록 검사측 증거의 유죄진단성은 높다. 요약하면,
베이즈 공리는 피고인의 유죄에 대한 믿음의 정도가,[1] 검사가 제시
하는 증거의 진단성과,[2] 사전믿음에 의해 결정된다는 것을 암시한
다. 만약 검사측 증거의 진단성이 100이라면(즉, 검사증거의 민감성이
비특정성보다 100배 크다면), P(G)가 무죄추정 원칙이 허용하는 최고
치에 근접한 0.49일 때, P(G|E)는 0.99가 된다. 반면, 만약 증거진단
성이 2라면, P(G)가 0.49일 때, P(G|E)는 0.66에 불과하다. 앞의 베이
즈 공리는 판단자의 마음 속에서 재판 전에는 작았던 P(G)가 재판
중 제시되는 증거들에 의해 P(G|E)로 수정되는, 즉 유죄심증이 증거
에 의해 개정되는 원리를 수학적으로 정의한 규범이론(normative
theory)이다. 실제 사실판단자들의 유죄심증 형성이 베이즈 공리에
부합하는 규범적이고 합리적인 방식으로 이루어진다는 증거는 거
의 없다. 사실판단자들이 유죄심증을 형성할 때 증거의 진단성 혹은
사전확률을 도외시하기 때문이 아니라, 증거 이외의 무수히 많은 다

른 인간적 요인들이 판단에 개입하기 때문이다.

사실판단자들이 추정하는 유죄확률이 베이즈 공리로 계산되는 확률과 거의 언제나 다르지만, 그럼에도 불구하고 실증연구들은 합리적 의심 기준을 유죄확률로 정의하는 것의 장점을 보여 주었다. 그 장점의 한 가지는 형법과 민법에서 각기 다른 판단기준들이 사용되는 법의 의도가 더 잘 구현된다는 것이고, 두 번째는 형사재판의 유무죄 판단에서 제1종 오류 확률(무고한 사람을 처벌하는 확률)이 더 줄어들 가능성이 있다는 것이다.

Kagehiro와 Stanton(1985)은 세 집단의 실험 참가자들에게 '합리적 의심' 기준, '명확한 수긍' 기준, '증거의 비교우위' 기준을 원고의 주장이 사실일 확률이 91%, 71%, 51%인 기준이라고 알려 준 후, 재판시나리오에 대하여 세 기준 중 하나를 사용하여 판단하게 하였다. 그 결과, 각 기준을 사용한 집단에서 예측에 부합하는 방향으로 무죄판단 비율의 차이('합리적 의심' 기준> '명확한 수긍' 기준> '증거의 비교우위' 기준)가 명확히 나타났다. Kagehiro와 Stanton(1985)은 판단기준이 엄격해질수록 무죄판단이 체계적으로 증가하는 것으로 나타난 이 연구결과에 기초하여 판단기준들에 대한 법적(질적) 정의보다 양적 정의가 그 판단기준들을 사용하는 법의 의도(적법절차)를 더 잘 구현한다고 주장하였다.

Kerr 등(1976)[19]은 배심원들에게 합리적 의심 기준을 양적으로 설명하면 질적으로 설명하는 것보다 유죄판단을 하는 배심원의 수가 줄어든다는 것을 발견하였다. Nagel(1979)[20]도 또한 합리적 의심 기준에 관한 양적인 설명이 질적인 설명에 비하여 그 기준의 엄격성을 강화한다는 것을 발견하였고, 동일한 결과가 Kagehiro와 Stanton

(1985)에서도 관찰되었다. 합리적 의심 기준을 양적으로 개념화하는
것의 심리적 효과에 관한 이 연구결과들은 양적 차원에서 확률
(probability) 혹은 가능성(likelihood)을 의식적으로 판단하는 것이 질
적 차원에서 범주적으로 판단하는 것에 인지적 변화를 초래한다는
것을 암시한다. Simon과 Mahan(1971)[21]은 미국 일리노이 주에서 실
제 재판에 참여하는 69명의 배심원들과 88명의 대학생들을 대상으
로 합리적 의심 기준에 해당하는 확률 역치를 파악하기 위한 연구를
수행하였는데, 이 연구에서 유무죄를 '유죄확률'에 기초하여 양적
으로 판단하는 것이 초래하는 심리적 효과에 관하여 매우 흥미로운
암시가 한 가지 도출되었다. 배심원들과 대학생들은 피고인이 살인
혐의로 기소된 재판의 녹음을 청취한 후, 피고인의 유무죄 여부를
범주적으로 판단하고, 피고인이 기소된 범행을 실제로 했을(피고인
이 유죄일) 확률을 .5 단위로 나누어진 0~10 리커트 척도에 평정하
였다. 그런데 참가자들의 절반은 범주적인 유무죄 판단을 먼저 하고
유죄확률 판단을 나중에 한 반면, 다른 절반은 그 순서를 바꾸어서
유죄확률 판단을 먼저 하고 범주적인 유무죄 판단을 나중에 하였다.
범주적인 유무죄 판단을 먼저 한 경우(즉, 유죄확률에 대한 의식적 판
단 없이 유무죄 여부를 범주적으로 판단한 경우)에는 대학생들의 20%가
유죄판단을 하였고, 배심원들의 51%가 유죄판단을 하였다. 반면,
유죄확률 판단을 먼저 하고 범주적인 유무죄 판단을 나중에 한 경우
에는 대학생들의 9%와 배심원들의 38%가 각각 유죄판단을 하였다.
즉, 피고인이 유죄일 확률에 대한 의식적 판단을 함으로써 유죄판단
의 기준 혹은 역치가 더 상승한다는 것이 발견되었다. 만약 Kerr 등
(1976), Nagel(1979), Kagehiro와 Stanton(1985), Simon과 Mahan(1971)

등의 연구에서 발견된 현상이 확고한 것이라면, 합리적 의심 기준을 확률개념으로 정의하여 형사피고인에 대한 유무죄 판단에 적용하면 장기적으로 제1종 오류(무고한 사람을 처벌하는 오류)를 줄이는 효과가 생길 수 있다.

　형법과 민법에서 각기 다른 판단기준들을 사용하는 법의 의도가 더 잘 구현되고, 형사피고인에 대한 유무죄 판단에서 제1종 오류가 감소할 수 있다면, 합리적 의심 기준을 양적인 확률개념으로 정의하는 것의 타당성이 있다. 그렇다면 합리적 의심을 초월하는 주관적 유죄확률 $P(G|E)$은 얼마인가? 다시 말해서, $P(G|E)$가 판단자의 마음속에서 어떻게 형성되는가는 불문하고, 그 주관적 확률이 얼마 이상이면 피고인의 유죄가 합리적 의심을 초월하는 것인가? 이 물음에 답을 구하기 위하여 McCauliff(1982)는 미국 내 모든 판사들을 대상으로 '합리적 의심의 초월'에 해당하는 '확실성(certainty)'이 0%와 100% 사이에서 어디에 해당하는지를 질문하였다. 이 질문에 대하여 195명의 판사들이 답변하였고, 그 중 171명의 판사들이 답변을 확률(비율)로 제시하였는데, 최빈치(mode)와 평균(mean)이 공히 90%였다. 그런데 이 조사에서 21명의 판사들이 합리적 의심의 초월에 해당하는 확실성은 100% 확실성이라고 답변하였고, 그중 3명이 그 이유를 두 가지로 설명하였다. (1) 합리적 의심의 여지가 없는 증명이란 합리적 의심을 초월하는 것이 100% 확실한 증명이고, 합리적 의심이 조금이라도 있으면 그 증명에 이르지 못하므로, (2) 모든 증거가 확보되고, 그중 비합리적이고 믿을 수 없는 증거를 모두 배제하면, 나머지 증거의 100%가 유죄선고를 하기에 합당한 합리적이고 믿을 만한 증거들이므로, 즉 합리적 의심의 초월에 해당하는 확실성

을 100% 확실성이라고 응답한 판사들은 그 기준을 증거유형에 관한 기준(증거능력에 관한 기준)이라고 질적으로 이해하고, 증거강도에 관한 기준(증명력에 관한 기준)이라고 양적으로 이해하는 것을 거부하였거나 실패한 것이다.

Simon(1969)은 판사들에게 다양한 범죄혐의(살인, 횡령, 강간, 중절도, 경절도, 사기)로 기소된 피고인들을 상상하도록 요구하고, "각 피고인에게 유죄를 선고하려면 피고인이 범행을 했을 확률이 최소한 얼마라야 하는지"를 질문하였다. 그 결과, 판사들이 유죄선고를 위한 P(G|E)의 역치를 범죄에 따라 달리 평가하는 것이 발견되었는데, 좀도둑(petty larceny)의 경우에는 그 역치를 .87 정도로 평가하고, 살인(murder)의 경우에는 그것을 .92 정도로 평가하였다. 즉, 유죄선고를 위한 P(G|E)의 역치에 관하여 판사들의 감각은 전체적으로 .88 정도였으나, 피고인의 혐의가 중할수록 그 역치를 다소 높게 평가하였다.

Simon과 Mahan(1971)은 미국 일리노이 주에서 실제 재판에 참여한 69명의 배심원들과 88명의 대학생들을 대상으로 유죄판단을 위한 확률 역치를 파악하고자 연구를 수행하였다. 배심원들과 대학생들은 피고인이 살인혐의로 기소된 재판의 녹음을 청취한 후, 피고인의 유무죄 여부를 범주적으로 판단하고, 피고인이 기소된 범행을 실제로 했을 확률을 .5 단위로 나누어진 0~10 리커트 척도에 평정하였다. 참가자들은 유무죄 판단과 확률판단을 한 후, 최종적으로 Simon(1969)에서 사용했던 확률 역치 질문 "각 피고인에게 유죄를 선고하려면 피고인이 범행을 했을 확률이 최소한 얼마라야 하는지"에 응답하였다. 이 연구에서 배심원들과 대학생들은 앞서 연구의 판

사들(살인에 대해서 .92)과 유사하게 유죄판단을 위한 P(G|E)의 역치를 .86(배심원)과 .91(대학생)로 평가하였다.

Martin과 Schum(1987)[22]은 대학생들에게 피고인이 백인 남성이고, 기소배심에 의해 기소되었으며, 유죄가 확정되는 경우 가능한 처벌(양형)이 무엇인지 알려 준 후, "유죄판단을 하기 위해서는 피고인이 유죄일 가능성이 무죄일 가능성의 몇 배라야 하는지"의 승산(odds)판단을 하게 하였다. 그 유죄승산에서 참가자들은 살인을 제외한 범죄들에 대해서는 평균적으로 25:1을, 그리고 피고인이 유죄선고를 받으면 무기징역 혹은 사형이 양형되는 살인의 경우에는 100:1을 판단하였다. 즉, 참가자들은 살인을 제외한 여타 범죄혐의로 기소된 피고인에게 유죄를 선고하기 위해서는 유죄일 가능성이 무죄일 가능성보다 최소 25배 더 커야 하고, 살인혐의를 받는 피고인에 대해서는 그것이 최소 100배 더 커야 한다고 판단하였다. 유죄판단을 위해 요구되는 승산을 베이즈 공리에 대입하여 유죄판단을 위한 P(G|E)의 역치를 산출하면, 살인을 제외한 범죄들에 대해서는 평균 .96이 산출되고, 살인의 경우에는 .99가 산출된다.

Dhami(2008)[23]는 새로운 방법으로 합리적 의심 기준의 양적 정의를 시도하였다. '소속함수방법(membership function method)'으로 명명된 이 측정방법에서는 합리적 의심 기준에 해당하는 유죄증명의 정도를 96%로 해석하였다.

합리적 의심 기준을 양적으로 정의하기 위한 연구들은 일반적으로 그 기준이 사후확률 P(G|E)에서 .80~.99 정도에 해당하는 역치인데, 유죄가 확정되는 경우에는 피고인이 받게 될 처벌이 심각할수록 그 역치가 높아지는 것으로 파악한다. 그런데 '가능한 처벌의 심

각성' 이외에도 그 역치의 변산을 초래하는 또 하나의 요인이 알려졌는데, 역치를 알아내는 방법에 따라서 파악된 역치가 크게 달라질 수 있다. 합리적 의심 기준에 해당하는 P(G|E) 역치를 알아내는 방법에는 직접적 방법과 간접적 방법이 있다. 직접적 방법은 피고인이 기소된 범행을 실제로 했을 확률이 최소한 얼마일 때 유죄판단을 할 수 있는지를 직접 응답자에게 질문하고, 응답자는 그 최소 확률을 0과 1사이(혹은 0%와 100% 사이)의 한 지점으로 반응하는 방법이다. 간접적 방법은 '결정이론(decision theory)'을 활용하는 것이다(Tribe, 1971).[24)]

여러 분야의 사회과학에서 인간의 판단과 결정을 개념화할 때 광범위하게 활용되는 결정이론은 결정대안들이 초래하는 가능한 결과들의 효용가치를 따져서 이익이 최대가 되고 비용이 최소가 되는 결정대안이 선택된다는 이론이다. 형사재판의 유무죄 판단은 네 가지의 결과를 초래할 수 있다. (1) 무고한 사람을 무죄라고 옳게 판단, (2) 유죄인 사람을 무죄라고 잘못 판단, (3) 무고한 사람을 유죄라고 잘못 판단, (4) 유죄인 사람을 유죄라고 옳게 판단하는 것이다. 네 가지 결과들은 각기 이익과 비용을 초래한다. 합리적 의심 기준에 해당하는 P(G|E) 역치를 알아내는 간접적 방법은 네 가지 판단결과들 각각의 효용가치(utility)를 응답자들이 제시토록 한 후, 그 효용가치들을 결정이론에 대입해서 역치를 알아내는 방법이다(Fried, Kaplan, & Klein, 1975).[25)] 합리적 의심 기준에 해당하는 P(G|E) 역치를 결정이론으로 파악하면 직접적 방법으로 파악하는 것보다 현저히 낮은 역치(.50~.60)가 파악된다(Nagel, Lamm, & Neef, 1981; Nagel, 1979; MacCoun, 1984; Thomson, Cowan, Ellsworth, & Harrington, 1984;

Dane, 1985; MacCoun & Kerr, 1988; MacCoun & Tyler, 1988).[26] 그 가능한 이유 중의 하나는 유무죄 판단이 초래하는 결과들(판단의 옳음과 틀림)의 효용가치(이익과 비용)에 대한 인식이 명확하지 않고, 그 효용가치들이 결정이론이 가정하는 합리적 방식으로 취합되지 않기 때문이다. 즉, 결정이론도 베이즈 공리와 마찬가지로 규범적 이론이며 사람들이 실제로 그 이론에 부합하는 방식으로 합리적 결정을 한다는 증거가 거의 없다.

유죄판단을 위한 P(G|E) 역치를 간접적 방법으로 파악하면 현저히 낮은 역치가 산출되는 또 다른 이유는 그 방법이 판단자들로 하여금 제1종 오류(무죄인 사람을 유죄라고 잘못 판단하는 오류)와 제2종 오류(유죄인 피고인을 무죄라고 잘못 판단하는 오류)의 효용가치를 인지적으로 평가토록 강요하므로 그 오류들에 대한 가치평가를 판단자들이 의식적으로 균형화하는 부작용을 가지기 때문일 수 있다. 즉, 결정이론을 이용해서 P(G|E) 역치를 간접적으로 파악하는 방법은 제1종 오류와 제2종 오류의 비용을 공평하게 분배하도록 응답자들을 유도하는 요구특성(demand characteristic)을 가질 수 있다. 이 가능성은 실증연구를 통해서 확인될 필요가 있다.

합리적 의심 기준을 양적으로 정의하기 위한 직접적 방법과 간접적 방법이 공히 가지는 또 다른 문제는 그 방법들에 의해 파악된 확률 역치의 정확한 의미가 불분명하다는 것이다. 직접적 방법을 사용한 대부분의 연구들은 참가자들에게 '피고인의 유죄를 판단할 수 있는 증명력 수준'을 제시토록 하였다. 간접적 방법도 참가자들이 제시하는 효용가치들을 이용하여 참가자들이 피고인의 유죄를 판단할 때 사용하는 증명력 역치를 도출한다. 그런데 참가자가 생각하

는 '피고인의 유죄를 판단할 수 있는 증명력 수준'은 '합리적 의심
기준에 해당하는 증명력 수준'과 동일하지 않을 수 있다. 최근에
Dhami(2008)에 의해 도입된 소속함수방법은 참가자들이 '합리적 의
심 기준에 속하는 검사의 유죄 증명 정도'를 평가하기 때문에 직접
적 방법과 간접적 방법이 가지는 의미의 모호성이 덜 하다는 장점이
있다. 각 방법들이 도출하는 역치의 정확한 의미를 이해하기 위한
세심한 연구들이 요구된다.

📚 미주

1) May, J. W. (1876). Some rules of evidence: Reasonable doubt in civil and criminal cases. *American Law Review, 10*, 642. 아일랜드 반역사건은 영국의 식민지배로부터 벗어나기 위해서 아일랜드 시민조직인 '아일랜드 연합(united irish)' 이 프랑스 나폴레옹의 도움을 받아서 혁명을 일으킨 사건이다. 1798년에 아일랜드 시민들이 더블린에서 봉기하였고, 그것을 지원하기 위해서 나폴레옹의 군대가 아일랜드에 상륙하여 영국 군대와 전투를 하였지만 결국은 영국군대에 의해 잔인하게 진압되었다. 이 사건의 재판은 아일랜드 연합의 지도자였던 Theobald Wolfe Tone의 반역죄에 대한 재판이다.

2) Morano, A. A. (1975). A reexamination of the development of the reasonable doubt rule. *Boston University Law Review, 55*, 507. 보스턴 학살사건은 영국 군대의 주둔에 반대하는 보스턴 시민들의 시위에서 영국 군인들이 시위대에 발포하여 많은 보스턴 시민들을 사살한 사건이다.

3) Kenney, S. (1995). Fifth Amendment-upholding the constitutional merit of misleading reasonable doubt jury instructions. *Journal of Criminal Law and Criminology, 85*, 989-1027.

4) Horowitz, I. A., & Kirkpatrick, L. C. (1996). A concept in search of a definition: The effects of reasonable doubt instructions, certainty of guilt standards, and jury verdicts. *Law and Human Behavior, 20*, 655-670.

5) Koch, C. M., & Devine, D. J. (1999). Effects of reasonable doubt and inclusion of a lesser charge on jury verdicts. *Law and Human Behavior, 23*, 6, 653-674.

6) Horowitz, I. A. (1997). Reasonable doubt instructions. Commonsense justice and standard of proof. *Psychology, Public Policy, and Law*, 3,

285-302.

7) 리커트 척도: 설문조사 등에 사용되는 심리검사 응답 척도의 하나. 제시된 문장에 대해 응답자가 얼마나 동의하는지를 몇 개의 단속적인 응답범주 중 하나를 선택하는 방식으로 답변하는데, 이때 응답자에게 제시되는 응답범주들이 양적인 서열관계를 가지도록 구성하는 측정방법이다. 리커트 척도는 흔히 눈금이 매겨진 자와 같은 가로축 양쪽 끝에 서로 반대되는 개념(찬성-반대, 긍정-부정, 호-불호 등)이 붙어 있고, 응답자는 그 눈금들 중 하나에 자신의 의견, 느낌, 평가, 판단 등을 표시한다.

8) 가장 적은 변산이란 같은 조건에서 유죄 정도를 평가한 사람들의 구체적 평가치가 가장 서로 유사했다는 의미다. 즉, FJC의 설명(확고한 납득)을 들은 사람은 다른 설명을 들은 사람에 비해서 피고인의 유죄 정도를 가장 서로 비슷하게 평가하였다.

9) McCauliff, C. M. A. (1982). Burdens of proof: Degrees of belief, quanta of evidence, or constitutional guarantees? *Vanderbilt Law Review*, *35*, 1293-1335; Simon, R. J. (1969). Judges' translation of burden of proof into statements of probability. *Trial Lawyer's Guide*, *13*, 103-114.

10) Kagehiro, D. K. (1990). Defining the standard of proof in jury instructions. *Psychological Science*, *1*, 194-200; Kagehiro, D. K., & Stanton, W. C. (1985). Legal vs. quantified definitions of standards of proof. *Law and Human Behavior*, *9*, 159-178; Kagehiro, D. K., & Rosen, C. J. (1986). Defining the standard of proof in jury instructions: II. Paper presented at the meeting of the American Society of Criminology, Atlanta, GA; Kagehiro, D. K. (1986). Defining the standard of proof in jury instructions. Paper presented at the meeting of the Midwestern Psychological Association, Chicago, IL.

11) Devitt, E. J., & Blackmar, C. B. (Eds.). (1977). *Federal Jury Practice and Instructions (Vol. 2)*. St. Paul, MN: West.

12) Stoffelmayr, E., & Diamond, S. S. (2000). The conflict between precision and flexibility in explaining 'beyond a reasonable doubt'. Psychology, *Public Policy and Law*, *6*, 769-787.

13) Gilbert, G. (1756). *The law of evidence.* London: H. Lintot for W. Owen; Morano, A. A. (1975). A reexamination of the development of the reasonable doubt rule. *Boston University Law Review, 55,* 507–528.

14) 이 제안은 1994년의 '더 효과적인 배심단 사용에 관한 아리조나주 대법원 위원회'의 보고서에서 제안된 바 있다.(Arizona Supreme Court Committee on the More Effective Use of Juries(1994) Jurors: The Power of 12)

15) "The government has the burden of proving the defendant guilty beyond a reasonable doubt. Some of you may have served as jurors in civil cases, where you were told that it is only necessary to prove that a fact is more likely than not true. In criminal cases, the government's proof must be more powerful than that. It must even be more powerful than 'clear and convincing evidence,' which must be persuasive enough to cause you to believe it. The government's proof in this case must be beyond a reasonable doubt. Proof beyond a reasonable doubt is proof that leaves you firmly convinced of the defendant's guilt. There are very few things in this world that we know with absolute certainty, and in criminal cases the law does not require proof that overcomes every possible doubt. If based on your consideration of the evidence, you are firmly convinced that the defendant is guilty of the crime charged, you must find him guilty. If on the other hand, you think there is a real possibility that he is not guilty, you must give him the benefit of the doubt and find him not guilty. The decision you are about to make is a very important one. You should know that if you find the defendant guilty, I will be required by the law to sentence the defendant to a sentence of between ___ and ___."

16) 유무죄 판단 기준이 확률개념(양적 개념)으로 정의될 수 없다는 견해는 흔히 "만약 100명의 사람들 중에 98명이 사과를 훔쳤다면, 그 100명 중에 무작위로 추출된 특정인이 사과를 훔쳤을 확률이 .98이므로 무작위로 추

출된 특정인을 유죄로 판단해야 하는가?'와 같은 냉소적인 비유로 표현
된다. 이 냉소적 비유는 확률개념이 증거 없이 형성된다는 잘못된 전제
에 기초한다. 이와 같은 비유에서 피고인이 사과를 훔쳤을 확률 .98은 소
위 '사전확률(prior probability)' 혹은 '기저율(baserate)'이다. 증거의 관
련성 혹은 진단성에 따라서 피고인이 사과를 훔쳤을 '사후확률(posterior
probability)'은 사전확률과 달라진다. 사전확률이 .98일지라도 증거의 관
련성이 없으면(즉, 증거가 없으면) 사후확률은 0이다.

17) Kenny, S. (1995). Fifth Amendment—Upholding the constitutional merit of misleading reasonable doubt jury instructions. *Journal of Criminal Law and Criminology, 85*, 4, 989-1027.

18) Dawid, A. P. (2005). Bayes's theorem and weighing evidence by juries. In R. Swinburne(Ed.), *Bayes's Theorem*. London: British Academy Publications.

19) Kerr, N. L., Atkin, R. S., Stasser, G., Meek, D., Holt, R. W., & Davis, J. H. (1976). Guilt reasonable doubt: Effects of concept definition and assigned decision rule on the judgments of mock jurors. *Journal of Personality and Social Psychology, 34*, 282-294.

20) Nagel, S. S. (1979). Bringing the values of jurors in line with the law. *Judicature, 63*, 189-195.

21) Simon, R. J., & Mahan, L. (1971). Quantifying burdens of proof: A view from the bench, the jury, and the classroom. *Law and Society Review, 5*, 319-330.

22) Martin, A. W., & Schum, D. A. (1987). Quantifying burdens of proof: A likelihood ratio approach. *Jurimetrics Journal, 27*, 383-402.

23) Dhami, M. K. (2008). On measuring quantitative interpretations of reasonable doubt. *Journal of Experimental Psychology: Applied, 14*, 353-363.

24) Tribe, L. H. (1971). Trial by mathematics: Precision and ritual in the legal process. *Harvard Law Review, 84*, 1329-1393.

25) Fried, M., Kaplan, K. J., & Klein, K. W. (1975). Juror selection: An analysis of

voir dire. In R. J. Simon(Ed.), *The juror system in America: A critical overview* (pp. 58-64). Beverly Hills, CA: Sage. 결정이론에 의하면, P(G|E)에서 유죄판단의 역치를 파악하기 위해서는 네 가지 판단결과들의 효용가치에 관한 정보가 필요하다. (1) U(AI). 무고한 사람을 무죄(acquittal)로 옳게 판단하는 효용가치(이익), (2) U(AG). 유죄인(guilty) 사람을 무죄로 잘못 판단하는 효용가치(비용), (3) U(CI). 무고한 사람을 유죄(convict)로 잘못 판단하는 효용가치(비용), (4) U(CG). 유죄인 사람을 유죄로 옳게 판단하는 효용가치(이익). 이 효용가치들은 판단자의 주관적인 가치다. Fried 등(1975)은 판단자의 네 가지 주관적인 가치를 반영하는 판단역치(Decision Criterion: DC)를 다음과 같이 정의하였다. $DC = \dfrac{U(AI)-U(CI)}{U(AI)-U(CI)+U(CG)-U(AG)}$ 예를 들어, "열 명의 범죄자를 놓치더라도 한 명의 억울한 사람을 만들지 말아야 한다."는 William Blackstone(1765)의 유명한 경구가 U(AI)=0, U(CI)=-10, U(CG)=0, U(AG)=-1의 효용가치를 의미한다면, Blackstone 판사의 유죄판단 역치(DC)는 .91이다.

26) Nagel, S., Lamm, D., Neef, M. (1981). Decision theory and juror decision-making. In B. D. Sales, (Ed.), *The Trial Process*. New York: Plenum; Dane, F. C. (1985). In search of reasonable doubt. *Law and Human Behavior*, 9, 141-158; Thompson, W. C., Cowan, C. L., Ellsworth, P. C. & Harrington, J. C. (1984). Death penalty attitudes and conviction proneness: The translation of attitudes into verdicts. *Law and Human Behavior*, 8, 1, 95-113; Nagel, S. S. (1979). Bringing the values of jurors in line with the law. *Judicature*, 63, 189-195; MacCoun, R. J., & Kerr, N. L. (1988). Asymmetric influence in mock jury deliberation: Jurors' bias for leniency. *Journal of Personality and Social Psychology*, 54, 21-33; MacCoun, R. J., & Tyler, T. R. (1988). The basis of citizens' perceptions of the criminal jury: Procedural fairness, accuracy and efficiency. *Law and Human Behavior*, 12, 333-352.

찾아보기

[인 명]

[내 용]

저자 소개

박광배(Park, Kwangbai)

1989. 일리노이 주립대학교(시카고) 심리학 박사
1990. 현 충북대학교 심리학과 교수
E-mail kwangbai@chungbuk.ac.kr

김상준(Kim, Sangjoon)

1984. 서울대학교 법과대학 법학 학사
1993. 콜롬비아대학교 로스쿨 LL.M.
2011. 서울대학교 법과대학원 석사
2013. 서울대학교 법학전문대학원 전문박사
1982. 제26회 행정고등고시 합격
1983. 제25회 사법시험 합격
2002. 대법원 재판연구관
2003. 사법개혁위원회 전문위원
2005. 법원행정처 송무국장
2009. 법원행정처 사법정책실장
2010. 사법연수원 수석교수
2015. 연세대학교 법학전문대학원 겸임교수
2016. 현 김상준 법률사무소 변호사
E-mail ksjust@naver.com

안정호(Ahn, Jeongho)

1992. 공군법무관
1995. 서울지방법원 판사
1998. 서울지방법원 서부지원 판사
1999. 대전지방법원 서부지원 판사
2001. 대전고등법원 판사
2003. 법원행정처 인사담당관
2005. 서울고등법원 판사
2007. 광주지방법원 목포지원 부장판사
2008. 대법원 재판연구관(부장판사)
2010. 법원행정처 사법등기국장
2012. 현 김앤장 법률사무소 변호사
E-mail jeongho.ahn@kimchang.com

무죄론
Not Guilty

2017년 2월 20일 1판 1쇄 발행
2018년 1월 25일 1판 2쇄 발행

지은이 • 박광배 · 김상준 · 안정호
펴낸이 • 김 진 환
펴낸곳 • (주) **학지사**
　　　　04031 서울특별시 마포구 양화로 15길 20 마인드월드빌딩 5층
대표전화 • 02) 330-5114　　팩스 • 02) 324-2345
등록번호 • 제313-2006-000265호
홈페이지 • http://www.hakjisa.co.kr
페이스북 • https://www.facebook.com/hakjisabook

ISBN 978-89-997-1135-0 03180

정가 15,000원

저자와의 협약으로 인지는 생략합니다.
파본은 구입처에서 교환하여 드립니다.

이 책을 무단으로 전재하거나 복제할 경우 저작권법에 따라 처벌을 받게 됩니다.

이 도서의 국립중앙도서관 출판시도서목록(CIP)은 서지정보유통지원시스템
홈페이지(http://seoji.nl.go.kr)와 국가자료공동목록시스템(http://www.nl.go.kr/kolisnet)
에서 이용하실 수 있습니다.
(CIP제어번호: CIP2017000414)

교육문화출판미디어그룹 **학지사**

학술논문서비스 **뉴논문** www.newnonmun.com
심리검사연구소 **인싸이트** www.inpsyt.co.kr
원격교육연수원 **카운피아** www.counpia.com
간호보건의학출판 **정담미디어** www.jdmpub.com